독일 통일과정에서
독일마르크화,
독일연방은행의 역할

독일 통일과정에서
독일마르크화, 독일연방은행의 역할

김영찬 지음

Deutsche Bundesbank, Frankfurt am Main

새녘

| 머리말 |

　1987년 5월말, 30년 전에 떠난 생애 첫 해외여행지가 통일되기 전의 독일, 서독이었다. 독일의 중앙은행인 도이체 분데스방크Deutsche Bundesbank, 독일연방은행에서 4개월간의 연수를 위해서였다. 아직 해외여행 자유화가 시행되기 전 한국은행의 젊은 평직원에게 이는 갖기 드문 기회였다. 냉전시대라 중국·러시아 영공을 통과할 수 없어 북극항로를 통해 가야 했던 유럽은 지금보다 훨씬 먼 곳이었다. 알라스카에서의 중간 기착을 포함해 18시간이 걸려 프랑크푸르트에 도착했다. 이후 연방은행 본점의 거의 전 부서를 돌며 그들이 하는 일을 살펴보았다. 그리고 베를린을 보고 싶다는 필자의 요청이 받아들여져 분단 시절의 서베를린에서 1주일을 보낼 수 있었다. 그때 브란덴부르크 문 앞의 베를린장벽을 만져볼 수 있었다.
　이렇게 통독 전에 시작된 독일, 연방은행과의 인연은 그 후로도 계속 이어져 왔다. 통일 후 독일경제가 일시적인 붐을 거친 후 어려움을 겪다가 다시 유럽의 강자로 부활하는 과정, 그리고 낙후되었던 동독 지역이 발전해가는 모습을 현장에서 지켜볼 수 있었다.

통독 직후인 1992년 가을부터 마부르크Marburg 대학에서 2년 반 동안 학생 신분으로 통일의 경제적 측면에 관해 연구할 때는 연방은행 도서관을 종종 드나들었다. 인터넷으로 자료를 찾는 것이 불가능했던 시절, 연방은행 도서관은 자료의 보고였다. 그리고 유로화가 도입된 1999년부터 2004년까지 5년간은 한국은행 프랑크푸르트사무소에서 근무했다. 프랑크푸르트사무소는 독일뿐 아니라 유럽 대륙 대부분의 금융·경제상황을 파악하는 것이 주 업무이다. 유로화가 도입되고 유럽중앙은행이 설립되면서 독일마르크화Deutsche Mark, DM가 퇴장하고 통화정책권한이 유럽중앙은행으로 넘어가는 상황도 현장에서 지켜보았고 연방은행 직원들과 아쉬움도 함께 했다. 이 시기는 독일이 유럽의 병자라고 불릴 정도로 경제가 어렵던 시기였다. 글로벌 금융위기, 유럽의 재정위기가 절정으로 치닫던 2011년 봄에는 사무소장으로 부임해 2년을 보냈다. ECB의 이른바 비전통적 통화정책에 대해 연방은행이 한창 대립각을 세우던 시기였다. 역설적으로 독일경제는 유로지역 위기를 계기로 유럽의 강자로 부활했다. 2015년에 한은을 퇴직하고 지금 몸담고 있는 대외경제정책연구원KIEP에서 초청연구위원으로 일하게 되면서도 독일과의 인연을 유지해 오고 있다. 독일 할레경제연구소Halle Institute for Economic Research 와의 공동연구에 참여하고 통일 관련 연구를 하면서 매년 한 두 차례 독일을 방문하고 있다.

우리나라의 중앙은행인 한국은행이 서울 중심가에 자리잡고 있는 것과 달리 독일연방은행은 수도 베를린이 아닌 금융중심지 프랑크푸르트에, 시내 금융가에서도 좀 벗어난 곳에 자리하고 있다. 1970년대에 지어진 기다란 복도식 아파트 모습의 콘크리트 건물은 여타 선진국 중앙은행 건물처럼 멋진 외관을 자랑하지는 않는다. 그러나 입구에서는 묘한 위압감을 느끼게 되고 임원실이 있는 맨 위층 13층에서는 시내 금융가가 한눈에 바라보인다. 이는 상징적인 장면으로 언론에 종종 등장하는데 바이트만Jens Weidmann 연방은행 총재는 최근 인터뷰에서 '금융감독당국으로서 사무실 창문을 통해 은행들을 항상 볼 수 있다는 것이 나쁜 일은 아니다'라고 말하기도 했다.[1]

연방은행 임·직원들을 직접 대하거나 인터뷰, 강연내용을 보면 처음부터 연방은행에서 근무했는지 정부·정계·학계에서 일하다 들어갔는지에 관계없이 '안정지향적', '독립된 중앙은행'이라는 연방은행의 가치가 몸에 배어 있음을 알 수 있다. 도대체 무엇이 저러한 연방은행 DNA를 만드는가 하고 경탄스러울 정도였다.

유로화로 바뀌기 전 DM은 독일의 자부심이었고, 일반 국민들에게서 DM과 연방은행에 대한 애정을 체감할 수 있었다. 자국화와의 결별을 가장 아쉬워한 것도 독일인들이었다. 자크 들로Jacques Delors 전 EU집행위원장의 '신은 믿지 않아도 독일인 모두가 연방은행은 믿는다'라는 말은 진부할 정도의 평이 되었다. 대처Margaret Thatcher 전 영국총리는

---

[1] hr-INFO(2017).

"내가 독일인이었다면 어떤 경우라도 연방은행과 DM을 유지했을 것이다"고 말했고 "독일 총리로서 나는 독일연방은행과 종종 충돌했다. 그러나 한 시민으로서는 그 존재에 기쁨을 느낀다"고 콜Helmut Kohl 총리는 말했다. 마쉬David Marsh 는 1992년에 펴낸 연방은행을 다룬 책의 제목을 『연방은행: 유럽을 지배하는 은행』으로 달고 "독일연방은행은 전후 독일 부흥의 상징인 DM의 수호자로서 독일 역사상 유럽의 가장 넓은 지역을 지배했다"고 기술했다. 이 인용문들은 독일연방은행, 그리고 독일마르크화가 국내외에서 어떤 존재였는지를 극명하게 보여주고 있다.

우리는 한국은행을 보통 중앙은행이라고 부른다. 독일연방은행도 홈페이지에서 '연방은행은 1957년 중앙은행Zentralbank으로 설립되었다'고 설명하고 있다. 그런데 언론이나 일반에서는 발권은행Notenbank이라는 표현도 익숙하게 사용하고 있고 연방은행도 마찬가지이다.[2] 연방은행이 2016년에 발간한 소개 책자 최신판도 『독일연방은행: 독일의 발권은행』으로 제목을 달았다.[3] 그만큼 독일의 화폐, 독일마르크화가 갖는 의미가 남달랐음을 뜻하는 것으로 보인다.

연방은행이 관장하던 이 독일마르크화는 독일 통일과정에서 결정적인 역할을 했다. 장벽 붕괴 후 동독 주민들의 서독으로의 대량 이주가 일어나던 1990년 2월초 동독에서 벌어진 시위에서 "DM이 오면 여기

---

[2] 연방은행 설립 60주년 기념 보도자료는 독문에서는 Notenbank로 표현하고 영문번역본에서는 central bank를 사용하고 있다. 즉 "die Notenbank und ihre Aufgaben"을 "central bank and its tasks"로 번역하고 있다(bundesbank, 2017).
[3] Die Deutsche Bundesbank: Notenbank für Deutschland

머물러 있겠지만 그렇지 않으면 우리가 간다"라는 유명한 구호가 등장했다. 당시 서독의 콜 총리는 동독에 통화통합을 제안하면서 '서독이 가진 가장 강력한 경제적 자산'을 제공하려 한다고 강조했다. DM은 정치적 통일이 이루어지기 전인 1990년 7월 1일 축제분위기 속에 동독의 유일한 법정통화로 도입되었다. 이는 정치적 통일을 되돌릴 수 없는 사실로 만들었다. 통일 후 얼마 지나지 않아 맺어진 마스트리히트 조약, 그에 따른 유럽경제·통화동맹EMU의 출범으로 DM은 역사 속으로 사라졌고 독일연방은행은 유럽중앙은행ECB의 한 구성원이 되었다. 그러나 DM과 연방은행이 차지했던 자리는 여전히 무게감 있게 남아있다.

슈타인마이어Frank-Walter Steinmeier 독일대통령이 금년 8월 1일 창립 60주년을 맞는 연방은행에 대한 축하 서한에서 "지난 60년간 독일연방은행은 통화의 굳건한 수호자로서[4] 국민들로부터 높은 평판을 얻었다. 독일마르크화는 1950~60년대에는 경제기적의 상징이었고, 독일 통일의 노정에서는 전체 독일의 번영을 염원하는 상징이었다"[5]고 말한 것은 전후 독일의 경제부흥과 통일과정에서 연방은행과 DM이 갖는 의미를 압축적으로 보여주고 있다.

그간 주기적으로 독일에서의 통화통합과 통일의 경제적 측면에 관해 자료를 작성해왔지만 어딘가 미진하다는 느낌을 갖고 있었다. 2013년에 사무소장 근무를 마치고 귀국하면서 통일과정에서 독일연방은행과

---

[4] 여기서 '통화'는 DM은 물론 유로화도 포함하며 ECB 내에서 유로화의 가치를 지키기 위한 연방은행의 노력을 말한다.
[5] Der Bundespräsident(2017)

DM의 역할을 본격적으로 한번 다루어보자는 생각을 품게 되었다. 중앙은행 직원으로서 연수생, 학생, 주재원이라는 다양한 신분으로 독일에서 역사적으로 의미가 있던 시기에 10년이라는 시간을 보내면서 많은 것을 배우고 경험했다. 이러한 경험을 제대로 살려 기록으로 남기는 것이 일종의 의무라고도 느꼈다.

늦깎이로 박사과정을 다니게 되면서 그 분야로 논문을 쓰게 되었다. 논문을 시작하면서 직면한 문제는 독일 통일에 관해 수많은 연구가 이루어진 마당에 '또 독일인가?'하는 회의적인 시각을 어떻게 극복하고 새로이 기여할 바를 찾을 것인가였다. 우선 그간 모아두었던 통독 직후부터 최근까지의 연구자료들, 정부문서documents 와 동서독 협상 당사자들의 회고록 등 최대한 많은 독일 문헌을 활용하고자 했다. 원자료에 충실히 접근하게 되면 우리가 얻을 수 있는 내용은 아직도 많이 남아 있음을 확인할 수 있었다. 통화통합과정에서 쟁점이 되었던 부분 뿐 아니라 원활히 진행되어 관심을 덜 받은, 그러나 우리에게는 쉽지만은 않을 부분도 중점적으로 다루었다. 독일연방은행이라는 한 기관을 분석대상으로 함으로써 통일과정에서 특정 기관이 당면하는 문제의 초점을 명확히 할 수 있었다. 오랜 동안 접하고 경험했던 연방은행과 직원들, 현지에서 본 연방은행에 대한 언론과 시민들의 태도는 논문의 관점을 세우는 데 많은 도움이 되고 영향을 미쳤다. 뒤늦게 시작했지만 나이가 들고 경험이 쌓였기 때문에 보이는 부분도 있다는 것이 적잖은 위안이 되었다.

논문의 작성에는 그간의 경험이 두루 도움이 되었다. 한국은행 근무

시절에 책자, 논문, 내부문서 등으로 작성했던 자료들, 은행생활 마지막에 근무했던 북한경제연구실에서 얻은 북한의 금융·통화에 관한 지식이 밑거름이 되었다. 한국외국어대학교 국제지역대학원에서의 수업은 사안들을 통사적으로, 좀더 넓은 시야로 보게 해주었다. 대외경제정책연구원KIEP 통일국제협력팀에서 참여한 다양한 작업들은 연구의 현실 적용성을 높이는 데 많은 도움이 되었다. 논문은 『동서독 통화·금융 통합 과정에서 독일연방은행의 역할 및 한국에의 시사점』이라는 좀 긴 제목으로 2016년 여름에 출간되었다.

이 책은 위의 학위논문을 기반으로 한 것이다. 논문이 나온 지 1년이 지나 책을 내게 된 것은 극심한 시간의 압박을 받으며 쓴 논문이기에 호흡을 가다듬으며 한번 되돌아보고 싶기도 했고 그 사이 KIEP에서의 몇 가지 보고서 작성 등을 통해 얻은 시각도 반영하고 싶어서였다. 아울러 논문보다는 좀더 독자 친화적으로 재정리해보자는 생각도 작용했다.

논문과의 가장 큰 차이는 독일마르크화와 연방은행의 역할 분석에 집중하기 위해 별도의 장으로 되어 있던 '북한의 금융·통화 및 남북한 경제상황', '남북한 통화·금융통합시 중앙은행의 역할'을 뺀 것이다. 이를 반영해 DM과 연방은행을 주제로 목차를 재배치했고 통합 협상과정 부분을 상당 정도 보완했으며 필요한 곳은 문체도 손보았고 일부 내용의 수정도 있었다.

아쉬움은 언제나 남는 법이지만 처음 의도했던 바를 어느 정도는 달성했다는 뿌듯함이 더 크다고 여기며 일단 마무리를 하기로 했다. 독일마르크화가 동서독에서 가졌던 의미, 그 관리자로서 연방은행의 독특한 위상, 동독에서 화폐와 중앙은행의 기능, 통독 전 동서독의 상반된 경제여건과 그 영향, 서독 정부가 급속한 통화통합을 제안하기까지의 과정 및 연방은행과의 커뮤니케이션 문제, 동서독 간 통화통합 협상의 구체적인 전개, 전환비율 결정의 근거와 과정, DM 공급 로지스틱스의 구체적인 진행과 그 과정에서 편법·부정행위, 동독에서 연방은행의 독자적인 통화정책 권한 확보, 통독 후 연방은행의 금리인상이 유럽통화제도EMS와 통일비용 조달에 미친 영향, 독일통일과 유럽경제통화동맹EMU 출범과의 관련성 등은 그간 통화통합 연구에서 잘 다루어지지 않았거나 세부적인 분석이 부족했던 부분을 보완하는 데 기여했다고 생각한다. 아쉬움이 남는 부분은 책 마무리의 소회에서 언급했다.

10여 년 전 펴낸 『독일견문록』 서문에서 사용했던 감사의 글을 이번에도 사용해야 할 것 같다. "원고를 마무리하고 나니 왜 이렇게 감사드려야 할 사람이 많은 걸까. 어떤 작은 성취도 수많은 사람들의 도움으로 이루어졌음을 새삼 느낀다…." 많은 분들께 '일일이 거명하지 못하며', '혹 이름이 없더라도 섭섭해 하지 마시기 바라며'라는 표현을 쓸 수밖에 없음에 양해를 부탁드린다.

먼저 35년 동안 많은 것을 익히고 독일과의 인연을 가능케 해 준 한국은행, 그간 해오던 일과 독일과의 인연을 지속시켜 준 대외경제정책연구원에 감사드린다. 일에는 치었지만 사람에게는 치이지 않고 항상 새로운 것을 배우며 직장생활을 할 수 있던 것은 큰 복이었다. 기꺼이 논문지도를 맡아주신 한국외국어대학교 국제지역대학원의 박노호 교수님과 심사위원 분들께도 감사의 말씀을 드린다. 까다로운 독일어에 부딪칠 때마다 해석을 도와 준 프랑크푸르트지역 한인회 염돈균 수석 부회장에게도 고마움을 전한다.

오랜 기간 연방은행 건물, 프랑크푸르트 시내, 그리고 한국에서도 마주했던 많은 연방은행 직원들이 떠오른다. 특히 통화통합 당시 동독에 파견되어 일했던 경험을 실감나게, 정열적으로 들려준 폰첸Martin Pontzen, 브록하우젠Jürgen Brockhausen 두 분 박사께는 책을 보내드리려 한다. 통화통합 협상에서 서독 측 대표를 맡았던 티트마이어Hans Tietmeyer 전 연방은행 총재도 생각난다. 그와는 1997년 이후 서울과 독일에서 여러 차례 만날 기회가 있었고 마지막으로 지난해 2016년 8월에는 그의 집 근처 식당에서 부부를 모시고 점심을 함께 했었다. 85세 생일이 며칠 뒤라고 했었는데 연말에 부음을 들었다. 이제 많은 통일 주역들이 세상을 떠났거나 매우 연로한 나이에 접어들었다. 우리는 아직도 통일을 기다리며 연구를 하고 있음에 안타까움을 느낀다.

잘 팔리지 않을 것이 눈에 보이는 책을 기꺼이 출판하겠다고 나서준 새녘의 권희준 대표님, 편집, 교정과 디자인을 맡아 애써주신 조옥임님께도 감사드린다. 출판사 잡을 걱정 않고, 날짜 독촉 받지 않으며 책을 쓴다는 것이 얼마나 고마운 일인지, 글 써 본 분들은 알 것이다.

마지막으로 지난 몇 년간 주말에도 방에 박혀 원고와 씨름하는 필자를 격려하고 즐거운 마음으로 기다려 준, 그리고 늦은 밤이 되어 지칠

때면 술친구가 되어준 아내, 외국에서 예쁜 가족을 이루어 살고 있는 큰 딸, 취업 전선에서 애쓰고 있는 둘째딸에게 사랑한다는 말을 전한다.

  금년은 개인적으로는 독일과 인연을 맺은 지 30년이 되는 해이고, 1957년에 태어난 동갑내기 독일연방은행이 설립 60주년을 맞는 해이기도 하다. 책이 이 시점에 나올 수 있게 된 데에 남다른 감회를 느낀다.

| 차례 |

머리말   4
표 차례   20
그림 차례   21
용어   22

PART 01 왜 독일마르크화, 독일연방은행인가?

돈, 중앙은행 그 이상의 의미:
독일마르크화DM와 독일연방은행   27
이 책에서 다루려는 것들   31
책의 구성   34

PART 02 통일 전 독일마르크화, 독일연방은행의 위상

서독 시절 독일마르크화와 독일연방은행
  그 의미   39
  독일 마르크화
    DM의 탄생 : 경제기적의 시작   40
    안정과 번영의 상징   45
    제2의 국제통화   49
    국가 정체성으로서의 DM   54

독일 연방은행

　설립 과정　56

　지위와 구조　58

　위상과 평가 : 연방은행, 너를 믿는다　61

동독 마르크화와 동독국립은행

　동독 마르크화

　　동독 마르크화의 탄생 : 상실감의 시작　64

　　취약한 대내외적 위상　68

　동독국립은행

　　동독의 금융제도　70

　　동독국립은행 : 사회주의 체제에서의 중앙은행　74

　　제도의 모순과 한계　77

통독 직전 동서독의 경제 상황

　붕괴 직전의 동독경제

　　겉으로는 강한 산업국가　80

　　동독 당국자들의 실상 평가　83

　　서독경제 : 작은 '경제기적'　88

PART 03 서독의 독일마르크화 동독의 통화가 되다

통화통합이란 무엇인가?
- 동서독 통합조약에서 통화통합의 내용　97
- 통화통합의 일반적인 개념　98
- 또 다른 통화통합 방식으로서 유럽경제통화동맹 EMU　100
- 통화통합과 금융통합　102

통화통합 추진 과정
- 유럽에서 통화통합 시기 논쟁과 독일의 입장　105
- 장벽붕괴 후의 단계적 통합론　110
- 서독 정부, 통합을 서두르다
  - 제안 배경　114
  - 논의의 전개　117
  - 제안 결정 과정　121
  - 제안 내용　124
  - 독일연방은행과의 커뮤니케이션 논란　126
- 동서독 간 통합 협상
  - 협상 개요　131
  - 협상단 구성　133
  - 예비 협상과 중간 합의　136
  - 본 협상과 쟁점의 합의　138
- 이해관계자들은 각자의 이해를 좇아　141

전환비율 결정

전환비율이란 무엇인가
일반적인 환율과 전환비율의 차이 146
전환비율 추정 방법 148
동독 시절의 여러 환율: 단일환율은 당연한 것이 아니다 149
공식환율과 환전상환율 150
UN 적용환율 153
외환수익개념 154
구매력 평가 155
서독 정부의 전환비율 추정 157
연방은행의 전환비율 제안
합리적인, 그러나 뒤늦은 제안 161
제안에 대한 반향 168
전환비율 협상과 합의: 경제, 정치논리 그리고 감성 171
전환비율 결정을 어떻게 볼 것인가 178

동독 지역에 대한 독일마르크화 공급 184
공급 방안 수립 185
로지스틱스: 동독 전 지역으로 현송·보관 187
1,600만 명에게 돈을 바꾸어주다 190
옛 동독화 폐기 192
편법·부정행위와 대응: 복잡하면 틈이 생긴다
대응책의 마련 194
편법·부정 사례 196

PART 04 독일연방은행, 동독의 중앙은행이 되다

동독 지역 통화정책 권한의 확보　205

독일연방은행 동독에 들어가다　210

동독 금융제도의 개혁
시장경제로 전환되면 금융도 바뀌어야　213
이원적 은행제도로의 전환　214
서독 제도로의 통합　217

지급결제제도의 통합　222

동독 지역 금융기관에 대한 자금공급
초기 여건　226
초기 자금공급
재할인　229
롬바르트 대출　230
공개시장운영　231
리파이낸싱 구조　232
금융감독의 탄력적 적용　232

PART 05 통일, 그 후

통독 초기의 통화정책을 둘러싼 논란　239
　　초기 여건과 금리 인상　240
　　금리인상의 여파와 평가　247
　　통일비용 재원조달과의 관계
　　　　재원조달 방식　253
　　　　재원조달 여건　255

DM 사라지고 연방은행 개편되다
　　DM의 종언 : 유로화 도입은 통일의 대가였나　258
　　독일연방은행, ECB의 일원이 되다　264

PART 06 마무리하며

지금까지 내용의 요약　273
무엇을 얻을 것인가 : 기계적으로 해석하지 않기　281
소회　286

　　참고문헌　290

| 표 차례 |

[표1] 동독 마르크화의 대외가치(동독의 국제경쟁력)　69
[표2] 동서독의 주요경제지표 비교(1989)　83
[표3] 독일의 국가신용등급　92
[표4] 동독 주민의 서독 이주 현황　116
[표5] 통화통합 전후 동독 마르크/DM 환율 추이　151
[표6] 동독 수출에서 100 동독 마르크 비용지출 당 평균 DM 가득액　155
[표7] 동서독 간 구매력 비교표　156
[표8] 전환비율 요약　176
[표9] 동독 금융기관의 연결 대차대조표(1990년 5월말 현재)　177
[표10] 통독 직후 동독 지역의 임금상승 추이　180
[표11] 통화통합 관련 상세 일지　198
[표12] 동독 지역 임시관리본부 등의 연방은행 직원 수　212
[표13] 독일연방은행 재할인율, 롬바르트 금리 추이(%)　241
[표14] 통일 전후 독일의 임금·급여 상승 추이(%)　244

| 그림 차례 |

[그림1] 독일, 미국, OECD의 장기 CPI 상승률 추이(1956-2015;%) 47
[그림2] DM/USD 장기 환율 추이(1953-1998; 월간) 50
[그림3] GBP, FRF, ITL 대비 DM의 장기 환율 추이(1955-1998; Aug-55=100) 53
[그림4] 동독의 은행제도 73
[그림5] 서독(독일)의 은행제도 73
[그림6] 독일의 GDP성장률 및 실업률(%) 89
[그림7] 독일의 경상수지/GDP(%) 90
[그림8] 독일의 재정수지/GDP(%) 90
[그림9] 독일의 정부채무/GDP(%) 91
[그림10] 독일의 NIIP/GDP(%) 91
[그림11] 동서독의 급여·생산성·단위노동비용 비율 추이(%) 181
[그림12] 동독 금융기관 간의 상호관계 216
[그림13] 동독 금융기관 재편도 219
[그림14] 통독 전후 독일 소비자물가 상승률(전년동월비, %) 241
[그림15] 독일과 독일 이외 EMS 회원국의 단기 금리 추이(%) 245
[그림16] 독일·미국의 기준금리 및 정부채(10년물) 수익률(%) 246
[그림17] DM의 대미달러 환율(지수), 실효환율 247
[그림18] 독일·미국·영국의 국별 GDP 성장률(%) 249
[그림19] EMS 위기 전후 주요 EU회원국 통화/DM 환율 251

| 용어 |

동독과 서독 : 동독과 서독을 표기함에 있어서 원칙적으로 통일 이전은 동독과 서독, 통일 이후는 서독 지역과 동독 지역으로 표기하기로 한다. 독일에서는 서독 지역을 구연방주, 동독 지역을 신연방주[6]라고 부르는 경우가 많고 우리나라에서도 종종 이 표현을 인용하고 있는데 직관적으로 와 닿지 않는 것이 사실이기 때문이다. 다만 베를린은 한 도시가 동·서베를린으로 나뉘었다가 합쳐진 경우이기 때문에 어느 한 지역에 포함하거나 제외하기도 한다.

독일마르크화 : Deutsche Mark를 말하며 영어로는 Deutschmark, 우리말로는 도이치 마르크화, 서독 마르크화 등으로도 부른다. 독일에서 약칭으로는 D-Mark, DM이 사용되며 국제통화단위는 DEM이다. 본서에서는 독일마르크화와 DM을 혼용하기로 한다.

---

6 독일은 바이에른, 헤센 등의 주와, 도시이면서 주의 성격을 갖는 베를린, 함부르크, 브레멘 등 16개의 주로 구성되어 있는 연방공화국이다.

독일연방은행 : 도이체 분데스방크Deutsche Bundesbank를 말하며 분데스방크라는 독일명으로도 통용된다. 본서에서는 독일연방은행과 약칭인 연방은행을 혼용한다.

외국 인명 표기 : 외국 인명은 본문에서 그 인물이 기술될 때는 국문으로 표기하고 최초 출현시 영문 병기 자료 인용을 위해 사용될 때는 영문으로만 표기하는 것을 원칙으로 하였다.

PART 01

왜
독일마르크화,
독일연방은행
인가?

돈, 중앙은행 그 이상의 의미:
독일마르크화DM와 독일연방은행

1989년 11월 9일에 베를린장벽이 붕괴되고 8개월도 지나지 않은 1990년 7월 1일, 「독일연방공화국서독과 독일민주주의공화국동독 간 통화·경제·사회동맹의 창설을 위한 조약」, 즉 「통화·경제·사회통합조약」이하 통화통합조약 혼용이 발효되었다. 아직 정치적 통일이 이루어지기 전인 이때부터 서독의 독일마르크화가 동독에서 유일한 법정 통화로 사용되기 시작했고 서독의 중앙은행인 독일연방은행이 동독의 통화정책도 관장했다. 그리고 불과 석 달 후 독일은 통일되었다.

「통화·경제·사회통합」을 비롯해 독일 통일의 경제적 측면에 대해서는 사유화, 재산권 처리, 동독 지역으로의 이전지출, 통독 후 동독경제의 수렴 등에 관해 광범위하게 연구가 이루어져 왔다. 통화·금융 분야도 급속하게 이루어진 통화통합, 전환비율의 결정, 동독 금융제도의 개혁, 독일연방은행의 통화정책 등에 관해 상당한 연구성과가 축적되어 있다.

그러나 통화통합 및 통일 과정에서 중요한 한 축을 담당한 독일마르크화와 독일연방은행의 역할에 중점을 둔 연구는 드물다고 할 수 있다.

전후 서독에서 독일마르크화Deutsche Mark: 이하 약칭 DM 혼용는 독일 정체성의 한 부분을 이룬다고 할 정도로 국민들의 애정과 자부심의 대상이었고, 그 수호자로서 독일연방은행Deutsche Bundesbank, 이하 약칭 연방은행 혼용은 독일 국내는 물론 국제적으로도 높은 위상을 누렸다. DM에 대한 동독 주민들의 갈구는 통화통합, 그리고 정치적 통일로 연결되었다. 통화통합 협상, DM의 교환, 동독 금융기관에 대한 자금공급, 금융감독 및 지급결제제도의 통합 등 DM이 동독의 유일한 법정 통화로 도입되고, 금융통합이 이루어지는 전반적인 과정에서 독일연방은행은 중요한 역할을 담당했다.

독일연방은행을 전문적으로 연구해 온 마쉬David Marsh[7]는 "독일연방은행은 전후 경제부흥, 그리고 정치적인 재탄생에서 중심적인 역할을 했다. 연방은행의 반 인플레이션 열정에 의한 건전한 통화의 성취가 아니었다면 서독은 바이마르공화국보다 나을 게 없었을 것이다. DM의 힘이 아니었다면 동서독 간 40년의 경쟁은 그처럼 동독의 참담한 패배로 끝나지는 않았을 것이다. 독일 통일 과정에서 연방은행은 필수적인vital 역할을 맡았다. 1990년 7월 1일, 연방은행의 통화주권이 동독까지 확장되었고 DM이 동독 마르크화를 대신해 법정통화가 되었다. 이후 3개월 만에 통일이 이루어졌다. 연방은행은 서독 정부보다 빨리 엘베Elbe 강을 건넌 것이다"[8] 라고 평했다. 엘베 강은 동독 지역의 드레스덴 등

---

[7] 마쉬는 영국 Financial Times지의 독일 특파원, 유럽 편집인을 지냈으며 독일연방은행, 유로화에 관해 '유럽을 지배하는 은행: 독일연방은행', 'The Euro: The Battle for the New Global Currency'등 다수의 저서와 칼럼을 작성했다.
[8] Marsh(1992b), p. ix-x의 초록.

주요 도시를 거치며 흐르는 강의 이름으로 동서독 간의 경계를 상징적으로 표현한 것이다. 「통화·경제·사회통합」 협상에서 서독 측 협상대표였으며 후에 연방은행 총재를 지낸 티트마이어Hans Tietmeyer는 "DM은 독일 통일과정에서 중요한 부분을 담당했다. 동독 주민들의 통일에 대한 갈구는 DM을 그들의 화폐로 가지고 싶다는 욕구로 표현되었다. 그들에게 DM은 자유와 번영의 상징이었다"라고 설명했다.[9] 서독으로의 대량 이주가 일어나던 시기인 1990년 2월 초에 동독에서 벌어진 시위에서 "DM이 오면 여기 머물러 있겠지만 그렇지 않으면 우리가 간다"[10]라는 구호, 동독에 대한 통화통합 제안 시에 콜 총리가 '서독이 가진 가장 강력한 경제적 자산'[11]을 제공하려 한다고 한 표현은 이를 대변한다. 또한 독일이 DM을 포기하고 통화정책권한이 유럽중앙은행으로 이양되는 유럽경제통화동맹EMU을 받아들인 것이 주변국의 독일 통일 동의 대가代價였는가 하는 논란도 DM과 연방은행이 통일과 깊이 연관되어 있음을 보여준다.

통합논의가 공식화되기 전, 독일연방은행은 점진적 통합 혹은 경제여건 등이 수렴된 후에 통화통합이 이루어져야 한다는 입장을 견지했다. 그러나 정치적 급변 과정에서 수용되지 않았고 서독 정부에 의해 급속한 통화통합이 제안되었다. 서독 정부는 독자적으로 전환비율을 추정

---

9 Tietmeyer(1997), pp. 3-4.
10 "Kommt die D-Mark, bleiben wir, kommt sie nicht, gehen wir zu ihr." 영어 표현으로는 "If the DM doesn't come to us, we will come to the DM" (Issing, 2008, pp. 21-23). 혹은 "If the D-Mark doesn't come to us, then we shall go to the D-Mark" (Tietmeyer, 1997, p. 4).
11 'Stärkster wirtschaftlicher Aktivposten(Strongest economic asset)'. Jarausch and Gransow(1994), p. 111.

했고, 동독에서의 총선 후에 연방은행이 제시한 전환비율은 그 합리성에도 불구하고 시점과 정치적 상황 등으로 인해 그대로 수용되기는 어려웠다. 조기 통화통합의 제안, 그리고 전환비율에 관한 서독 측의 입장을 마련하는 초기 단계에서 정부와 연방은행 간에 의사소통과 협조가 부족했던 점은 통합과정에서 아쉬운 부분으로 남아있다.

그러나 연방은행은 통화·경제·사회통합 협상에서 협상대표 및 통화부문 분과위원회 대표단으로 활동하면서 제한된 범위에서나마 전환비율에 경제논리를 반영하는 데 힘을 기울였고 아직 별도의 주권국가였던 동독에서 완전한 통화정책 권한을 확보했다. 통화통합 조약 조인 후 불과 6주 만에 이루어진 동독 전 지역 주민들에 대한 DM 현금 공급은 수송·보관·교환 등 로지스틱스 측면에서 커다란 도전이었으나 걸출한 업적이라고 할 정도로 완수했다. 연방은행은 동독 지역에 신속하게 지역본부와 지점망을 구축했고, 시장경제제도로 전환되기 시작한 동독 지역 금융기관에 초기 자금을 원활하게 공급해 금융시스템이 안정적으로 작동하도록 했다. 상이한 지급결제제도도 짧은 기간 내에 통합되었다.

통독 직후의 물가상승압력에 대응한 금리인상은 안정지향이라는 연방은행의 기본 입장에 따라 취해진 것이지만 국내경기에 부정적 영향을 미치고 유럽통화제도European Monetary System: EMS의 환율조정장치Exchange Rate Mechanism: ERM에 동요를 야기했다는 점에서 비판을 받기도 했다. 그러나 경상수지 적자 전환 등의 불리한 경제여건에서도 DM화의 환율 안정, 정부채에 대한 외국인투자 증가를 통해 원활한 통일재원 조달에 기여한 것으로 평가된다.

이 책에서 다루려는 것들

독일마르크화, 독일연방은행은 통화통합, 그리고 이를 디딤돌로 3개월 만에 이루어진 정치적 통일을 이해하는 데 매우 중요한 요소이다. 그러나 앞서 언급한 대로 우리나라에서는 급속한 통화통합과 전환비율에 주된 관심이 두어지고, 이 결정들에 정치적 판단이 우선했다는 인식 때문에 연방은행의 역할이나 입장은 상대적으로 비중 있게 다루어지지 않았다고 할 수 있다. 어떤 측면에서는 연방은행이 행한 여러 역할의 적지 않은 부분이 일반의 관심이 덜한 중앙은행 고유의 영역이거나, 역설적으로 별 탈 없이 원활히 수행되었기 때문에 논란에서 벗어나거나 연구 대상으로 크게 주목을 받지 못한 측면도 있다. 물론 통합에 있어서 연방은행이 주된 역할을 한 분야만 있는 것은 아니고 지원적 역할을 담당하거나 타 정부부서의 도움을 필요로 한 분야, 제안이 받아들여지지 않고 수용자적 입장이 된 부분도 있다. 그러나 분명한 것은 중앙은행인 독일연방은행의 역할을 제대로 다루지 않고 독일의 통화·금융통합을 논할 수는 없다는 것이다.

DM과 독일연방은행이 국내외에서 가졌던 독특한 위상이 통화통합, 통일과정에서 특별한 의미를 갖는 것은 사실이지만 연방은행이 수행한 업무들은 통합과정에서 중앙은행이 일반적으로 담당해야 할 업무들이다. 연방은행에 초점을 맞추어 통합 과정을 살펴보면 중앙은행이 해야 할 역할의 전반적인 조망과 함께 그간 독일의 통화·금융통합 연구에서 간과했거나 깊이 있게 다루지 않았던 부분을 보완할 수 있을 것이다. 이처럼 한 기관을 집중적인 연구 대상으로 하면 오히려 더 포괄적으로 사안에 접근하면서, 실질적인 시사점도 얻을 수 있다는 장점은 재정, 법무, 행정, 사회보장, 환경 등 여러 다른 분야의 연구에서도 적용될 수 있을 것이다.

한편 독일연방은행의 경험에서 우리나라에 적용할 수 있는 시사점을 얻기 위해서는 연방은행이 행한 역할에 대한 상세한 파악은 물론, 연방은행과 독일이 처했던 당시 상황과 남북한 상황에 대한 제대로 된 이해가 전제되어야 한다. 그래야 통화통합 당시의 경험을 기계적으로 해석하거나 적용하지 않고 보다 현실적인 대안을 찾을 수 있을 것이기 때문이다. 본 책자는 이를 위한 기초 작업으로서 동서독 간 통화통합, 통일과정에서 DM과 독일연방은행의 역할에 초점을 맞추어 구체적으로 분석한다. 그리고 그를 이해하기 위한 배경으로 통독 전 서독의 경제상황 및 동독의 금융·경제 상황, 연방은행이 중앙은행으로 기능을 제대로 하기 위한 전제로서 금융부문의 통합도 소개한다.

한편 연구의 초점을 DM과 독일연방은행에 둠에 따라 남북한 상황, 통일시나리오 등에 대한 구체적 분석은 생략한다. 이 부분은 본서의 기초가 된 필자의 논문과 여타 다양한 전문가들에 의해 축적된 자료들을 이용하면 될 것이다. 또한 통화통합, 전환비율 추정 등과 관련된 이론도 내용 전개에 필요한 정도로 짧게 축약하거나 생략했다. 관련 부분은 논문 본문을 참고하면 될 것이다. 이와 관련해 언급하고 싶은 것은 경제적 합리성에 대한 주장이 통일이라는 정치적 격변기에 상당 부분 취약해질 수가 있으며, 정치적 결정과정에 어떻게 경제논리를 가능한 많이 반영할 수 있을 것인가 하는 고민을 깊이 할 필요가 있다는 것이다.

참고문헌은 추가적인 연구에 도움이 되도록 가능한 많은 자료를 활용하고 소개하고자 했다. 독일 문헌은 통독 초기부터 최근까지 학계·연방은행의 연구 분석자료 및 정부의 기록자료, 동서독 고위직들의 회고록, 언론 기사, 독일연방은행 담당자와의 면담, 내부자료 등을 광범위하게 활용하였다. 인터넷에서 구하기 어려운, 통독 직후 독일 대학에서 공부하던 무렵에 수집해 가지고 있던 자료들도 적잖은 도움이 되었다. 국내 문헌은 최근까지 축적된 연구 성과를 최대한 활용하고 영미의 관련 연구도 적극 참고하였다.

책의 구성

Part01에 이어 Part02에서는 통독 이전 동서독의 통화·금융 및 경제상황에 대해 알아본다. 독일마르크화와 독일연방은행의 출범 및 국내외적 위상, 그리고 동독의 화폐와 금융제도, 통독 직전 상반된 모습을 보인 동서독의 경제상황을 소개한다.

Part03에서는 서독의 독일마르크화가 동독의 법정통화로 도입되기까지의 내용을 다룬다. 처음에는 통화통합의 의미와 종류, 두번째는 통화통합 추진과정으로 통합 시기를 둘러싼 논란과 독일에서 일반론으로서의 단계론, 이에 반한 서독 정부의 급속한 통합 제안 배경, 연방은행과의 커뮤니케이션 논란 등이 소개된다. 세번째는 동서독 간 통화·경제·사회통합을 위한 협상 개요, 협상단 구성 및 협상의 쟁점과 합의 등을 다룬다. 네번째는 전환비율 결정과정으로 전환비율의 개요, 동독 시절의 환율 소개에 이어 서독 정부의 전환비율 추정과 연방은행의 제안 및 그에 대한 반향, 동서독 간 전환비율 협상과정과 합의 내용을, 다섯번째는 거대한 로지스틱스 작업이었던 동독 지역에 대한 DM 현금 공급, 구 동독화 폐기 및 교환과정에서의 편법·탈법사례와 대응 등을 소개한다.

　Part04는 독일연방은행이 동독 지역의 중앙은행 역할을 수행하는 내용을 다룬다. 처음에는 연방은행이 동독에서도 중앙은행 권한을 확보한 내용을, 두번째는 연방은행의 동독 지역 조직 구축, 세번째는 동독에서의 금융제도 개혁, 네번째는 지급결제제도의 통합을, 그리고 다섯번째는 동독 지역 금융기관에 대한 연방은행의 자금공급을 설명한다.

　Part05는 먼저 통일 직후 독일연방은행의 통화정책 관련 내용을 통독 초기의 금리 인상, 이를 둘러싼 논란, 통일비용 재원조달과의 관계 등으로 나누어 소개한다. 두번째는 통독 후 DM과 연방은행의 변화를 다룬다. DM을 포기하고 통화정책권한을 유럽중앙은행으로 넘기는 EMU의 출범이 독일통일의 대가였는가 하는 논란과 EMU 출범에 따른 독일연방은행의 변화를 소개한다.

　마지막 Part06은 결론 부분으로 통합, 통일과정에서 DM과 독일연방은행의 역할을 요약 정리한 후 우리나라에 대한 시사점, 본서에서 연구의 기여와 한계를 기술하는 것으로 하였다.

PART 02

통일 전
독일마르크화,
독일연방은행의
위상

서독 시절 독일마르크화와 독일연방은행

그
의미
⋮

티트마이어는 연방은행 총재 시절인 1998년 연방은행이 발행한, 독일마르크화 도입 50년 기념 논문집 서문에서 "독일마르크화라는 이름은 재건과 번영, 그리고 독일이 누리고 있는 높은 수준의 사회적 안정과 뗄 수 없는 관계이다"[12]라고 평했다.

독일마르크화DM는 1948년 통화개혁을 통해 도입되었으며 1999년 유로화로 대체되기까지[13] 독일의 법정통화로 50년을 존속했다. 독일 국내적으로 보면 그 도입 후 50년간 독일의 연평균 물가상승률은 2.6%로 DM은 세계에서 가장 안정된 통화의 하나였다.[14] 제1차 세계대전 후

---

12 Bundesbank(1999), forword.
13 유로화는 1999년에 장부상 통화로 도입되어 DM과 3년 동안 병용 기간을 가졌다. 유로화 지폐 및 주화는 2002년 1월 1일부터 유통되기 시작했다.
14 Issing and Wieland(2012), p. 9.

의 초인플레이션hyper-inflation 과 제2차 대전 후의 통화개혁으로 자산가치 상실의 기억을 가진 독일인들에게 '통화가치의 안정'이라는 것은 문자 이상의 의미를 갖는다. 대외적으로 보면 DM은 유로화 도입 전 세계 2위의 외환보유액 역할을 한 국제통화였고, 1979년부터 유럽 내 환율제도의 근간이 된 유럽통화제도에서 사실상의 닻anchor 역할을 했다.

DM화를 관장하는 독일연방은행은 독일에서 가장 존경받는 공공기관의 하나가 되었으며[15] 물가안정의 추구, 강한 독립성은 유럽 통화통합으로 출범한 유럽중앙은행European Central Bank: ECB 의 모델이 되었다. 또한 세계적으로도 중앙은행의 독립성과 장기적인 물가안정의 추구라는 사고 및 관행에 지대한 영향을 미쳤다.[16]

독일
마르크화
⋮

DM의 탄생 : 경제기적의 시작

1871년 독일제국이 출범하고 1876년 중앙은행인 제국은행이 창설되면서 독일은 처음으로 나라 전체에 통일된 마르크화Mark 를 갖게 되었다. 독일제국으로 통합되기 전 독일은 25개 국가로 나뉘어 있었고 1871년 당시, 금과 은으로 주조된 119개의 상이한 금속화폐가 법적 지불수단으

---

15 Issing(2008), pp. 21-22.
16 Frenkel and Goldstein(1999), p. 685.

로 유통되고 있었다. 지폐는 각국에서 발행권을 부여받은 33개의 민간 발권은행들이 117종을 발행했다. 이밖에 56종의 국가발행 지폐가 있었다. 이들 은행 중 가장 규모가 큰 프로이센 국립은행이 제국은행으로 전환되고 이 은행이 발행한 마르크화가 단일화폐로 수렴되었다.[17] 독일에서 단일화폐의 등장은 역사적으로 상당한 의미가 있는 것이다.

1차 대전 이후 하이퍼인플레이션의 극복을 위한 1923년의 통화개혁[18]으로 마르크화는 과도기 화폐인 렌텐마르크Rentenmark로 교환되었다. 교환비율은 4.2조 마르크가 4.2렌텐마르크, 1조:1이었다. 이어 1924년에는 라이히스 마르크Reichsmark: RM, 뜻 그대로 하면 제국마르크화가 도입되었다.[19] 그런데 나치정권 출범 후 2차 대전을 거치면서 제국은행의 정부채무 인수, 가격동결로 인플레이션이 표면적으로 감추어진 가운데 10배에 달하는 과잉통화가 누적되었다. 대규모의 과잉통화는 4개 연합군 점령지역 경제에서 종전 직후부터 공통된 문제였다.[20] 라이히스 마르크화는 제2차 대전 종전 직후까지도 사용되다가 연합군 군정시절이던 1948년 6월, 소련 점령지역을 제외한 미국·영국·프랑스가 관할하던 서독 지역에서[21] 통화개혁을 통해 독일마르크화, 즉 DM으로 대체되었다.

---

17 Bundesbank(2016), pp. 15-16.
18 '통화개혁'과 '화폐개혁'이 혼용되고 있는데 본고에서는 원칙적으로 통화개혁을 사용하기로 한다. 우리나라에서 1962. 6. 9일 「긴급통화조치법」, 6. 16일 「통화개혁과 관련된 긴급금융조치법」에서는 '화폐개혁'이 아닌 '통화개혁'이라는 용어를 사용하고 있고, 한국은행 60년사에서도 이를 '통화개혁 단행'으로 설명하고 있다(한국은행, 2010, 370-371). 다만 북한의 경우 '화폐개혁'의 사용이 일반화되어 그대로 사용하기로 한다.
19 Bundesbank(2016), p. 21-22.
20 Bundesbank(2006), p. 23.
21 제2차 대전에서 독일의 항복 후 독일은 구 동독 지역은 소련, 구 서독 지역에서 영국과 인접한 북서부는 영국, 프랑스 접경 지역은 프랑스, 동남부 지역은 미국이 분할 점령했다.

전후 독일 경제는 빠른 회복을 보이고 있었으나 과잉화폐의 축소, 효과적인 경제활동과 경제성장을 지속적으로 뒷받침하기 위해서는 원활히 작동하는 안정적인 통화제도의 창설이 필요하게 되었다. 잠재 인플레 위험을 억제하려던 시도들은 모두 실패했다. 가격이 국가에 의해 통제되면서 RM은 화폐로서의 기능을 상실했고 담배와 같은 희소재가 지불수단을 대신했다. 동독이나 서독 지역 모두 급속한 통화개혁을 요하고 있었다. 원래 승전 연합군 측은 4개 점령지역 전체에 공동통화를 도입하고자 했다. 그러나 전 독일에 적용될 새로운 경제·사회시스템 설계에 대한 차이가 너무 커서 단일 통화개혁 시도는 실패했다. 1947년에 공동통화 도입 시도는 무산되었고 1948년 3월 20일에 소련은 연합군과의 통화협상을 중단했다. 서방연합군 측은 이를 독자적인 통화개혁 실행의 기회로 활용했다. 사실 미국은 이미 별도의 통화개혁을 결정하고 있었다.[22] 서방 3국 점령지역에서 통화개혁에 대한 주도권을 행사한 미군정 당국은 1946년, 독일 전역에 통용될 통화개혁을 위한 최초의 초안을 마련하고 1947년에 새로운 DM 지폐의 인쇄를 시작했다.[23]

1948년 6월 20일 일요일에 통화개혁에 관한 법률이 발효되었고 다음날인 6월 21일부터 DM이 통용되게 되었다.[24] 화폐의 교환은 우선 1인당 60DM씩으로 처음에 40DM, 이후 2개월 이내에 나머지 20DM이 교환되는 분할 방식으로 행해졌다. 기업과 공공부문에는 종업원 1인당

---

[22] Thieme(1999), p. 580.
[23] Bundesbank(2006), p. 23.
[24] 이하 통화개혁에 관한 내용은 별도의 주가 없는 한 Buchheim(1999), pp. 91-93. 당시 통화개혁에 관한 상세한 내용은 해당 법률(Erstes Gesetz zur Neuordnung des Geldwesen: First Law on Currency Reform, June 20, 1948) 참조.

60DM이 배분되었다. 구 화폐인 라이히스마르크화는 은행에 예치된 후에 교환되었다. 은행, 중앙·지방공공기관, 공기업, 나치정권의 예금은 모두 무효화되었으며 1인당 60DM을 제외한 나머지 예금에는 10RM당 1DM의 교환비율이 적용되었다. 그러나 예금주들은 처음에는 전환된 DM의 절반만을 인출할 수 있었고 나머지는 세무당국의 적정성 심사를 거친 후 동결계좌blocked account에 일정 기간 예치한 후에 인출할 수 있었다. 그해 10월에 차단 예금에 대한 법률이 공표되어 차단된 예금 중 70%는 무효화되었다. 나머지 10%도 1954년까지 투자계정에 묶이고, 20%만 인출이 허용되었다. 이에 따라 최종적으로 RM에 대한 전환비율은 10:1이 아닌 100:6.5가 되었다. 반면 임금, 연금 등 플로에는 1:1 비율이 적용되었다.[25] 이것은 통화개혁이 당시의 과잉통화를 흡수하기 위한 것으로 개인으로서는 금융자산스톡의 감소 혹은 상실을 의미하며 화폐단위변경 redenomination 과는 다른 것임을 알 수 있다. 이처럼 플로와 스톡에 대한 상이한 교환비율 적용은 동서독 간 통화통합 시 양독 마르크화의 전환비율에서도 활용되게 된다.

한편 예금에 대한 교환이 소규모 저축에도 그대로 적용되면서 이들 저축의 상당 부분이 삭감되었다. 마지막까지 예외 적용을 기대하던 대부분 저축자들에게 이것은 큰 충격이었다. 더욱이 첫 60DM도 총 전환액 범위에 포함됨에 따라 많은 예금주들은 최초 교환 이후에 추가로 교환할 여지도 없었다. 1인당 기본 전환액이 그들의 RM 저축액 전체의 1/10보다 많았기 때문이다. 10:1 전환에 따른 박탈감은 동결계좌에 대

---

25 위 각주의 '법률' 참조.

한 결정으로 심화되었고 초기에 DM에 대한 신뢰를 떨어뜨리는 요인으로 작용했다. 이 때문에 도입 초기 DM 환율은 역외시장에서 상당 폭 절하를 경험하기도 했다.

그러나 이 DM 도입일은 많은 독일인들의 기억 속에 긍정적으로 각인되어 있다. 통화개혁 다음 날 상점 진열대는 지난 몇 년 동안 보지 못했던 물건들로 가득 채워졌는데 이 경험이 '경제기적'의 신화를 형성하는 데 중요한 역할을 했다. 통화량의 축소가 개인에게는 자산의 상실이었다는 사실을 가려버린 것이다. 참고로 독일에서는 '라인강의 기적'이 아닌 '경제기적'이라는 표현을 사용한다.

독일연방은행도 이에 관해 같은 견해를 언급하고 있다. 즉 통화개혁으로 RM 통화량의 93.5%가 사라지면서 과잉통화는 해소되었지만 많은 독일인들은 저축의 큰 부분을 잃게 되었다. 그럼에도 통화개혁을 공식적으로 독일 경제기적의 시작으로 인식하는 것은 무엇보다도 '진열창 효과'와 연관이 있다는 것이다. 통화개혁의 공지와 함께 그동안 저장되었던 상품들이 일시에 판매가 재개되거나, 생산이 시작되었기 때문이다. 통화개혁과 함께 진행된 경제개혁으로 그때까지 통제되었던 상품가격이 자유화되었고 생산자들은 다시 생산을 재개할 충분한 유인을 갖게 되었다.[26]

이처럼 DM 도입이 서독 경제에 미친 영향은 서독의 초대 경제장관을 지낸 에르하르트 Ludwig Erhard 가 주도했던 경제자유화 조치와의 연

---

26 Bundesbank(2006), p. 24.

관 하에서 보아야만 제대로 이해가 된다.[27] 통화개혁을 통해 화폐자산이 1/10 이하로 크게 줄어든 것은 다음에 소개할 동독의 통화개혁에서도 마찬가지였다.[28] 다만 서독의 경우는 통화개혁이 가격자유화, 시장경제로의 이행과 함께 시행되면서 상점에 물자가 쌓이고 이후 경제기적의 발판이 된 반면, 동독의 경우는 다음에 설명이 되겠지만 '몰수적 상황'이 되면서 그 의미가 퇴색되고 부정적이 된 것이다. 이것은 2009년 북한에서의 몰수적 화폐개혁을 이해하는 데,[29] 그리고 왜 서독이 급진적 통화통합을 제안하면서 동독의 경제개혁을 필수조건으로 내걸었는지, 새로운 화폐가 성공적으로 정착되려면 무엇이 필요한지에 대한 중요한 시사점을 제공한다.

안정과 번영의 상징

1948년 탄생한 DM은 1999년 유로화가 장부상 통화로 도입되고 2002년 1월 1일부터는 지폐와 주화 현찰이 통용되기 시작하면서 사라졌다. 그러나 DM은 서독 시절, 그리고 통일 독일에서의 통화로 독일 역사에 큰 자취를 남겼으며 독일인에게 각별한 의미를 가진다. 1차 대전

---

[27] "서독에서의 통화개혁은 경제 분야에서의 규제완화와 가격통제의 폐지를 골자로 하는 경제개혁과 동시(6월 21일 공표)에 시행되었다. 이는 경제기적의 아버지라 불리는 에르하르트(Ludwig Erhard)가 주도했다(Issing and Wieland, 2012, p. 9). 통화개혁에 관한 상세한 내용은 Buchheim, 1999 외에, 안병억 역(2000), pp. 79-138; 정대화 역(2007), 92-116 참조.
[28] pp. 64-68 참조.
[29] 2009년 북한의 화폐개혁을 통해 주민들의 저축은 현금 100:1, 예금 10:1의 비율로 새 화폐로 교환되었고 일정 교환한도가 정해졌다. 이로 인해 북한주민들은 상당부분의 북한원화표시 금융자산을 상실했다. 이후 환율과 물가는 급등했다. 이는 북한주민들이 자국 통화에 대한 신뢰를 상실하는 계기가 되었고, 향후 남북한 통화통합의 경우 화폐자산에 대한 전환비율 결정을 단순한 경제적 논리로만 접근할 수 없음을 시사한다. 북한의 화폐개혁에 대해서는 김영찬(2016), pp. 169-172 참조.

종전 후 1923년 가을 초인플레이션이 절정에 이르렀을 때, 10월의 월간 물가상승률은 32,000%를 기록했다.[30] 이때 소비자물가지수와 대미 달러 환율은 전쟁 전인 1913년에 비해 1조배가 되어 당시 마르크/미달러의 환율은 4.2조:1에 달했다.[31] 그리고 전후 통화개혁으로 다시 한 번 금융저축의 박탈을 경험했던 독일인들에게 DM은 안정과 부흥의 상징이었다. 연방은행이 안정지향적 가치를 강조하고 우선시한 것은 이러한 경험에 바탕을 둔다.

독일연방은행 이사와 ECB 출범 시 수석이코노미스트를 역임한 이싱 Otmar Issing[32]이 강조한 대로 DM 도입 후 50년간 독일의 연평균 물가상승률은 2.6%로 DM이 세계에서 가장 안정된 통화의 하나였다.[33] 이러한 사실은 독일과 미국, OECD국가 전체의 소비자물가 상승률 추이를 나타낸 〈그림1〉을 보면 확인할 수가 있다. 특히 1, 2차 석유파동으로 모든 국가들이 높은 물가 앙등을 겪을 때도 독일의 물가상승률은 상대적으로 안정적이었다. 이러한 '물가안정'은 글로벌 금융위기 이후 디플레이션을 우려하거나 최근과 같이 물가가 상대적으로 안정된 시기에는 그 의미가 반감될 수도 있다. 하지만 "1970년대 브레튼우즈 체제 붕괴 이후 두 차례의 석유파동을 거치면서 두 자리 수의 높은 인플레이션을 경험한 것이 지속가능하고 안정적인 성장을 위해서는 물가안정이 기반이 되어야 한다는 점을 일깨워주었다. 이에 따라 다수의 중앙은

---

30 Issing(2008), p. 22.
31 Bundesbank(2006), p. 18 ; James(1999), p. 17.
32 Otmar Issing은 1990년 9월 - 1998년 5월 동안 독일연방은행 이사를 거쳐 1998년 6월에는 ECB의 집행위원회 위원으로 부임해 초대 수석이코노미스트를 지냈다. 그는 ECB 통화정책의 기초를 놓은 것으로 알려져 있다.
33 Issing and Wieland(2012), p. 9.

행은 물가안정을 최종 목표로 하여 독자적으로 통화정책을 수행하고 있다"[34]는 한국은행의 설명처럼 인플레이션 억제는 중앙은행의 큰 과제였다.

Issing and Wieland는 전후 독일에서 물가안정의 요인으로 제도적 측면과 초기의 고정환율제, 1970년대 중반 이후의 통화량목표제 등 연방은행이 택한 이론적 기초를 들었다. 제도적 측면은 연합국, 그리고 후에 연방은행법에 의해 규정된 연방은행의 독립성과 물가안정 유지 책무를 말한다.

당시는 중앙은행의 독립성이 국제적으로 거의 논의가 되지 않을 때

[그림1] 독일, 미국, OECD의 장기 CPI 상승률 추이(1956-2015; %)

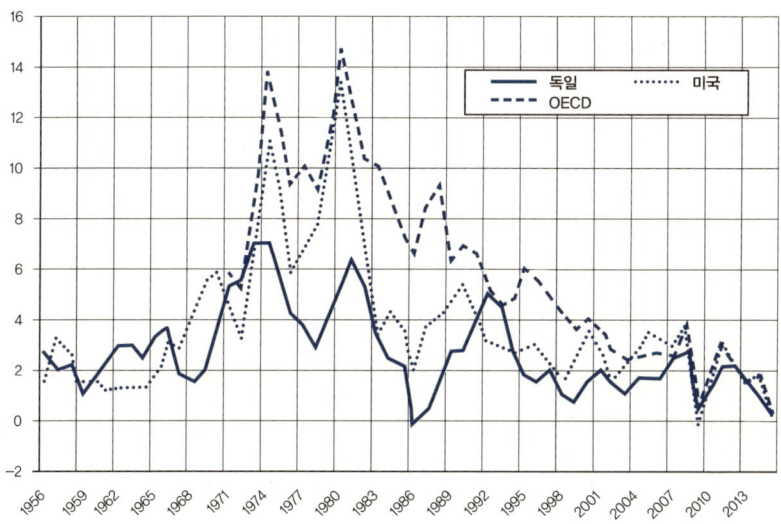

자료: OECD.StatExtracts, Consumer prices - Annual inflation.

---

34 한국은행(2012), p. 13.

였기 때문에 이는 통화이론과 정책의 발전에 있어서 눈에 뜨이는 내용 remarkable fact이었고 법이 제정될 때 이에 대한 동조도 많지 않았다. 제도적 측면이 본격적으로 논의되기 시작한 것은 1970년대의 이른바 대인플레이션기 great inflation 로 실증분석 연구들은 중앙은행의 독립성과 인플레이션 간에 강한 상관관계가 있음을 밝히고 있다. 물론 독일연방은행이나 그 전신인 독일랜더은행 Bank deutsche Länder 의 통화정책 성공이 법적 지위에만 기반을 둔 것은 아니며 한 세대에 두 번이나 금융자산의 상실을 경험한 국민들의 굳건한 지지, 법에서 보장한 독립성과 책무를 지키려는 연방은행의 치열한 노력에도 기인한다.[35] 이러한 세계적으로 독특하다고도 할 수 있는 독일연방은행의 강한 독립성은 동서독 간 통화통합 과정에서 연방은행과 정부 간의 상호협조, 그리고 갈등을 이해하는 데 있어서도 중요하다.

DM을 대체해 유로지역의 공동통화로 도입된 유로화에 대한 독일인들의 회의적인 시각에 대해 유럽중앙은행 ECB이 유로화의 안정성을 강조한 것은 이러한 맥락에서이다. ECB는 글로벌 금융위기, 유로지역 재정위기를 맞아 국채매입 등 비전통적인 정책수단을 채용할 때에도 지속적으로 '물가안정'이 최우선 목표이며 이를 달성하기 위해 노력할 것이라는 점을 강조해왔다. 특히 독일 국민과 경제계를 대상으로 할 때는 더욱 그러했다. ECB가 연방은행의 '안정지향적' 전통에서 벗어나는 것 아닌가 하는 독일인들의 우려를 불식시키기 위해서였다. ECB 총재들은 기회가 있을 때마다 유로지역 출범 이후의 물가상승률이 DM 시

---

35 Issing and Wieland(2012), pp. 9–10.

절보다 낮음을 강조했다. 제2대 트리셰 총재 Jean-Claude Trichet: 2003. 11. 1 - 2011. 10. 31는 독일의 대중 일간지 빌트Bild 지와의 인터뷰에서 "유로화 도입 후 지난 12년간 유로지역의 평균 인플레이션율은 1.97%였고 독일은 1.5%였다. 이 수치는 유로화가 출범하기 이전 50년간의 어느 시기보다도 나은 수치이다. 독일에서 1990년대 물가상승률은 2.2%, 1980년대에는 2.8%였으며 1970년대에는 이보다 높았다"고 지적했다. 제3대 드라기Mario Draghi: 2011. 11. 1 – 현재, 2019. 10. 31까지 임기 총재는 2014년까지 전망을 포함해 유로 출범 후 15년간 연평균 인플레이션률이 1.97%로, '2%보다 낮지만 그에 근접한 2%'라는 ECB의 물가목표를 달성하고 있음을 강조했다.[36]

제2의 국제통화

통화개혁 직후 DM은 신생 화폐에 대한 신뢰 결여로 어려움을 겪기도 했다. DM 도입 후 짧은 기간이지만 취리히에 DM 자유시장unregulated market이 형성되었다. 이 시장에서 환율은 이 새로운 통화가 단명할 수도 있다는 인상을 줄 수 있었다. DM의 공식환율은 1SFr스위스 프랑당 1.30이었지만 자유시장 환율은 7월 8일에는 3.30으로, 그리고 12월 1일에는 5.40까지 상승했다. 이 환율은 독일 입장에서는 중요한 척도였는데 이후 안정을 찾기 시작해 도입 1년 후인 1949년 여름에는 공식환율 수준으로 수렴되었다.[37]

---

[36] Bild(2011); Draghi(2013).
[37] Schlesinger(1989).

시장에서 환율이 정해지기 시작한 1953년, 미달러화당 DM 환율은 4.2에서 1995년에는 1.4까지 절상되기도 했다. 전세계 외환보유액에서 차지하는 비중도 꾸준히 늘어나 통독 직전인 1989년에는 19.1%로 미달러화58.4%에 이어 3위 엔화와 큰 차이를 보이는 2위였다.[38] 연방은행은 "DM은 50년의 역사 동안 약한 통화에서 외환보유액에서 세계 2위의 규모를 차지하는 통화로 성장했다"고 평가했으며[39] Bofinger는 "점령군의 아이였던 DM이 국내적으로는 안정되고 대외적으로 강한 세계적인 스타가 되었다"고 표현했다.[40]

[그림2] DM/USD 장기 환율 추이(1953-1998; 월간)

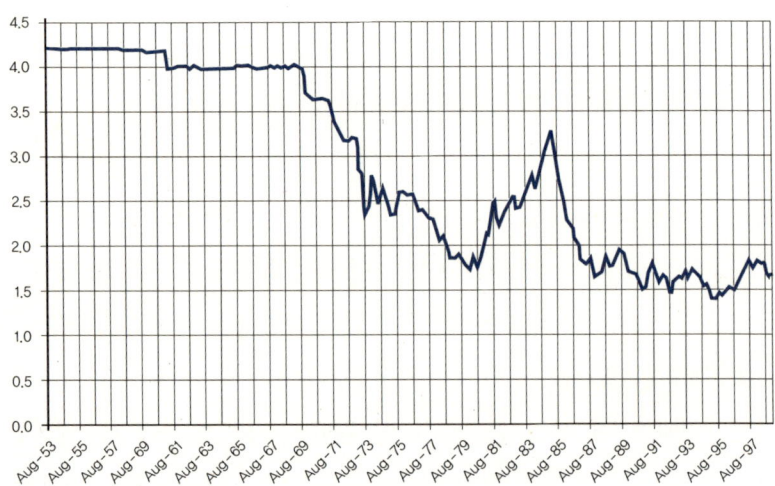

자료: Bundesbank, Historical DM exchange rates on the Frankfurt exchange/Monthly average.

---

[38] Frenkel and Goldstein(1999), p. 708에서 BIS의 통계를 인용. IMF의 통계는 1989년 미달러 51.9%, DM 18.0%(IMF, 1996, p. 164.) 등 통계작성 기준에 따라 다소간 차이는 있으나 2위라는 점은 동일하다.
[39] Bundesbank(2006), p. 31.
[40] Bofinger(2004), p. 13.

Frenkel and Goldstein은 특정 통화가 국제통화로서 사용되는 요인으로 ① 통화가치에 대한 장기적인 신뢰성, ② 화폐발행국 금융시장의 개방성, 깊이, 넓이 및 역동성, ③ 경제 규모와 정치적 영향력, ④ 외환보유국의 대외무역구조, 환율제도, 부채상환 시 적용되는 통화, ⑤ 최적 포트폴리오의 고려, ⑥ 실제 사용의 용이성, ⑦ 국제적 사용을 촉진·억제하는 태도 혹은 정책 등을 들었다. 이러한 기준에 의해 DM을 보면 ① 낮은 물가상승률, ② 달러화에 대한 절상, ③ 순대외채권국의 지위, ④ GDP, 세계무역에서 최상위의 규모, ⑤ 국제금융시장으로서의 프랑크푸르트, ⑥ 외환보유액 및 국제결제통화로서, ⑦ 민간부문의 DM보유 등 여러 측면에서 DM은 높은 국제적 위상에 해당하는 조건을 갖춘 것으로 평가했다.[41]

한편 유럽에서는 시장의 통합과 병행해 역내국 간 환율을 안정시키고, 장기적으로는 단일통화를 도입하자는 계획이 일찍부터 추진되었다. 브레튼우즈 체제에서의 유럽 각국 간 통화의 좁은 변동 허용 폭(기본적으로 달러 대비 1%, 동 체제 붕괴 후 '터널 안의 뱀' Snake in the tunnel 제도[42] 등이 그것이다. 이어서 1979년에는 유럽통화제도 EMS가 발족되었다. EMS의 주요소는 유럽통화단위 European Currency Unit: ECU 의 창설, 그리고 역내 각국 간의 통화를 상호 일정 범위 내2.25%, 그리드 시스템에서 움직이도록 하는 환율조정장치 ERM의 도입이었다. 이 체제는 1992년 영국, 이탈리아가 탈퇴하는 등의 큰 위기를 겪으면서 환율 변동범위가 15%로 대폭

---

41 Frenkel and Goldstein(1999), pp. 686-723.
42 달러화에 대해 일정범위 내(2.25%)로 변동하면서 회원국 간 환율변동은 기준환율 대비 1.125%내에서 허용

확대되기는 하였지만[43] 유로화 도입 전까지 환율변동을 제약하는 시스템으로 작동했다.[44] 유로화 도입으로 회원국이 환율 변동을 통한 경기 대응능력을 상실했다는 비판이 나오고는 있지만 사실 그 이전부터 환율을 통해 경기에 대응한다는 개념은 적어도 유럽에서는 제약되어 있는 상태였다.

그런데 이러한 스네이크, ERM 체제는 형식상 평균환율, 바스켓이 기준이기는 했지만 실질적으로는 가장 안정된 경제운영을 보인 독일 DM을 중심으로 움직였다. DM은 출범 후 여타 유럽 국가들의 통화에 비해 상당 폭 절상을 보였으며〈그림3〉 1979년 유럽통화제도 EMS 출범 후에도 몇 차례 환율 재조정을 통한 절상이 이루어졌다. 연방은행은 독일의 국내 물가안정을 목표로 금리를 조정했고 다른 나라들은 이에 따라야 하는 상황이 이어졌다.[45] Marsh는 그의 저서 『The Euro: The Battle for the New Global Currency 2011』에서 제3장의 제목을 '마르크화의 폭정 Tyranny of the Mark'이라고 이름붙이기도 했다.

특히 프랑스는 이를 거북해했으며 이는 DM과 연방은행을 대신하는 공동통화와 유럽차원의 공동중앙은행을 추구하는 원인의 하나가 되었다. 마쉬는 위의 책에서 DM을 둘러싼 독불 간의 설전을 소개하고 있다. 미테랑 대통령은 통독 전인 1988년에 "독일은 외교적 지위의 약화, 주권의 일정 부분 상실이라는 약점을 경제적 파워로 상쇄하고 있으며

---

[43] 이에 관해서는 pp.247-252 참조.
[44] EMS 체제의 구축과정에 대해서는 김흥종 외(2010), pp. 38-42 참조.
[45] 이러한 DM의 주도권에 대한 불만이 독일 통일과 맞물려 유로화 도입 촉진으로 이어진 상황은 pp. 100-101에서 설명.

[그림3] GBP, FRF, ITL 대비 DM의 장기 환율 추이(1955-1998; Aug-55=100)

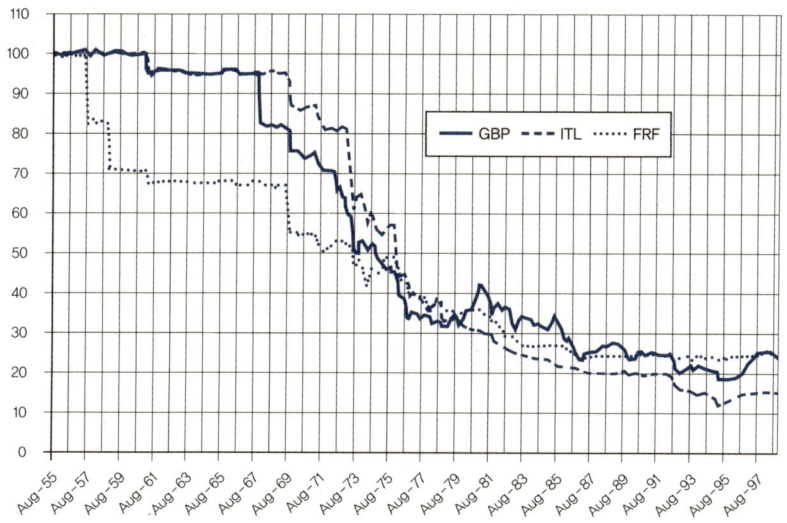

자료: Bundesbank, Historical DM exchange rates on the Frankfurt exchange/Monthly average.

DM은 어떤 의미에서 그들의 핵무기이다"라고 말했다.[46] 1980년대 말 프랑스의 핵폭탄이 독일에 대해 갖는 위협에 대해 독불 간 회담이 열렸을 때 프랑스의 대통령 외교보좌관 아탈리 Jacques Attali 는 "이제 균형을 맞추기 위해 독일의 핵폭탄에 대해 이야기하자"라고 말했다. 독일 측이 "우리에게 핵이 없다는 것은 잘 알고 있지 않느냐"고 답하자 아탈리는 "DM 이야기이다"라고 답했다.

한편 독일의 역사학자 Bökenkamp는 DM의 지배를 없애는 것이 미테랑 대통령의 확고한 신념의 하나가 되었다며 "공동통화 없이 우리는 독일의 의지 아래 놓일 수밖에 없다. 그들이 금리를 올리면 프랑스도

---

[46] Marsh(2011), p. 99; pp. 120-121.

올려야 하고 영국은 EMS에 들어있지 않지만 마찬가지로 따라야 한다. 유럽중앙은행이 설립되어야만 거기서 공동으로 의사를 결정할 수 있을 것이다"라는 영국 대처 총리와의 대화 내용을 소개했다.[47]

국가 정체성으로서의 DM

전후 폐허로부터의 재기, 안정된 물가, 강한 자국 통화에 독일인들은 큰 자부심과 애정을 가졌고 DM은 통화 이상의 상징적 의미를 가지게 되었다. Seliger는 나치시절 기억으로부터의 회피, 전후 폐허로부터의 경제 도약을 반영해 국가 정체성identity에서 '경제기적'과 DM이라는 경제적 요소가 중요한 비중을 차지하게 되었다고 분석하고 있다.[48] Bickerich는 "사람들은 이러한 독일 통화에 대하여 자부심을 느끼고 있었다. 마르크화는 모든 정파와 이념을 초월하여 독일 국민 다수가 국가상징으로 공감하는 독보적인 자랑거리이다. 그에 대한 자부심은 역사적인 사건이나 모범사례는 말할 것도 없고 국기나 국가에 대한 것보다도 훨씬 강하다. DM의 모습을 통하여 마르크는 폐허에서 번영으로 유례가 없는 도약을 이룬 50년의 증표가 되었다"고 말했다.[49] 사실 전후 독일에서는 드러내놓고 국기를 흔들 수 없었고 DM은 말하자면 국기와 여타 국가 상징의 대체물이었다. "독일이 주최했던 2006년 월드컵에서와는 달리, 1954년 독일이 월드컵에서 우승했을 때 독일 국기가

---

[47] Huber(2010).
[48] Seliger(2008), p. 181; Spaulding(2000), pp. 292-293.
[49] 정대화 역(2007), p. 2. 이밖에 Weskes는 DM이 국가적인 정체성의 상징, 전후 경제적 부흥의 표상이 되었고 'D-Mark 애국주의' 등의 표현도 사용되었다고 소개했다(Weskes, 2011, p. 124).

흔들리는 것을 거의 볼 수 없었다"고 Issing은 회고하고 있다.[50] 2002년 한·일 월드컵 다음의 2006년 월드컵을 독일이 주최했으며 이때 독일에서는 우리나라에서와 같은 '거리응원'이 펼쳐지고 독일 국기가 다시 심벌로 쓰이기 시작했다.

  독일 통일은 다시 한 번 독일의 집단의식에서 DM이 차지하고 있는 특별한 위상을 부각시켰다. 장벽 붕괴 후 통화통합이 논의되던 초기 시점에 동독에서 벌어진 시위에서 "DM이 오지 않으면 우리가 간다"라는 구호는 그냥 만들어진 것이 아니다. 또한 철학자 하버마스 Jürgen Habermas가 1990년 3월 동독의 첫 민주 총선에서 DM 도입이 주 이슈가 되는 것을 보고 독일의 정체성에 대한 문제 제기와 함께 'DM 민족주의'라는 비판적 표현을 사용한 것은[51] DM이 통일과정, 특히 동독에서 얼마나 큰 의미를 가졌었는지를 반증하고 있다.

---

50 Issing(2008), p. 23.
51 Habermas(1990), 영역본(Jarausch and Gransow, 1994, pp. 132-135).

독일 연방은행

설립 과정

독일에서는 중앙은행을 종종 통화가치의 수호자Währungshüter라고 표현한다. 독일인들의 자부심과 애정의 대상인 DM의 가치를 지키는 기관으로서, 그리고 강력한 독립성을 가진 중앙은행으로서 독일연방은행은 독일은 물론 유럽 내에서 독특하고 높은 위상을 차지했다. 전후 독일을 점령한 서방 측 연합국은 종전 독일의 중앙집권적 금융시스템을 해체하고 금융기관의 지방 분산화 정책을 취했다.

이에 따라 중앙은행이었던 제국은행은 해체되고 1946~48년 초에 걸쳐 각 주에 주중앙은행Landeszentralbank[52]이 설립되었다. 그리고 1948년 3월에는 주중앙은행을 통합하는 독일랜더은행Bank deutscher Länder: BDL이 주중앙은행의 공동출자로 프랑크푸르트에 설립되었다. 이는 '독일 주州들의 은행'으로 직역할 수 있는데 영어표기도 그대로 독일어를 사용하고 있다.[53] 미국연방은행제도를 모방한 이원적 중앙은행제도 하에서 주중앙은행은 관할지역 내에서 발권업무 이외의 상업은행에 대한 은행 역할, 제한된 범위에서 주정부의 은행 등 중앙은행 역할을 수행하였고 독일랜더은행은 발권업무와 함께 주중앙은행에 대한 재할인 및

---

52 영어로는 Land central bank로 표기. Land는 바이에른, 헤센 등 연방주를 의미하며 이와 같은 지위를 갖는 자치도시 베를린, 함부르크, 브레멘도 포함한다.
53 Deutsche Bundesbank(1999a), p. 74. 에서는 The Bank deutscher Länder로 표기.

통할, 조정업무를 담당했다.[54]

독일랜더은행은 통화개혁 이후 통화정책 경로를 결정하고 이를 통해 독점적 발권력을 부여받았다. 최고 의사결정기구는 중앙은행위원회 Zentralbankrat: Central Bank Council였으며 주중앙은행 총재와 독일랜더은행 총재·부총재로 구성되었다. 독일랜더은행의 총재와 부총재는 주중앙은행 총재에 의해 선출되었다.

서독의 중앙은행제도를 구축함에 있어서 미국은 다기화된 지배구조를 갖는 분권적 시스템과 정부에 대한 독립성에 중점을 두었다. 다만 처음에는 승전연합국의 지휘를 받았다. 한편 1949년 제정된 독일기본법헌법에서는 연방은행의 구조나 과제에 대한 언급은 없이 통화-발권은행의 설립을 규정하고 있었다.[55]

점령국의 지위가 완화되면서 연합국 측은 1951년 독일 정부에 대해 독일이 관련법을 제정하면 '연합국 은행위원회 Allied Bank Commission'를 통한 은행 및 중앙은행제도에 대한 자신들의 통제권을 해지하겠다는 제안을 내놓았다.[56] 이에 독일 정부는 '연합국 은행위원회'를 단순히 '연방정부'로 대체하는 법안을 내놓았다.

---

54 한국은행(1993), p. 8, p.24; Bundesbank(2006), pp. 23-26. 참조.
55 1949년 5월 23일 발효된 독일의 헌법인 기본법(Grundgesetz) 제 88조에서는 "연방은 통화·발권은행으로서 연방은행을 설립한다"(Der Bund errichtet eine Währungs- und Notenbank als Bundesbank; The Federation shall establish a note-issuing and currency bank as the Federal Bank)고 규정하고 있다.
56 금융통화정책 문제에 있어서 BDL은 완전히 독립되어 있었다. 최고 의사결정기구인 중앙은행위원회는 BDL에 관한 법률에 의해 연합국 은행위원회가 발하는 명령에 복종하여야 하며, 동 위원회의 요청에 의하여 보고서와 정보를 제출해야 했다. 그러나 그 점에 있어서도 독일의 기관에 대하여는 종속성이 없었다. 이러한 연합국의 감독에 대한 복종도 - 수정 점령규칙(Revidiertes Bestazungsstatut)과 그에 이은 1951년 5월 26일자 권한위임에 근거하여 독일연방의회가 의결한 - 1951년 10월 10일자 BDL 설립에 관한 법률 개정을 위한 경과 법률에 의하여 폐지되었다(한국은행 역, 1998b, p. 25).

중앙은행위원회는 이에 대해 은행위원회는 '중앙은행에 대한 책무를 가진 위원회'이지만 "연방정부는 불가피하게 정치적 고려를 우선할 수밖에 없으며 신용수요자로서 중앙은행에 관심을 가질 것"이라며 이에 반대했다. 대신 중앙은행위원회는 "책무를 수행함에 있어서 정부의 전반적 경제정책에 대해 유의할 것"이라는 의무조항을 제안했고 이 조항이 연방은행법 수정안에 삽입되었다. 아울러 중앙은행위원회 회의 시 연방정부 경제·재무장관의 참석권이 주어졌다. 또한 중앙은행의 결정에 대해 정부가 8일 동안 시행의 유예를 요구할 수 있는 권리가 추가되었으나 연방정부가 동 권한을 행사한 적은 없었다. 물론 유예권한이 있더라도 최종적인 결정은 중앙은행위원회의 몫이었다.[57] ECB 출범 후 2002년 연방은행법 개정 시 동 조항은 삭제되었다.

그러나 독일랜더은행이 그러한 형태로 지속될 수는 없었고 기본법의 조항에 따라 1957년 7월 26일 독일의회는 독일연방은행법을 통과시켰다. 동 법에서는 다음에서 설명되는 바와 같이 연방은행의 독립성을 확인하였다.

지위와 구조

독일연방은행의 법적 지위 및 임무, 정부와의 관계, 조직 등은 통독을 전후한 시기를 기준으로 설명한다. 이 내용들은 동독과의 협상 내

---

57 Bundesbank(2006), pp. 3-24. 이 부분을 상세히 소개한 것은 독일에서 연방은행의 독립성은 상당한 의미를 가지며, 통독 과정에서 연방은행과 정부와의 갈등은 이러한 독립성의 바탕에서 이해될 수 있기 때문이다. 동 책자에서는 유예기간을 8일로 소개하고 있으나 1957년 당시 연방은행법에서는 이 기간을 최대 2주일로 표현하고 있다. 한편 Wahlig도 정부가 동 유예권한을 행사한 적이 없다고 소개하고 있다(Wahlig, 1998, p. 52).

용을 이해하는 데 중요하며 통화통합이 발효되면서 동독 지역에도 바로 적용되었었다.[58]

독일연방은행은 헌법과 연방은행법에 기초하여 설립된 헌법기관이자 연방법인이며 정부 조직상 최고 연방기관 중의 하나이다. 따라서 연방은행은 연방 총리 또는 장관의 지휘를 받지 않으며 오직 연방은행법에 의해서 규제를 받는다. 연방은행법에서는 연방은행의 임무를 첫째 통화가치 안정을 위하여 연방은행법이 부여한 통화정책수단을 사용하여 통화량과 신용규모를 규제하고, 둘째 금융기관의 대내외 자금결제가 원활히 이루어지도록 노력할 것을 규정하고 있다.

연방은행은 연방정부와의 관계에 있어서 고도의 독립성을 보장받고 있다. 연방은행법 제12조는 연방은행이 그 임무를 수행함에 있어 편견 없이 연방정부의 일반경제정책을 지원할 의무를 지지만 그의 권한 행사에 있어서는 연방정부의 여하한 지시에도 구속되지 아니한다고 규정하고 있다. 이러한 독립된 중앙은행 체제는 과거 악성 인플레이션의 경험을 바탕으로 한 역사적 산물이라고 할 수 있다. 이러한 맥락에서 연방은행은 '안정'에 큰 의미를 두고 지속적으로 이를 강조해 왔다. 슐레징어 Helmut Schlesinger 전 총재는 연방은행의 안정지향적 문화는 1950년대 초기 독일랜더은행 시절부터 형성되었다고 설명했다.[59] 바이트만 Jens Weidmann 현 총재도 "연방은행은 강한 안정 전통을 가지고 있

---

[58] 이 부분은 별도의 주가 없는 한 한국은행(1993), p. 8, p. 24-28 참조. 한편 1999년 유로화 및 ECB가 출범하면서 연방은행은 유럽통화시스템(ESCB)의 일원이 되었고 이를 반영하여 책무, 의사결정기구, 주중앙은행의 지위 및 수 등 주요 내용에 상당 정도 변화가 있었음에 유의해야 한다. ECB 출범 전과 후의 독일연방은행법은 한국은행(1999); 한국은행(2013) 참조.

[59] Bundesbank(2012a).

다. 이는 통화가치를 안정적으로 유지하겠다는 약속에 관한 것이다"라고 강조했다.[60]

한편 연방은행법 제13조에서는 연방정부와 연방은행의 협력관계를 다음과 같이 규정하고 있다. ① 연방은행은 주요한 통화정책 사항에 관하여 정부의 자문에 응하고 필요한 경우 제반 자료를 제출하여야 한다. ② 연방정부 대표 member of the government 는 중앙은행위원회에 참석할 수 있는 권리가 있으며 안건을 제출할 수 있으나 의결권은 없다. 다만 정부의 요청이 있을 경우 중앙은행 이사회의 결정은 최장 2주간 연기될 수 있다. ③ 연방정부는 주요한 통화정책관련 사항에 관하여 연방은행 총재와 협의하여야 한다 등이다.[61] 여기서 ②항은 ECB 출범 후 2002년의 연방은행법 제7차 개정 시 삭제되었다.

연방은행은 통화정책을 수행함에 있어 독립성을 보장받고 있다. 여기에는 외환시장 운용 operation 도 포함되는 것으로 본다. 그러나 고정환율제에서 정해지는 환율수준 및 그 변동 폭의 결정은 연방정부의 영역이라고 Gleske는 해석하고 있다. 다만 그 결정은 연방은행과의 협의 consultation 하에 이루어져야 한다고 지적했다.[62] Wahlig는 환율 currency parity 수준의 설정이나 변경 혹은 상이한 환율제도를 택할 때 IMF에 대한 공표 declaration 권한을 연방정부가 가지고 있다고 보며 연방은행도 이에 이견을 제기하지 않고 있다고 설명했다. 물론 이처럼 통화정책적

---

60 Weidmann(2013).
61 이 조항들은 독일연방은행이 통화통합 후(통일 전) 동독에 임시관리본부를 구축했을 때 동독 정부와의 관계에서도 적용되었다.
62 Gleske(1998), p. 13.

으로 중요한 사안의 공표에 있어서는 연방정부와 연방은행간에 철저한 협의와 조정이 있어야 한다는 데도 논란의 여지가 없으며 지금까지 그래왔다고 강조했다.[63] 이를 통화통합에 적용하면 동서독간 통화통합의 추진, 전환비율의 결정 권한 자체는 연방정부에 있더라도 그 과정에서 연방은행과 긴밀한 협조가 있어야 함을 뜻한다. 이는 뒤에서 기술될 콜 총리의 급작스런 통화통합 제안에 있어서 정부와 연방은행간에 사전협의가 있었는가와 관련해 논란을 야기한 사항이기도 하다.

통독 당시 연방은행의 조직은 프랑크푸르트의 본점과 주중앙은행, 주主지점 및 부副지점으로 구성되어 있었다. 최고의사결정기구로서 중앙은행위원회가 있고 그 산하에 집행기구로서 본점에 임원회 Direktorium: Directorate가 있었다. 중앙은행위원회는 임원회 구성원 전원총재, 부총재, 이사과 주중앙은행 총재들로 구성되었다. 임원회는 총재, 부총재를 비롯한 8인 이내의 임원으로 구성되었고 주중앙은행은 주정부 및 공공기관과의 거래, 관할지역 내 금융기관과의 거래 등을 담당했다. 이러한 구조는 통독 후 주중앙은행 수가 축소되고, EMU 출범 후에는 주중앙은행이 지역본부로 역할이 낮아지는 등의 변화가 있었다. 이 부분은 제5장에서 상세히 설명된다.

위상과 평가: 연방은행, 너를 믿는다

Issing은 어떤 나라에서도 그 통화, 그리고 이를 관할하는 중앙은행이 독일에서와 같이 높은 존경을 받은 경우는 없었다. 일반 대중사

---
[63] Wahlig(1998), pp. 53-54.

이에서 연방은행은 어떤 다른 공공기관보다 존경을 받았으며 연방은행 총재는 심지어 '대리 황제'ersatz Kaiser로도 불렸다고 소개했다. 또한 독일의 중앙은행은 명확한 안정지향적 통화정책의 입장을 통해 통화의 수호자로서, 그리고 물가안정의 보증인으로 '화폐자산 상실의 경험'을 가진 독일 국민들로부터 비할 데 없는 존경을 받았다고 언급했다. 국제적으로도 연방은행은 비교할 수 없는 특권을 누렸다며 들로 Jacques Delors EU집행위원장의 "모든 독일인이 신을 믿지는 않지만, 연방은행은 모두가 믿는다"라는 말을 인용했다. 이 말의 배후에 어떤 아이러니가 있다 해도 이는 독일의 중앙은행에 대한 전 세계적인 존경을 반영하고 있다는 것이다.[64]

2007년 7월 26일 연방은행 창립 50주년을 맞아 독일의 유력지 프랑크푸르터 알게마이네 FAZ는 '독일연방은행, 신화가 50년을 맞다'라는 제목의 장문기사를 실었다.[65] "내가 독일인이었다면 어떤 경우라도 연방은행과 DM을 유지했을 것이다"대처 전 영국 총리, "총리로서 나는 때때로 연방은행과 갈등을 겪었다. 그러나 한 시민으로서 나는 연방은행이 존재한다는 데에 기쁨을 느낀다" 라고 콜 총리는 말했다".[66] 이 인용문들은 독일연방은행이 국내외에서 어떤 존재였는지를 극명하게 보여주고 있다.

앞서 언급한 Marsh는 1992년에 펴낸 연방은행에 관한 책 제목을 『가장 강력한 은행: 독일연방은행의 내면』미국판, 『연방은행: 유럽을 지

---

64 Issing(2008), pp. 21-23.
65 Frankfurter Allgemeine Sonntagszeitung(2007).
66 Bundesbank(2017), p. 48.

배하는 은행』유럽판으로 달고 "독일연방은행은 전후 독일 부흥의 상징인 DM의 수호자로서 독일 역사상 유럽의 가장 넓은 지역을 지배했다"고 기술했다.[67] 아울러 "연방은행은 과거 초인플레이션의 쓰라린 경험을 바탕으로 전 세계적으로 거의 유례가 없는, 정치로부터 독립된 중앙은행으로 탄생했다. 연방은행은 이후 수십 년간 독일에 복지와 안정을 가져다 준 신화였으며 스스로 철옹성 같은 독립성을 보여주었다. 신은 안 믿어도 독일인 모두가 연방은행은 믿는다는 자크 들로의 말은 아직도 유효하다. 전 세계에서 연방은행은 오랫동안 그 불가침성과 독립성, 그리고 인플레이션과의 전쟁에 대한 집념으로 인해 경탄과 두려움의 대상이었다."라고 언급했다.[68]

아울러 Marsh는, 쓸모없는 통화가 아닌 실질적 가치를 지닌 통화를 관리하고 있는 독일연방은행에 대해 동독의 중앙은행인 동독국립은행이 부러움을 갖고 있었다면서 "우리는 독일연방은행이 독일마르크화를 세계에서 가장 안정된 통화의 하나로 만든 데 대해 경의를 표한다"고 한 동독국립은행 부총재 마이어 Bruno Meier의 언급을 소개했다.[69]

---

[67] Marsh(1992b), 미국판: The Most Powerful Bank: Inside Germany's Bundesbank, p. 5. 같은 내용으로 유럽판은 The Bundesbank: The Bank that Rules Europe이다.
[68] Marsh(2012), pp. 48-49.
[69] 신상갑 역(1993), p. 304.

동독 마르크화와 동독국립은행

동독 마르크화[70]

동독 마르크화의 탄생 : 상실감의 시작

제2차 세계대전 후 서방연합군 점령지역후에 서독에서 1948년 6월 20일 통화개혁이 단행되자 바로 며칠 후인 6월 24~28일, 소련도 점령지역인 동독에서 통화개혁을 실시했다. 새 화폐의 인쇄가 미처 이루어지지 못한 관계로 라이히스마르크RM에 쿠폰을 붙여 사용했는데 이를 이른바 쿠폰마르크 Kuponmark 라고 불렀다.[71] 당시 독일발권은행이 지폐와 주화의 발행권한을 부여받아 발행한 화폐의 최초 명칭은 '독일발권은행의 도이치마르크' Deutsche Mark der Deutschen Notenbank: 동독 DM였

---

[70] 별도의 주가 없는 한 Thieme(1999), pp. 580-585.
[71] Buchheim(1999), p. 93. 1947년 연합군 점령지역에서의 공동 통화개혁 시도가 무산되면서 미국에서는 이미 새로운 DM 지폐 인쇄를 시작했고 소련은 당시 유통되던 RM을 손쉽게 대체할 수 있도록 병용쿠폰을 제작토록 했다(Bundesbank, 2006, p. 23).

다. 서독의 도이치마르크와 동일한 이 명칭은 1964년 7월 31일까지 사용되다가 '독일발권은행 마르크'Mark der Deutschen Notenbank: MDN 로 변경되었고 이후 1968년 1월 1일부터 '동독민주공화국 마르크'Mark der Deutschen Demokratischen Republik 로 통용되었다. 통화통합 당시의 동독 통화는 이 마르크화를 의미하며 통상적으로 동독 마르크 Mark, Ostmark 로 표기한다. 본서에서는 특별히 구별할 필요가 없는 한, 시기에 관계없이 통칭해서 동독 마르크로 표기하기로 한다.

서방 연합군 점령지역에서 통화개혁에 대해 소련군정은 경제적, 정치적, 심리적 이유로 이에 대응할 필요가 있었고, 이미 '사회주의적 목적'을 가진 독자적인 통화개혁을 준비하고 있었다. 서독의 통화개혁으로 기존의 라이히스 마르크RM 지폐가 동독 지역으로 유입되면[72] 그렇지 않아도 많은 소련지역에서의 RM량이 늘어날 우려가 있었다. 전반적인 경제계획의 구조를 보존하기 위해 통화량은 생산잠재력과 일치시키는 것이 중요했다. 또한 서독에서와 마찬가지로 심리적 이유로도 통화개혁이 중요했다. '새로운 화폐'는 사회주의 체제에서 새로운 경제안정의 상징이 되어야 했고 일반 대중에게 불확실성을 제거해줄 필요도 있었다.

소련 점령지역에서 통화개혁에는 중앙계획경제에서의 화폐적 조건의 형성과 소유권제도의 변화라는 두 가지 의도가 있었다. 1948년 7월 25~28일간 RM을 동독 마르크로 교환하는 작업이 이루어졌다. 이 4일 동안 주민들은 구화폐를 은행에 인도하고 개인별로 70RM에 대해 70

---

[72] 통화개혁 당시까지 RM화가 전 독일 지역에서 유통되고 있었다.

동독 마르크를 교부받았다. 교환비율은 위의 의도를 반영하여 정치적, 경제적 고려 하에 다양하게 책정되었다. 1945년 5월 8일 이후 국영기업이 획득한 자산은 1:1, 민간기업의 경우는 동일한 자산에 대해서 10:1이 적용되는 등 막대한 차등이 두어졌다. 1945년 5월 8일 이후의 민간저축에 대해 첫 100 RM에 대해서는 1:1, 1,000 RM까지는 5:1, 그 초과분은 10:1로 교환되었다. 모든 부채는 개인에 대한 부채10:1 외에는 과거의 명목가치가 그대로 유지되었다.[73]

여기서 1945년 5월 9일 전, 즉 독일이 항복하기 전에 형성된 자산에 대한 교환비율이 특별한 관리대상이 되었다. 3,000 RM이상의 자산예금에 대해서는 교환이 이루어지기 전에 그것이 '적법하게 취득한' 것인지에 대한 심사가 있었다. 제3제국 시절나치정권 축적했거나, 투기적 거래로 취득한 화폐, 불법 소득, 암시장 거래에서의 소득은 모두 불법적인 것으로 간주되었다. 이러한 정치적 해석에 의한 기준은 많은 자산이 몰수되었음을 의미한다. 즉 자산의 '불법적 원천'이라는 개념을 매우 광범위하게 해석하여 각 개인의 정확한 자산원천에 대한 조사 없이 자의적인 수용몰수가 이루어진 경우가 많았다. 일단 합법적으로 취득한 자산으로 판정되더라도 개인 및 민간기업의 예금은 10:1로 전환하되[74] 즉각적인 인출이 아닌 '예금상환채권'을 제공하고 연 3% 금리로 1949년 1월~1972년간에 걸쳐 상환하였다. 동결된blocked 예금은 370억 RM으로 추정되며 이에 대해 28.2억 동독 마르크가 예금으로 계상되었다. 소

---

73 다만 농업부문은 예외로 회복촉진을 위해 1945-48년간 발생한 차입채무는 5:1로 절감되었다(Thieme, 1999, p. 583).
74 은행, 기업, 조직들의 현금보유(자산)도 10:1로 절하되었다.

련 점령지역 외 거주자의 채권은 동결된 상태로 있다가 독일 통일과정에서 상환되었다. 다만 공공부문, 국영기업의 예금은 1:1로 교환되었고 인출도 가능했다.

결과적으로 개인이나 민간기업들은 그나마 크게 줄어든 예금도 바로 인출할 수 없었던 것이다. 예금자산이 큰 폭으로 줄어든 데다 장기간에 걸쳐 분할해서 찾도록 한 이 조치는 '화폐에 대한 신뢰'와 관련하여 동독 주민들에게는 상당히 부정적인 기억으로 남았을 수가 있다. 1990년 3월 말 독일연방은행이 서독 정부에 통화통합 시 전환비율을 제안하면서 DM으로 전환된 예금은 전액을 바로 인출할 수 있다고 명시한 데는[75] 이런 역사적 경험이 배경으로 작용했던 것으로 생각된다. 또한 동독이 서독과의 통화통합을 위한 협상과정에서 처음에 모든 예금에 대한 1:1 전환을 주장하고, 타협안으로 고령자에 대한 우대를 제시한 것도 이러한 역사와 관련이 있다. 당시 동독의 총리였던 드메지에르Lothar de Maizière는 제1차 대전 후의 초인플레이션, 제2차 대전 후의 통화개혁에 따른 금융저축의 상실을 지적하면서 동독 주민들의 평생저축을 안전하게 지키는 것, 특히 일생에 두 번이나 저축이 박탈당한 경험을 한 고령자에 대한 우대가 중요했음을 강조하기도 했다.[76]

한편 임금, 가격, 연금, 부과금, 보조금 등 플로 해당액은 그대로 유지되었다. 이처럼 통화개혁 시 스톡에 대해서는 다양한 교환비율로 큰 폭의 감축이 이루어지고, 반면 플로에 대해서는 1:1 비율이 적용된 것은

---

75 Bundesbank(1990a), pp. 1-2.
76 드메지에르는 동독의 첫 민선총리이자 마지막 총리이기도 하다. de Maizière(2010), p. 251.; Stuhler(2010), p. 100(pp. 171-178 참조). 드메지에르(2001), p. 81.

서독에서 통화개혁의 경우와 마찬가지였다. 양쪽 모두 금융자산의 상실이라는 내용은 같았지만 그 후의 경제발전이 화폐에 대한 인식을 다르게 만들었다. 그러나 통화개혁에 대해 동독의 경제학자들은, 과잉통화를 빠르게 흡수했다는 측면에서 긍정적으로 평가했다. 정치적으로도 '자본가계급'과 '전쟁에서 이득을 취한 자들'의 자산을 환수하고 생산수단을 국유화하며 국영기업의 확립을 촉진했다는 점에서 목적이 달성되었다는 것이다.

취약한 대내외적 위상

동독의 통화정책적 측면을 볼 때 1970년까지는 통화량 증가가 실질가처분국민소득보다 빠르게 증가해 잠재적인 인플레이션 위험이 있었다. 이때까지는 통화개혁에 이은 통화량 과잉을 느낄 수 있었다. 그러나 1970년대에 동독국립은행은 특히 다른 사회주의국가 은행들과 비교할 때 상대적으로 안정지향적 정책을 양호하게 수행한 것으로 평가된다. 1971~80년간은 이 목적이 잘 달성되었으나 이후 1989년까지 안정지향적 접근이 다시 어느 정도 완화되었다.[77] 동독 지역에서 사실상 급격한 물가상승은 없었다.

동독 마르크화는 순전한 국내통화로서 태환성이 없었으며 서독의 DM이 자유와 번영의 상징이 된 것과 같은 지위를 누리지는 못했다. 동독 경제의 경쟁력 약화를 반영해 동독 마르크의 대외가치는 지속적으

---

[77] Thieme(1999), pp. 603-605. 그러나 Meinhardt et al.은 1970-80년대에 통화공급의 확대와 무역수지의 악화로 인해 국내 통화가치의 안정이 훼손되었다고 지적하고 있다(1996, p. 60).

로 하락했다. 동독은 〈표1〉에서와 같이 여러 가지 환율을 사용하고 있었는데 어떤 방식이든 가치가 지속적으로 저하되었음을 알 수 있다. 1988년에 대외가치로 본 서독 DM화와에 대한 환율은 4.4:1이었는데 통화통합 시 임금이 1:1로 너무 높게 전환되면서 동독 기업의 쇠락이 가속화되었다는 주장은 이에 기인한다. 한편 동독 말기에는 무역수지가 악화되는 가운데 비공산권 국가로부터의 필수적인 수입을 위해 이들 국가에 대한 외화유동성 확보가 중요한 관심이었다.[78]

[표1] 동독 마르크화의 대외가치(동독의 국제경쟁력)

연도	외환수익[1]	동독 마르크/$	동독 마르크/DM
1970	0.537	7.56	1.80
1975	0.519	5.50	2.20
1980	0.454	4.75	2.50
1985	0.338	7.80	2.60
1987	0.255	9.20	4.00
1988	0.246	8.14	4.40

주1: 동독 마르크당 외환 수익.
자료: Thieme(1999), p. 612.

한편 동독에는 상당액의 서독 DM이 유입되어 병용통화로 사용된 것으로 알려졌다. 동독 말기에 그 규모는 30~40억 DM으로 현금통화량 M1과 비교할 때 그 영향력은 다르게 평가될 수가 있다.[79] 그러나

---

[78] Meinhardt et al.(1996) p. 60; Thieme(1999), p. 613.
[79] von Rüden은 1989년 11월 9일 장벽붕괴 시점에 약 30~40억 DM이 병용통화로 유통되고 있던 것으로 추정했다(von Rüden, 1991, p. 82). 이는 당시의 현금통화량 170억 동독 마르크와 비교하면 상당 규모이지만 M1, 1,466억 동독 마르크와 비교하면 비중은 많이 떨어진다(통화량 수치는 Bofinger, 1990, p. 28을 인용).

DM의 유통은 이를 보유한 계층과 그렇지 않은 계층 간의 위화감 조성이라는 측면에서 문제가 있었다고 할 수 있다. 동독 마르크화로는 사치재를 구입하거나 서방세계 여행 등을 제대로 할 수 없던 상황에서 다른 사람들의 DM화 보유는 열심히 일해 동독 마르크화를 버는 이들에게 무기력감을 안겨주었다고 동독국립은행의 마지막 부총재였던 모스트 Edgar Most 는 언급한 바 있다. 그는 병용통화로 인해 동독에 두 계급 사회가 만들어졌다며 범죄자들조차 은행을 털기보다는 상점을 털었다고 동독 마르크화의 낮은 위상을 냉소적으로 설명했다.[80] 모든 것을 가능하게 해주는 듯 보인 DM화에 대한 갈망은 어쩌면 당연한 것이었을 수도 있다.

동독 국립은행

동독의 금융제도

사회주의 금융제도는 소유권과 제도적 측면, 금융의 역할, 기업투자재원의 조달, 가계에 대한 대출 등에서 자본주의 금융제도와 큰 차이를 보인다.[81] 모든 금융기관은 국가 혹은 신용조합 등 집단 소유이며 자본주의의 이원적 은행제도 two-tier banking system 와 달리 중앙은행과 상

---

80 Süddeutsche Zeitung(2010).
81 양 제도의 차이 설명은 김병연(2014), pp. 2-5에 따름.

업은행의 기능이 분리되어 있지 않은 단일은행제도mono-banking system, single-tier banking system를 기본으로 한다. 이원적 은행제도에서는 중앙은행과 상업은행이 분리되어 중앙은행은 발권, 통화조절, 지급결제 등 중앙은행 고유 업무만을 담당하고 대 민간 여·수신업무 등은 상업은행이 담당한다.

반면 사회주의 계획경제에서 전형적인 일원적 은행제도는 중앙은행이 고유 업무는 물론 기업에 대한 여신 등 일반 상업은행의 업무까지 담당한다. 자본주의 경제에서 중앙은행의 주된 역할은 통화정책의 운용과 상업은행의 감독인 반면 사회주의 경제에서 가장 중요한 기능은 중앙계획을 보조하는 것이다.[82] 기업투자재원도 기본적으로 자본시장이 아닌 정부가 직접 제공하는 재정자금을 통해 공급받는다. 사회주의에서 주식시장이나 채권시장 등의 자본시장은 존재하지 않으며 은행의 기능도 대출기능보다는 통제기능이 우선적이었기 때문이다. 그러나 정부의 재정지원은 상환의무가 없어 기업이 방만한 경영을 할 가능성이 높으므로 전통적 사회주의가 수정되어 이른바 개혁 사회주의시기에 접어들면서 정부 재정지원보다 상환의무가 있는 금융기관의 대출을 통해 기업을 지원하는 방식으로 바뀌는 경향을 보였다. 한편 가계는 은행에 예금을 할 수 있지만 가계를 대상으로 하는 대출은 거의 없다. 동독의

---

82 중앙계획에 입각한 사회주의 경제에서 현물계획은 화폐를 매개로 한 현금계획으로 표시된다. 따라서 중앙계획의 집행 여부와 그 정도는 돈의 흐름을 통해 통제할 수 있는데 이를 '루블에 의한 통제(북한의 경우 '원에 의한 통제')'라고 부른다. 이를 행하는 것이 중앙은행이다. 모든 기업 간 혹은 기업과 다른 부문 사이의 금융거래에 대해 중앙은행은 이른바 미시적 금융통제를 행사하여 중앙계획이 제대로 이루어지도록 감독하는 기능을 수행한다. 또한 자본주의 사회에서 중앙은행이 행하는 통화정책 기능도 존재하지 않는다. 사회주의 경제에서 통화량 조절은 가계의 수입과 소비재의 공급을 일치시키는 계획에 따라 가계부문에 적정한 통화를 공급함으로써 이루어진다(김병연, 2014, p. 3).

금융제도도 기본적으로 이러한 틀에 입각해 구축되었다.

동독의 금융제도는 2차 대전 종전 후 소련 군정시절1945~48년의 큰 변화를 시작으로 형성되었다.[83] 1945년 당시의 모든 기존 은행들은 소련 군정에 의해 폐쇄되었고 민간은행들은 거의 보상 없이 수용되면서 국유화가 시작되었다. 1945년 5월 9일에 앞서 조성된 모든 예금과 자산은 동결되었고 종전 소유주들에 대한 보상은 없었다. 이원적 은행제도가 폐지되고 일반 대중의 은행 업무를 담당하는 지역은행인 저축은행과 신용조합은행들도 재구축되어 중앙은행에 부속되었다.

1948년부터는 통화개혁과 함께 광범위한 권한을 가진 중앙은행을 중심으로 중앙집중화가 심화되었다. 화폐시스템은 점진적으로 중앙계획시스템에 통합되었고 중앙은행 중심의 은행부문은 거시경제과정을 계획하고 지시하고 통제하는 효과적인 수단이 되었다. 동독의 은행제도는 정치적으로 통제되는 국립은행이 중앙기구에 있는 사회주의적 중앙계획경제의 한 부분이었다. 1967년에 상업은행에 재량권을 주는 등 일시적으로 이원적 은행제도로의 변화가 있었으나 1974년 7월 1일에 상·공업은행들을 국립은행에 재통합함으로써 이원적 은행제도도 종료되었다. 즉 동독국립은행을 중심으로 몇 개의 금융기관에 금융업무가 집중된 단순한 구조로 구성되었고 사회주의의 정치, 경제이념에 따라 자금시장과 자본시장은 존재하지 않았고 시장경제적 경쟁도 없었다.[84]

---

83 동독 금융제도의 약사(略史)는 Tietmeyer(2000b), pp. 70-71; Thieme(1999), pp. 576-584; Schinasi et al.(1990), p. 151을 참조하여 정리.

84 박석삼·랄프 뮐러(2001), pp. 3-6 참조. 이 부분은 독일 할레경제연구소(Institut für Wirtschafts- forschung Halle: IWH)의 R. Müller가 집필. IWH는 구 동독 지역 할레(Halle)에 위치하고 있으며 경제연구소 중 동서독 통합, 체제전환에 관한 연구에서 중요한 위치를 점하고 있다.

[그림4] 동독의 은행제도

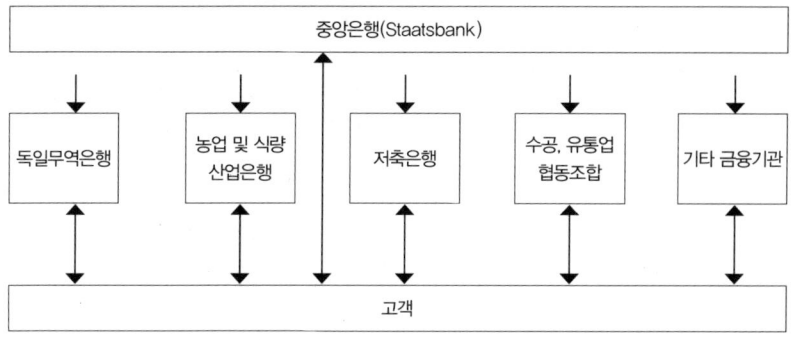

자료: 박석삼·랄프 뮐러(2001), p. 4.

[그림5] 서독(독일)의 은행제도

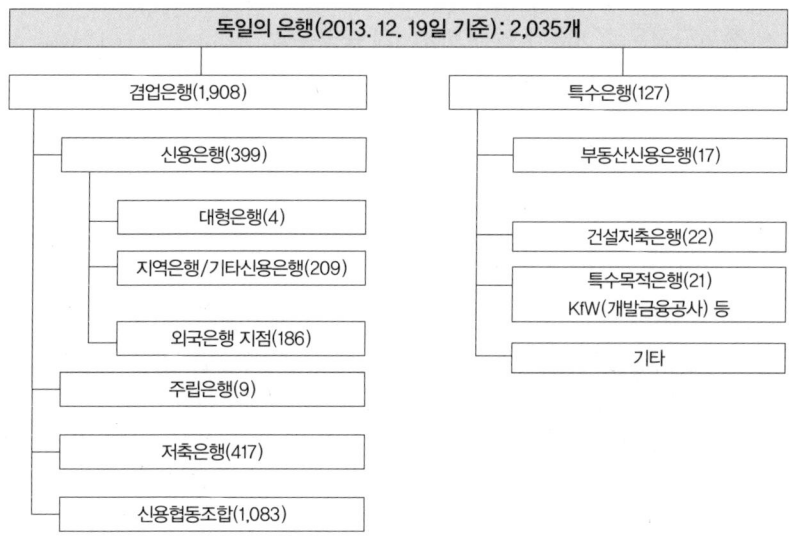

주: 독일연방은행은 생략되어 있음.
자료: Bundesbank(2015), p. 94.

〈그림4〉를 보면 동독의 금융시스템은 국립은행을 정점으로 몇 개의 상업은행과 저축은행이 하부구조를 이루는 단순한 형태임을 알 수 있다. 이러한 은행제도는 1990년 4월 이원적 은행제도로의 원칙적인 개편에 이어 동서독 간에 「화폐·금융·경제통합」이 발효되면서 서독 식으로 전환되었다. 당시 서독의 금융제도는 현재 독일의 금융제도와 같은데 〈그림5〉에서와 같이 자본주의 시장경제의 이원적 은행제도에서 독립적인 연방은행과 복잡하고 다면적인 은행들로 이루어져 있다. 크게 보면 겸업은행유니버설 뱅킹 계열에 민간은행, 지방정부 소유의 저축은행과 주립은행, 그리고 신용조합이 있고 특수은행으로는 부동산 관련은행, 개발금융공사 KfW를 포함하는 특수목적은행 등이 있다.[85]

동독국립은행: 사회주의 체제에서의 중앙은행[86]

1948년 5월 21일에 발권력은 없으나 중앙은행의 전신으로 볼 수 있는 '독일 발행-지로은행' Deutsche Emissions- und Girobank이 설립되었고 이를 바탕으로 바로 7월 1일에 독일발권은행 Deutsche Notenbank이 중앙은행으로 발족했다. 1967년 12월 1일에는 독일발권은행을 대체한 동독국립은행 Staatsbank der DDR이 출범했다. 중앙은행인 동독국립은행은 국무위원회 Council of Ministers 산하의 중앙기구로 '당과 정부에 의해 내려진 통화·신용정책을 수행'하는 책무를 부여받았다.[87] 국립은행 총재

---

85 최근 기준의 은행제도를 소개한 것이며 은행 수는 다르지만 기본 틀은 서독 시절과 동일하다. KfW는 Kreditanstalt für Wiederaufbau의 약자로 재건금융공사, 독일재건은행 등 다양하게 번역되고 단순히 KfW로 부르기도 한다. 여기서는 기능적 측면을 감안해 개발금융공사로 표기했다.
86 Thieme(1999), pp. 594-595를 참조하여 정리.
87 국립은행법에서는 '국립은행은 국무위원회 산하의 중앙기구로 당과 정부가 채택한 통화신용정책을 총체적으

는 국무위원회의 일원으로 투표권을 가졌다.[88] 국립은행은 국무위원회에 직접책임을 졌고 accountable 그 결정에 따라야 했다. 이에 따라 국립은행은 의사결정에 있어 독립적이었던 적이 없으며 중앙계획경제의 관리대리인 역할을 했고, 미미한 의사결정 재량권과 함께 계획이 충족되지 못했을 때 통화적 제재를 가하는 정도의 권한을 가졌다. 물론 중앙은행의 자율권은 계획경제 시스템과 양립할 수가 없는 것이었다. 자율권이 커지면 중앙계획이나 경제, 정치시스템이 근간이 위협받을 것이기 때문이었다. 이는 강력한 독립성을 보유했던 서독의 독일연방은행과 크게 대비되는 부분이었다.

국립은행은 일원적 제도 하에서 발권, 은행의 은행, 지급결제제도 운용, 상업은행에 대한 감독 등과 같은 중앙은행 고유기능과 함께 환율을 결정했다. 상업은행 기능으로서는 국영기업과 콤비나트, 건설, 수송, 국내 상업 분야에 대한 대출활동을 수행했다. 1967년 말 일시 이원적 은행제도가 도입되면서 그 역할이 전통적인 중앙은행의 기능으로 제한되기도 했었다. 그러나 이는 중앙화폐계획과 분권적으로 통제되는 현장 간의 갈등을 야기했고 결국 1974년에 이원적 은행제도는 폐지되었다. 모든 중앙은행, 상업은행 기능은 다시 국립은행으로 집중되었다.

한편 몇 개 특화된 국영은행들이 국립은행의 상업은행 기능을 지원했는데 이들은 특정 분야에 대한 과제를 부여받았으며 국립은행 총재는 이들 은행에 대한 지시·감독권을 가졌다. 이들은 사실상 중앙은행

로(in its entirety) 시행한다'고 규정하고 있다.
[88] 총재와 부총재는 국무위원회 의장에 의해 지명되었다.

의 부서 혹은 지점으로서 중앙계획기구의 지침에 따라 특정부문의 기업들에 여신을 제공했다.[89] 여기에는 비사회주의 국가와의 교역에 특화된 독일무역은행 German Trade Bank, 사회주의 국가와의 교역에 대한 지급결제 및 청산거래를 담당한 대외무역은행 German Foreign Trade Bank, 농립업과 식품생산 분야를 담당하는 농업·식량은행 Bank of Agriculture, and Trade in Foodstuffs 등이 속한다. 신용조합은행과 저축은행은 자율적인 법적 구조를 가지고 있었으나 국립은행의 지침에 종속되어 있었고 기층 금융기관 역할을 담당했다. 신용조합은 주로 도시 자영업자수공업, 상업들을 대상으로 한 수공업·상업신용조합 GHG 과 농민들에 대한 은행 업무를 제공하는 농민신용조합 BHG이 있었다. 지역단위 영업영역을 가진 저축은행 Sparkassen 들은 일반 주민들의 저축을 흡수하는 기능을 했다. 저축은행은 영어로 savings bank로 사용되나 우리나라의 저축은행보다는 금융시스템에서 차지하는 비중이 훨씬 크다. 동독 시절에도 저축은행은 기층 금융기관으로 주로 개인의 저축, 지급거래 또는 소비신용 업무를 취급하였으며 1989년 말 기준 196개 기관과 3,000여 개의 지점에서 전체 주민예금의 80%를 취급했다.[90]

이들 금융기관은 국립은행의 직접적인 관할 하에 움직여, 자유시장경제에서는 일상적인, 스스로의 책임 하에 은행거래를 영위하는 것이 허용되지 않았다. 대신 그들은 중앙계획경제 작동에 있어서 자원할당, 여신한도 통제, 청산제도의 한 부분을 구성하며 각 은행에 특정한 기능

---

[89] Wagner(1993), p. 1002.
[90] Walter and Günther(1998), p. 31.

이 부과되는 분업시스템의 일원이었다.[91] 모든 은행들은 국가소유로 정부가 경영했으며 기업이나 개인들은 은행을 자유로이 선택할 수 없고 지역이나 산업부문에 따라 거래 은행을 할당받았다.

제도의 모순과 한계

동독에서도 몇 차례 금융제도가 바뀐 것은 사회주의 중앙계획, 통제시스템에서도 통화공급에 문제는 발생한다는 것을 보여준다.[92] 생산수단의 국유화, 정보의 분산, 계획과정에 존재하는 의사결정의 재량성, 국영기업의 파산 불가능성은 중앙은행이 통화량에 엄격한 통제를 할 수 있는 상황이 되지 못함을 의미한다. 동독국립은행은 국립은행법에 따라 지폐 및 주화의 발행권을 보유하였으며 국민경제계획의 토대에서 통화유통을 통제하였다. 화폐의 유통은 주로 민간가계의 금융거래를 위해 존재했고 기업과 국가기관은 법적으로 무현금결제를 원칙으로 하도록 의무화되어 있었다. 따라서 현금유통은 가능한 한 낮게 유지되었다.[93] 그러나 정도의 차이는 있지만 물자의 부족, 금융기능의 취약성에 따라 화폐과잉 money overhang 은 구조적으로 발생할 수밖에 없었다.

또한 일원적 은행제도 하에서 한편으로는 통화량을 안정적으로 유지하고 한편으로는 생산부문에 자금을 공급한다는 것은 모순된 과제이다. 정치적 결정, 특히 재정적자의 보전 결정에 따라야 하는 중앙은행은 통화과정에 관한 독립적인 책무를 가질 수가 없는 것이다. 다만 다른

---

[91] Bundesbank(1990c), p. 16.
[92] Thieme(1999), pp. 613-614.
[93] Bundesbank(1990d), p. 26.

사회주의 국가와 비교할 때 동독의 중앙은행은 특히 1970년 이후 상대적으로 통화량 통제를 잘 해왔으며 안정지향적 정책을 통해 화폐보유에 따른 인플레이션의 사이클을 피할 수 있었다.[94] 이것은 국립은행이 동독의 권력구조에서 상당히 강한 위상을 가지고 있었음을 뜻한다.

그러나 1980년대 말 동독 자본스톡의 질이 보여주듯이 일원적 은행제도에서는 장기적으로 자본의 효율적 배분이 불가능했다. 이것이 경제에서 실물부문의 왜곡 및 부실관리mismanagement 와 맞물리면서 동독의 사회주의 실험에서 경제적 실패 원인이 되었다. 국립은행은 기업들이 계획 수행을 위해 필요로 하는 대출을 보장했다. 금리는 신용배분에 어떤 역할도 하지 않았으며 신용은 위험도에 관계없이 낮은 고정금리로 할당되었다.[95] 이에 따라 신용과 금리는 어떤 실질적인 통제기능도 갖지 못했고 경제성이 없는 기업들이라도 계획의 충족을 위해서 존속이 필요할 경우에는 대출을 통해 인위적으로 연명했다. 은행들은 금융과정에서 상당한 통제기능을 가졌으나 파산은 불가능했다. 또한 화폐계획을 통해 중앙의 실물계획을 지원해야 하는 상황에서 고정가격체제에서의 보조금의 증가는 여신 증가를 요했고 이는 중앙신용계획을 심각하게 왜곡시켰다.[96] 장벽붕괴 후 동독 측이 중소 민간기업의 설립

---

[94] 반면 Meinhardt et al.(1996, p. 60)은 동독의 통화정책이 공식적으로는 국내에서 화폐가치의 안정을 지향했지만 1970-80년대에 통화공급의 확대와 무역거래의 악화로 인해 훼손되었다고 평하고 있다. 동독 말기에는 특히 비공산권 국가에 대한 외화유동성 확보만이 관심이었고 실물과 화폐계획의 조화, 통화량과 실물공급 간의 괴리 회피는 사실상 관심권 밖이었다는 것이다.
[95] Wagner(1993), p. 1002. 이것은 사회주의 계획경제에서 일반적인 현상으로 기업대출의 결정이 금융기관의 자체적 판단보다는 중앙계획기구나 정치적 영향력이 더 큰 경우가 많은 데다 기업의 파산이 존재하지 않기 때문에 기업이 비효율적으로 운영될 가능성이 높고 그로 인한 부담은 은행으로 전가될 가능성이 높았다는 것으로(김병연, 2014, p. 3) 은행대출의 상당부분이 부실채권화 할 수 있음을 뜻한다.
[96] Meinhardt et al.(1996), pp. 59-60.

자유화, 조세, 가격제도의 개혁 등 경제개혁과 함께 독립된 중앙은행을 포함한 은행제도의 개혁을 주요 전환과제로 고려한 것은[97] 이러한 금융제도 자체가 가지고 있는 모순 때문이다. 이러한 상황에서 통화통합조약 협상이 가시화되면서 동독의회는 통화통합조약이 체결되기 전인 1990년 3월 6일에 '동독국립은행 개정법'을 통과시켰다. 이를 통해 단일은행제도가 서독식의 이원적 은행제도 방식으로 전환되었고 이어서 통화통합 조약 진행과 함께 동독의 금융제도는 개편되기 시작했다.[98]

한편 동독 말기 동독국립은행의 부총재였던 마이어 Bruno Meier는 동독중앙은행의 수명이 얼마 남지 않았음을 오래 전부터 깨닫고 있었다고 실토했다. 국립은행은 1980년대 내내 '사회주의 제도는 서방 측과의 경쟁에서 생존할 수 없을 것'이라는 근본적인 결론에 도달했었다. 그럼에도 불구하고 국립은행 측은 심지어 베를린장벽이 붕괴된 이후에도 양독이 경제협력 강화 방안을 마련하는 과정에서 그들이 비록 약화되긴 했어도 여전히 일정한 역할을 수행할 것이라고 확신했다. 마이어는 "우리는 양독 간에 통화동맹이 체결되기까지는 3, 4년이 소요되리라고 기대했다"고 언급했다.[99] 이러한 동독국립은행 측의 기대는 뒤에서 다룰 통화통합 협상에서 서독 측 인사들의 기록을 통해서도 확인할 수가 있다.

---

[97] 동독국립은행의 슈톨(Wolfried Stoll) 부총재는 콜 총리로부터 통화통합 협상이 제안되기 전인 1990. 1. 22일 서독의회의 재정담당그룹 의원단을 방문해 동독이 독립적인 중앙은행을 포함한 금융제도 개혁의사가 있음을 서독 측에 전달했다. 이 내용은 국립은행 총재 카민스키가 경제부에 보낸 서한에 나타나 있다(Kaminsky, 1990a). 슈톨은 동서독 통합협상에 주요 멤버로 참석했다.
[98] 금융제도의 개혁과 서독 제도로의 통합은 pp.214-221 참조.
[99] 신상갑 역(1993), p. 304.

통독 직전 동서독의 경제 상황

붕괴 직전의 동독경제

겉으로는 강한 산업국가

"1989~90년 이전 서독 측은, 세계 9~10위의 선진 경제국가라고 주장하는 동독의 선전propaganda을 대체로 믿었다. 높은 수준의 산업국가라고 믿었던 나라가 몇 개월 만에 간단히 붕괴되리라고는 생각지 못했다"[100]는 Marsh의 표현처럼 사회주의 경제의 우등생이라고도 일컬어지던 동독 경제는 너무도 짧은 시간에 무너졌다. Grosser는 당시 소련 혹은 서독이 지원해 주었더라도 동독 주민들의 생활수준 저하를 지연시킬 수 있었을 뿐이지 막을 수는 없었을 것이라고 평했다. 통독 후 시간이 흐르면서 입수가 가능해진 동독 공산당이나 국가기관들의 서류를 보면 1990년 이전에 서구의 관찰자들에게 가능했던 자료들에서

---

100 Marsh(1992), p. 175.

보다 명확하게 계획경제시스템의 고장, 당 지도부의 환상, 출구가 없는 추락을 볼 수가 있다. 통독 후 동독 고위 관계자들의 증언이 이를 뒷받침한다고 그는 지적했다.[101]

  동독 경제의 실상은 많은 서독·외국 연구자들의 노력에도 불구하고 제대로 파악되지 못하고 있었다. 동독에서 발표되는 통계자료가 매우 부족했던 데다 비밀로 분류되는 부분도 많았고 발표되는 자료도 분식된 경우가 적지 않았기 때문이다. 동독의 국가계획위원회 의장이었던 쉬러Gerhard Schürer는 특히 1980년대 들어 동독의 경제통계는 어느 정도 분식이 되고 있었다고 실토한 바 있다.[102] 통화통합을 위한 협상을 개시하면서 서독 측이 우선적으로 요구하였던 것이 제대로 된 경제·금융통계였으며 생각보다 나쁜 수치에 서독 측이 적잖이 놀랐던 것으로 알려졌다. 모드로 총리가 1990년 2월 서독을 처음으로 공식 방문했을 때 먼저 요구한 것은 150억 DM의 재정지원이었다.[103]

  통독 직전 동독의 경제 현황에 대한 분석은 대체로 다음과 같은 내용으로 이루어진다.[104] 동독의 인구는 서독의 26%인 데 반해 GDP는 서독의 10% 정도이다. 생산성은 서독의 30~35% 수준이며 총임금은 평균적으로 서독의 1/3, 순가처분소득은 절반 정도이다. 기업들의 부채비율은 높으며 설비나 제품은 낙후되었다. 심각한 환경문제를 안고 있으며 조세·보조금 제도로 인해 가격, 임금구조가 왜곡되어 있다. 제품

---

101 Grosser(1998), p. 11.
102 Schürer(1990), pp. 14-15.
103 Waigel(2015)
104 Lipschitz(1990), pp. 3-4를 기준으로 하였다.

구성이 제한되어 있어 '사치재'는 거의 부재하다. 대외거래의 절반 이상이 CMEA[105] 국가와의 교역이며 비공산권 국가에 대한 태환통화 표시 대외채무가 162.5억 달러GNP의 10%에 달한다 등이다. 이상은 IMF의 Lipschitz의 분석을 따른 것인데 그는 "최근 추정에 의하면 과거 데이터들은 동독 경제와 국민들의 복지에 대해 비현실적으로 긍정적인 모습을 제시했다. 또한 1989~90년 7월 사이에 심각한 후퇴를 경험했다"고 지적했다.[106] 1인당 소득, 생산성 수준, 서독과의 격차, 대외부채 규모 등에 대해서는 경제체제, 통계편성 방식의 차이에다 동독의 분석 가능성, 비교 시 어떤 환율을 적용하는가에 연구자별로 차이를 보인다. 〈표2〉 독일 연구자의 통계는 동독의 GDP, 생산성을 IMF의 분석보다 상당 정도 높은 것으로 보고 있다.

문제는 서독에 비해 얼마나 차이가 있었는가가 아니라 그 경제가 지속가능했는가, 악화로 가는 방향이었는가, 그 속도는 어떠했는가, 국민들이 그 상황을 못견뎌했는가 등일 것이다. 그리고 그 판단은 아마도 동독에서 경제 계획과 집행을 담당하고 있던 고위 인사들이 정확하게 내릴 수 있었을 것이다. 국가 간 경제력에 차이가 난다고 빈곤한 국가가 모두 무너져 내리는 것은 아니기 때문이다.

---

105 Council for Mutual Economic Assistance(공산권 상호경제원조협의회), COMECON (Communist Economic Conference)으로도 약칭.

106 "일반적인 추정(conventional estimates)들은 동독 경제에 대해 다음과 같은 정형화된 사실들을 보여 준다"라고 되어 있는데 비율 산정을 위한 구체적인 수치가 제시되어 있지는 않다(Lipschitz, 1990, pp. 3-4).

[표2] 동서독의 주요경제지표 비교(1989)

항목	동독(A)	서독(B)	A/B(%)	비고 (동독: 동독 마르크, 서독: DM)
인구(백만)	16.4	62.1	26.4	
취업자(백만)	9.6	27.7		
취업인구비율(%)	58.3	48.0		
GDP(10억)	353.4 (352.3)	2,237 (2,236)	15.8	경상가격
취업자 1인당	39,700 (36,796)	80,750 (80,588)	49.2	
인구 1인당	21,500	36,300	59.2	
월평균 粗임금 (전산업 평균)	1,322	3,966	33.3	사용자가 부담하는 사회보장분담금도 포함
민간가계의 1인당 가처분소득(연간)	10,200	22,500		

자료: Sinn and Sinn(1993), pp. 271-278. ( ) 내는 Priewe and R. Hickel(1991), p. 60에 따른 것으로 거의 동일.

동독 당국자들의 실상 평가

동독 최초의 민선총리이자 마지막 총리였던 드메지에르[107]는 2010년 발간된 회고록에서 "동독 주민들의 의식 깊숙이에는 동독이 10대 산업국가라는 인식이 자리 잡고 있었고 서구의 많은 이들도 이를 별 생각 없이 받아들였다. 그러나 사실 동독 경제는 거의 붕괴 직전에 있었고 서방국가에 대해 지급불능의 위기에 처해 있었다."[108]고 술회했다. 1989년까지 동독은 일반적으로 동구유럽뿐만 아니라 세계적으로 10위권에 드는 경제대국으로 알려졌었다. 서구의 동독 전문가들도 오

---

107 1990년 3월 18일 동독 첫 자유총선을 통해 4월 2일부터 통독(1990년 10월 3일) 전까지 총리 역임.
108 de Maizière(2010), p. 241.

랫동안 동독을 생산성이 높은 발전된 산업사회로 간주하였다. 그러나 사실 동독은 1989년에 정치적으로 붕괴하였을 뿐만 아니라 경제적으로도 이미 붕괴직전에 놓였었다는 사실이 통일 과정에서 분명해졌다. 동독공산당 정치국위원으로 동독의 경제계획을 총괄하던 미탁Günter Mittag[109]은 1991년 슈피겔지와의 인터뷰에서 "동독경제는 이미 1987년에 더 이상 구제할 수 없을 정도로 파산상태였으며, 동독은 혼자서는 생존가능성이 없었기 때문에, 통일이 아니었다면 동독은 경제 붕괴로 예측할 수 없는 경제적 난관에 직면했을 것이다"라고 실토했다.[110]

1989년 10월 18일 호네커에 이어 동독공산당 서기장에 부임한 크렌츠Egon Krenz[111]는 부임 후 첫 정치국 회의에서 당시 국가계획위원회 의장이었던 쉬러Gerhard Schürer에게 '사실대로의 경제상황을 분석할 것'을 요청하였다. 이에 쉬러 등은 지금까지 성공적인 것으로 분석되어 왔던 동독 경제의 실상을 담은 '사실대로의' 분석보고서를 제출하였다.[112] 이것이 이른바 「쉬러보고서」Schürer Papier이며 당시 동독 경제의

---

[109] 귄터 미탁(1926-1994)은 동독 시절 장기 집권했던 호네커(Erich Honecker) 총리 하에서 제2인자였으며 중앙위원회 서기로서 동독 경제의 총괄적인 책임자였다. 그의 자서전은 통독 후 1년이 지난 1991년에 초판이, 그리고 2015년에 재판이 간행되었다. 출판사는 책 속표지에서 "모두가 그를 무서워했으며, 아무도 그를 좋아하지 않았다"고 평하며, (그가 동독 경제에서 차지했던 비중에 비해) 1991년 출판되었던 책이 거의 주목을 받지 못했던 데 따라 새로 간행했다고 설명하고 있다(Mittag, 2015).
[110] 이은정·알렉산더 피셔(2015), pp. 100-102. 동 자료에서 인용한 슈피겔지 기사는 Spiegel(1991).
[111] 크렌츠는 동독에서의 시위가 거세지던 12월 4일 자리에서 물러났다. 그의 재임기간은 약 7주로 매우 단기였다.
[112] Schürer, et al.(1989), in: Schürer(2014), pp. 457-477. 쉬러는 1965년부터 1989년까지 장기간 동독 국무회의 산하의 국가계획위원회 의장을 역임했다. 이른바 쉬러보고서의 표지에는 쉬러를 대표로 바일(Gerhard Beil) 대외무역장관, 외화조달을 책임지던 샬크(Alexander Schalck) 경제관, 회프너(Ernst Höfner) 재무장관, 돈다(Arno Donda) 통계청장 등 공동작성자의 이름이 적시되어 있으며 동독국립은행에서 마지막 부총재를 지낸 모스트(Edgar Most)도 참여했던 것으로 알려졌다. 당시 동독 경제를 관장하는 고위책임자들이 거의 작성에 참여한 것이다. 이 보고서는 당시 대외비로 보고되었지만 현재는 인터넷에서 검색이 가능하다(http://www.ddr-wissen.de/wiki/ddr.pl?Analyse_der_%F6konomischen_Lage_der_DDR_mit_Schlu%DFfolgerungen). 쉬러의 사후인 2014년에 발간된 그의 자서전(Schürer, 2014) pp. 457-477에 동

실상을 보여주는 자료로 가장 널리 인용되고 있다. 이 보고서는 "지금까지 찬양되어 왔던 '국민소득의 급속한 성장'은 최근 몇 년간 명백하게 둔화되었으며 최근의 흉작으로 인해 비사회주의 국가로부터의 곡물 추가수입이 불가피해졌다. 투자가 둔화되었으며 주민의 실질소득증가가 국민생산과 불균형의 관계를 이루고 있다. 주택건설이 신축에 치중되어 기존 주택이 노후화되었으며 과도한 계획·행정이 경제의 걸림돌이 되고 있다. 동독의 생산성이 서독에 40% 이상 뒤져 있으며 비사회주의국가에 대한 외채의 증가로 상환능력이 의문시[113]된다. 서방으로부터 대규모의 자본지원이 없다면 지불능력 유지를 위해서는 동독 주민들의 생활수준을 25~30% 낮추어야 할 것이다"라고 지적했다. 동독 경제는 자체의 힘으로는 더 이상 안정될 수가 없다는 것이었다.[114]

결론적으로 이 보고서는 '성과생산와 소비가 균형을 이루는 방향으로 동독 경제정책의 근본적인 변경'을 제안하고 수출산업에 대한 투자 강화, 노동력의 재배치, 성과에 대한 보상제도의 도입, 보조금·가격정책의 변경 등 경제개혁을 주창하였다. 그러나 이는 당시 변화물결의 와중에서 별 주목을 끌지 못했다. 쉬러는 통독 후 한 인터뷰에서 당시 '동독 경제는 파국상태'였고 "모든 것이 너무 늦었다"며[115] "경제파국이 먼

보고서가 수록되어 있다.
113 비 공산권 국가에 대한 채무는 1970년 20억 valuta mark(VM)에서 1985년 260억 VM, 1989년에는 490억 VM으로 급증하였으며 이는 같은 해 동 국가에 대한 수출액의 4배에 해당한다. 1989년 외화수입으로는 외채원리금 상환과 수입 필요액의 35%밖에 충당하지 못하며 65%는 다시 차입으로 충당해야 하는 상황이다(Schürer et al., 1989, p. 467). Valuta는 사전적 의미로 외화를 의미하는데(Duden, Deutsches Universal-Wörterbuch), VM은 동독에서 대외무역에 사용되는 회계단위로 1 VM은 1 DM에 해당한다(McDonald, 1990, p. 151).
114 동 보고서의 요약은 Waigel(2015)에서 인용.
115 Hertle(1992a), pp. 1031-1039.

저 왔더라면 상황은 더 나았을 것"이라고까지 말했다.[116]

한편 이 보고서를 다른 각도에서 해석해야 한다는 견해도 있다. 보고서 작성에 참여한 것으로 알려진 동독국립은행의 모스트 부총재는 이 보고서의 의도를 잘 알고 있다며, 이는 크렌츠 신임 총리에게 환상에서 깨어나 동독이 어떤 상황이며 어떻게 변해야 하는가를 보여주기 위해 작성한 것으로 내용을 자체 그대로 받아들여서는 안 된다고 주장하기도 했다.[117] 여하튼 당시 동독의 상황이 매우 어려웠다는 데는 견해가 일치하나 당시의 외채규모가 과연 지급불능상태에 이를 정도였는가에 대해서는 의견이 엇갈리기도 했다. 연방은행의 종합적인 추산에 의해 순대외채무 규모는 당초 쉬러가 보고서에서 추정했던 것보다는 상당 폭 작은 것으로 확인이 되었다.[118] 다만 동독의 지급능력이 한계에 달했다는 것은 드메지에르 총리의 발언이 확인해주고 있다.[119] 이 사안

---

116 Hertle(1992b), pp. 132-142.
117 Deutschlandradio Kultur(2015a).
118 쉬러보고서에서는 비공산권 국가에 대한 외채 규모를 490억 VM이라고 추정하고 이를 근거로 지불능력의 위험을 경고했는데 후에 쉬러는 이것이 과다 계상되었다고 수정했다(Schürer, 2014, p. 407). Thieme는 이러한 과다계상이 동독 내부의 정보공유체계에 기인했던 것으로 분석했다. 즉 당시 경제총책이었던 미탁(G. Mittag)과 외자조달책임자였던 샬크-고돌코브스키(Schalck-Godolkowski)가 정치국에도 보고하지 않고, 자신들만 알고 있는 외환보유액을 알려주지 않아 순대외채무가 과대하게 계상되었던 것으로 보았다. 이 외환보유액은 대외유동성을 확보하는 한편 표면적으로 신용도를 유지하기 위해 차입한 자금을 저리로 외국에 운용하던 자금이었다. 동독 재무부가 서독 측에 제공한 자료에 따르면 1990년 3월말 현재 외채는 272 VM (Ministry of Finance, GDR, 1990)이었으며 연방은행은 통화통합 직전인 1990년 5월말 현재 서방국가에 대한 채무가 550억 DM, 채권은 276억 DM으로 순채무는 274억 DM으로 추정했다(Bundesbank, 1990c, p. 26). 한편 Volze는 이보다 크게 낮은 130-140억 DM으로 상당히 낮게 추정했는데(Volze, 1996, pp. 701-13) 이를 바탕으로 Thieme는 1989년에는 의심할 여지없이 지불능력이 있는(solvent) 상태였다고 분석하면서 다만 동독 경제의 국제경쟁력이 급속히 약화되고 있어서 장기적으로 부채상환에 문제를 야기했을 것이라고 평했다(Thieme, 1999, p. 613). Grosser는 1989년 말 순채무를 111.5억 USD, 당시 환율을 적용하면 210억 DM으로 추정하였다(Grosser, p. 48-49). 동독의 외채규모에 관한 논란은 1999년 연방은행이 1989년 말 순외채를 199억 VM으로 추정하면서 일단락되었다고 할 수 있다(Bundesbank, 1999, pp. 57-60).
119 박응격 역(2001), pp. 96-97.

은 동독의 붕괴와 연관되어 논란이 있는 부분이기 때문에 각주에서 상세히 소개한다.

한편 마쉬는 '쉬러보고서'가 동독 경제의 실상을 적시하기 전에 중앙은행인 동독국립은행이 그 역할을 어느 정도 담당했다고 소개하고 있다.[120] 국립은행은 행내 인사들에게만 알려진 비공개 연차보고서 등을 통해 정기적으로 경제의 문제점에 대해 정부에 경고를 했다는 것이다. 그 내용은 주로 통화과잉이나 외채의 증가, 추가적인 자본조달의 어려움, 공식환율과 암시장환율의 괴리 등이었다. 당시 동독국립은행 총재였던 카민스키 Horst Kaminsky는 국립은행은 경제추세가 잘못되고 있는 데 대해 수년간 우려를 표했다고 주장하면서, 1980년대 중반부터 생산능률이 떨어져 소비를 충족시키지 못하는 탓으로 여러 가지 문제가 파생되고 있음을 인식할 수 있었다고 언급했다. 동독국립은행은 1989년 초 '독일민주공화국동독의 통화안정'에 관한 보고서에서 매우 노골적으로 정부에 경고했다. 국립은행은 1975년 이래 통화공급이 165%나 증가했으나 반면에 국민소득은 겨우 77%만 증가하는 데 그쳐 잠재적인 인프레성 수요 갭을 확대시키는 결과를 초래했다고 지적했다. 물가가 안정되어 있다는 정부의 공식발표가 허위임을 밝히면서 국립은행은 산업·건설 및 농산물 분야에서의 인플레율이 1975년 이래 총 56.9%에 달했다고 밝혔다. 국립은행은 또한 외채는 계속해서 증가하고 있으며 서독의 독일마르크화에 대한 동독 마르크화의 암시장에서 가

---

120 신상갑 역(1993), pp. 300-304의 요약. Marsh가 열람하고 참고자료로 인용한 「연차보고서」는 아쉽게도 현재까지 입수하지 못했다. 원문은 Marsh(1992b), p. 176-177 참조.

치는 1976년 수준의 절반에도 미치지 못한다고 지적했다.[121]

이밖에 Most는 "동독국립은행 시절, 동독의 붕괴를 예견한 보고서 작성에 참여했었다. 그러나 그 연구는 다른 많은 중요한 자료들과 마찬가지로 정치국 국원인 미탁의 서랍 속에서 잠자고 말았다"고 주장했다.[122] 한편 드메지에르 총리는 슈톨 부총재가 첨예화되는 경제적인 위기를 투명하게 설명해주었다고 회고했다.[123]

이처럼 동독의 경제정책 담당자들은 동독 경제의 취약성을 이해하고 있었고, 이는 주민들의 이탈, 동구권 붕괴 등으로 상황이 악화되면서 동독이 서독과의 협상에 조기에 나서도록 한 요인이 되었다고 할 수 있다.

서독 경제:
작은 '경제기적'

붕괴 직전이라고 평가되었던 동독 경제와 달리 1980년대 말 서독의 경제는 모든 면에서 양호한 모습을 보이고 있었다.〈그림6〉~〈그림10〉 성장률은 높아지고 실업률은 낮아지고 있었으며 물가가 안정된 가운데 재정도 1989년에는 균형수준으로 복귀했다. 국채비율은 40% 정도로 낮았고 경상수지는 1989년에 GDP대비 4.6%의 막대한 흑자를 기

---

121 신상갑 역(1993), pp. 300-304.
122 Berliner Zeitung (2004).
123 박응격 역(2001), p. 97.

[그림6] 독일의 GDP성장률 및 실업률(%)

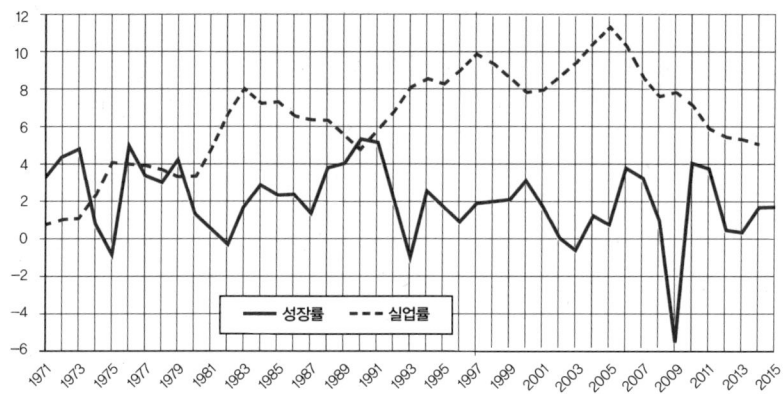

주: 1990년까지는 서독, 1991년부터는 독일 전체.
자료: OECD.StatExtracts.

록했다. 이를 반영해 순대외투자포지션Net International Investment Position: NIIP도 GDP대비 20%에 달했다. IMF는 1989년 4%의 높은 성장률, 물가안정, 경상수지 흑자 확대, 일자리 창출의 증가, 실업률의 큰 폭 하락 등 서독 경제가 매우 양호한 상태에 있던 것으로 평가했다.[124] 키일Kiel 경제연구소의 소장이었던 지버트Horst Siebert는 1980년대 후반은 경제성장이라는 면에서 성공적인 기간이었다며 성장률, 일자리 창출과 근로자들의 실질소득 증가, 임금협상 담당자들의 책임 있는 자세, 물가안정, 정책 당국의 역할 수행 등을 긍정적 측면으로 들었다.[125] Weimar는 이 시기의 경제상황을 전후 경제기적 시기에 비견해 '작은

---

124 Lipschitz(1990), p. 2.
125 Siebert(2005), p. 18.

[그림7] 독일의 경상수지/GDP(%)   [그림8] 독일의 재정수지/GDP(%)

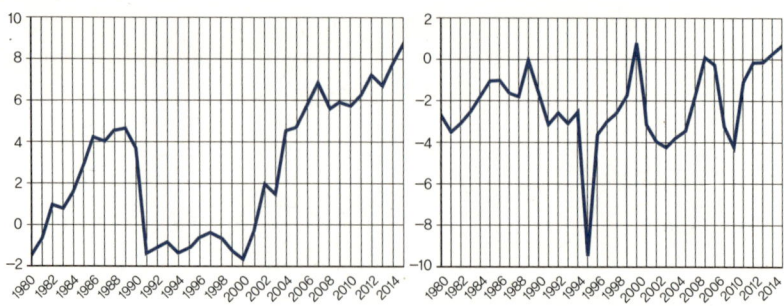

주: 1990년까지는 서독, 1991년부터는 독일 전체.주: 좌동
자료: OECD, EU AMECO.자료: OECD, Deutsche Bundesbank

경제기적'이라고 불렀다.[126] 독일에서 전후 서독 경제의 부흥을 '경제기적' Wirtschaftswunder, economic miracle 이라고 부르는 데에 빗댄 것이다.

통화통합 당시 독일연방은행의 베를린 임시관리본부장을 지냈던 가둠 Johann Wilhelm Gaddum 은 1995년 부총재 시절 한국에서 가진 강연에서 독일은 통화통합, 통일과 함께 동독의 시장경제로의 전환, 재건, 통화통합의 실행, 동서독 격차 수렴 등 많은 과제에 직면했는데 그 실행을 가능케 한 전제조건은 물가안정, 건전재정, 막대한 무역흑자, 안정적인 장기금리 등 1980년대 말 서독의 양호한 초기 경제여건이었다고 설명했다.[127]

---

[126] Weimar(1998), pp. 351–355.
[127] Gaddum(1995).

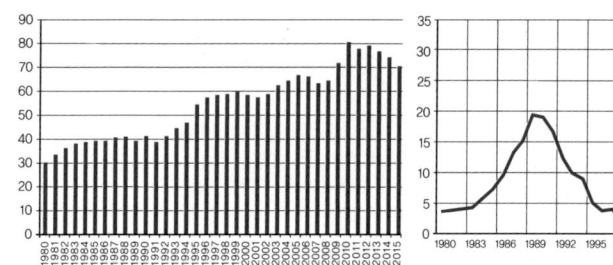

주: 1990년까지는 서독, 1991년부터는 독일 전체. 주: 좌동. NIIP는 순대외투자포지션
자료: OECD, EU AMECO. 자료: Deutsche Bundesbank, Statistisches Bundesamt.

    독일은 이러한 양호한 경제상황을 배경으로 통일을 추진한 변혁기에 자신감을 가지고 임했던 것으로 판단할 수 있다. 또한 통일 후 동독의 대규모 수요 증가로 경상수지가 적자로 전환되고 동독 지역 지원을 위한 재원의 상당 부분이 채무증가를 통해 조달되었음에도 불구하고 안정적인 환율을 유지할 수 있었다.[128] 통독 당시 재무부 장관이었던 바이겔Theo Waigel은 2015년 옛 동독 지역 라이프치히Leipzig에서 독일연방은행 주최로 개최된 통화통합 25주년 행사에서 초청연사로 연설하면서 "원활한 통일비용 조달의 전제조건은 건전한 재정과 양호한 경제상황"이라고 강조하고 "1990년의 서독 경제가 그러했다"고 술회했다.[129]

---

[128] 당시 DM화의 안정 혹은 절상은 연방은행의 금리인상, 독일 자본시장에서의 수요 증가에 따른 국채수익률 상승과도 관련된다. 이에 관해서는 pp. 253-257 참조.
[129] Waigel(2015). 바이겔은 1988년부터 1998년까지 독일의 재무장관을 지냈으며 같은 기간, 독일 집권연정의

[표3] 독일의 국가신용등급

	Moody's	S&P	Fitch
등급	Aaa	AAA	AAA
최근 변동	2012년 1월 13일. 부정적 전망 철회 2011년 5월 12일. 부정적 전망 1993년 4월 29일	2012년 1월 13일. 부정적 전망 철회 2011년 5월 12일. 부정적 전망 * 현 등급의 최초 부여는 1983년 8월 17일	1994년 10월 8일
전망	안정적	안정적	안정적

자료: Bloomberg.

  물론 양호한 경기지표에도 불구하고 경기호조가 조만간 끝날 것 같은 상황에 있었다는 평가도 있다. 당시는 독일이 부가가치나 고용창출이 둔화된 공업부문에서 고용증가가 지속되고 있던 서비스업 부문 등으로의 구조전환이 필요한 시기였으나 기업의 혁신능력이나 노조·정치권·행정부서의 적응태세가 충분치 않았다는 것이다.[130] 통독 직후의 경기호황이 이 구조전환 필요성을 지연시켰고 이는 통독 직후 일시적 호황 이후에 독일이 상당 기간 경기침체와 고실업을 겪는 요인의 하나로 작용했다고 할 수 있다.

  여하튼 동독으로의 막대한 이전지출, 대규모 재원조달, 상당기간의 경기침체에도 불구하고 독일이 안정적으로 자금을 조달하고 높은 신용등급을 유지할 수 있었던 것은 독일 경제의 기초체력이 강했기 때문이라고 할 수 있다. 독일은 아젠다2010 Agenda 2010 과 같은 2000년대 초반

한 축인 기독교사회연맹(CSU)의 대표도 역임했다(1989-1999). 동서독 「통화·경제·사회통합조약」의 서독측 서명자였으며 유로화 탄생 주역 중의 한 명이기도 하다.
[130] Grosser(1998), p. 69.

의 개혁조치 등을 바탕으로 2000년대 중반부터는 경기가 회복되고 글로벌 금융위기, 유럽 재정위기를 겪으면서 다시 유럽의 경제 강자로 부활했다.

PART 03

서독의
독일마르크화
동독의
통화가 되다

통화통합이란 무엇인가?

동서독 통합조약에서 통화통합의 내용

1990년 7월 1일 발효된 「독일연방공화국(서독)과 독일민주주의공화국(동독) 간 통화·경제·사회동맹의 창설을 위한 조약」[131] 제1조 조약의 목적 제2항에서는 "쌍방은 1990년 7월 1일자로 독일마르크화를 공동통화로 하는 단일 통화권역으로서의 통화통합을 이룩한다. 독일연방은행은 이 통화지역에서 중앙은행이 된다"라고 규정하고 있다. 즉 동독에서도 DM이 유일한 법정 통화가 되고 독일연방은행이 통화정책 권한을 갖는다는 것이다.

---

[131] 「Vertrag über die Schaffung einer Währungs-, Wirtscahfts- und Sozialunion zwischen der Bundesrepublik Deutschland und der Deutschen Demokratischen Republik」. 영어로는 「Treaty between the Federal Republic of Germany and the German Democratic Republic Establishing a Monetary, Economic and Social Union」. 이밖에 German Economic, Monetary and Social Union (GEMSU)으로 약해서 표현하기도 한다. 조약 원문 및 영문번역본은 한국은행(1990), 국문번역본은 김영윤 외(1994) 참조.

그리고 제2장 통화통합에 관한 규정, 제10조 조건과 원칙 제1항에서는 "쌍방간의 통화통합이 이루어짐으로써 독일마르크화는 전 통화지역에서 지급수단, 결제수단, 가치보전수단의 기능을 가진다. 이를 위해 독일마르크화의 유일한 발권은행인 독일연방은행이 갖는 책임은 전 통화지역으로 확대된다. 다만 주화발행권은 연방정부가 독점적으로 갖는다[132]"고 규정하고 있다.

통화통합의 일반적인 개념

조약에서 통화통합 Währungsunion은 영문으로 monetary union으로 표기되는데 통화통합 외에 통화동맹 또는 화폐통합이나 화폐동맹으로 번역되기도 한다. European Economic and Monetary Union EMU은 일반적으로 유럽경제통화동맹으로 표기하므로 monetary union에 대한 번역어는 관행에 따르는 측면이 많다고 할 수 있다.

독일의 통화통합이나 EMU에서는 단일통화가 도입되고 단일중앙은행이 통화정책권한을 행사한다. 그러나 monetary union은 연구자들에 따라, 그리고 과거 사례에서 덜 엄격하게 사용되기도 한다. 환율이 고정되지만 각자의 화폐와 중앙은행이 존속하는 경우에 동 표현이 사

---

[132] 독일을 비롯한 유로존 국가, 미국, 영국, 스위스 등에서는 정부가 주화발행권을 갖는다. 우리나라, 중국, 싱가포르 등은 중앙은행이 발행권을 갖는다.

용되기도 한다. monetary union에 대한 여러 정의는 독일이나 EMU에서와 같은 단일통화·단일중앙은행 외에 다양한 형태의 통화동맹이 존재할 수 있다는 점에서 그리고 독일, EMU 식의 통화통합으로 가는 단계로 거칠 수 있다는 점에서 시사점을 갖는다.[133]

한편 두 국가 혹은 여러 나라가 통화통합동맹을 택하게 되면 통화가치의 신뢰와 자유로운 자본이동은 확보되지만 통화정책의 자율성은 상실하게 된다. 이는 고정환율제도, 완전한 자본이동 및 독자적인 통화정책은 동시에 성립할 수 없다는 트릴레마 혹은 3원불가능성의 정리에 의해 설명된다.[134] 즉 환율조정이나 통화정책금리·통화량의 조정을 통해 자국의 경기상황에 독자적인 대응이 어렵게 된다는 것이다.

그럼에도 불구하고 통화통합을 택하는 이유가 무엇가를 규명하려는 대표적인 이론으로 최적통화지역Optimum Currency Area이론을 들 수 있다. 그 기본적인 개념은 다른 화폐를 이용하던 지역들이 환율을 고정시키거나 화폐를 통합할 경우, 거래비용 감소 등에 따른 편익과 환율정책수단 상실에 따른 비용이 발생하게 되는데 편익이 비용보다 크면 바람직한 최적통화지역이 된다는 것이다. 동 이론에서는 지역간의 노동이동성, 가격과 임금의 신축성, 재정이전시스템 등 실물경제 및 제도적인 측면에서 최적통화지역의 요건을 주 연구대상으로 한다.[135] 동서독에서 통화통합은 이러한 이론적 측면에서의 뒷받침보다는 동독 주민들의 요

---

133 통화통합의 개념에 대한 보다 포괄적인 설명은 김영찬(2016), pp. 51-54 참조.
134 이에 관해서는 한국은행(2012a), p. 124; 한국은행(2012b), p. 162; 전홍택·이영섭(2002), pp. 28-29.; 김흥종 외(2010), pp. 62-63 참조.
135 최적통화이론과 관련된 논의는 김영찬(2116), pp. 56-58 참조.

구, 그리고 통일을 이루려는 서독 측의 정치적 이해가 합쳐져 나타난 경우라고 할 수 있다. 다만 이 이론은 공동통화지역이 되기 위해서는 어떠한 조건을 충족해야 하는지, 급작스런 통화통합이 발생할 경우 어떻게 그 조건을 형성해나갈 것인가에 대한 도움을 줄 수 있다는 차원에서 이해할 필요가 있다고 하겠다.

또 다른 통화통합 방식으로서 유럽경제통화동맹 EMU

유럽연합에서 1999년 공식 출범한 EMU는 유로 Euro [136]라는 단일통화와 유럽중앙은행이라는 단일 중앙은행을 갖는 단일통화지역유로지역 혹은 유로존을 형성한다는 측면에서는 동서독 통화통합과 궤를 같이 한다. 그러나 EMU는 오랜 기간에 걸친 형성 기간, 신규 화폐 및 신설 중앙은행의 도입, 시장환율에 근거한 전환비율 결정, 회원국 중앙은행의 존속이라는 측면 등에서 여러 차이를 보인다.

전후 유럽에서는 전쟁에 필수적인 철강과 석탄의 공동관리를 목적으로 1951년에 「유럽철강석탄공동체」[137]가 탄생했다. 1957년에는 로마조약 체결로 「유럽경제공동체」[138]가 출범하면서 상호간 산업관세의 철폐,

---

[136] Euro는 영어권에서는 유로로 읽지만 독일에서는 오이로, 프랑스에서는 위로, 이탈리아에서는 에우로처럼 서로 다르게 읽힌다.
[137] European Coal and Steel Community(ECSC), 독일, 프랑스, 이탈리아, 베네룩스3국 등 6개국이 참여.
[138] European Economic Community

역외국으로부터의 수입 시 공동관세율의 부과 등 자유무역지대가 성립되었다. 1967년에는 유럽공동체EC가 출범하면서 관세동맹이 완성되었다. 그리고 1990년 자본자유화에 이어 1993년에는 EU가 발족하고 단일시장이 출범했다. 로마조약 시 6개국이던 회원국수는 북유럽, 남유럽에 이어 동유럽 체제전환국가들을 차례로 받아들이면서 28개국으로 확대되었다.[139]

이러한 시장의 통합과 병행해 역내국가간 환율을 안정시키고, 장기적으로는 단일통화를 도입하자는 계획이 일찍부터 추진되었다. EMS로 이어지는 이 과정은 앞에서 소개한 바와 같이 중간에 고비가 있긴 했지만 유로화 도입전까지 환율변동을 제약하는 시스템으로 작동했다.

이처럼 독일의 경우 1년도 채 안된 기간에 통화통합이 이루어진 것과 달리 유로의 경우는 수십 년의 기간이 소요되었다. 또한 독일의 경우 서독의 DM과 독일연방은행이 동독을 포함한 전 독일의 통화, 중앙은행이 되었지만 유로지역의 경우에는 각국의 통화가 사라지고 유로화가 도입되었으며 통화정책권한이 새로 설립된 유럽중앙은행으로 이관되고 각국의 중앙은행은 그 의사결정에 참여하고 집행하는 기관으로 변환되었다. 그리고 전환비율은 ERM 제도내에서 몇 차례의 재조정을 통해 각국의 상황을 반영하며 결정되었다. 유럽연합의 경우 화폐통합이 다른 경제통합 뒤에, 금리·물가·재정 등 일정 수렴조건을 충족한 경우에 시행된 반면 독일에서는 경제·사회통합과 동시에 화폐통합이

---

139 영국은 아직 탈퇴가 이루어지지 않아 회원국에 포함된다.

일어났다.

동서독 통화통합과 EMU의 출범은 급진적, 점진적이라는 점 등에서 통화통합 방식의 양대 축을 이루고 독일에서의 통화통합 논의를 이해하는 데에도 기본 전제가 된다고 할 수 있다.

통화통합과 금융통합

통화통합조약 제10조 제4항에서는 "통화정책은 동독 지역에 시장경제적인 신용제도가 정착되는 것을 전제조건으로 한다. 여기에는 서로 경쟁하는 민간은행과 신용협동조합, 공법상 은행,[140] 자유로운 자금시장과 자본시장 및 금융시장에서의 자유금리 형성이 포함된다"라고 연방은행의 통화정책이 제대로 작동할 수 있는 전제조건을 제시하고 있다.

이것은 넓게 보면 통화통합의 범위에 포함되지만, 통화통합의 범위를 좁게 잡으면 금융통합, 즉 금융시스템의 통합에 해당되는 부분이라고 할 수 있다. 금융시스템은 금융시장과 금융기관, 그리고 금융인프라를 포괄하는 개념이다. 금융시장은 금융거래가 이루어지는 곳으로 대출시장, 주식시장, 채권시장, 외환시장, 파생금융상품시장 등으로 구분된다. 금융기관은 금융시장에서 경제주체가 원활하게 금융거래를 할 수 있도

---

140 저축은행(Sparkasse) 및 주립은행 등을 말한다.

록 하는 역할을 수행한다. 금융인프라는 금융시장과 금융기관이 원활히 기능하도록 하는 금융규제 및 감독제도 등 법규와 관행, 금융안정망, 지급결제시스템 등을 총칭한다.[141] 동서독의 금융통합은 대출시장만 존재했던 동독의 금융시장에 여타 시장이 도입되고, 금융기관과 금융 하부구조가 서독의 제도로 통합된 것이라고 할 수 있다.

다만 독일의 경우 일반적으로는 통화통합과 금융통합을 구분해 사용하지 않는 것으로 보인다. 독일연방은행은 동독과의 통화통합을 다룬 월보 보고서[142]에서 새로운 통화정책의 도전으로 전환비율의 결정 외에 동독에서 독립된 상업은행의 형성을 포함한 이원적 은행제도의 확립, 동독 금융기관에 대한 초기 자금공급 등을 들고 있다. 뒤의 두 가지를 동독 지역에서 연방은행의 통화정책이 제대로 작동하기 위한 필요조건이라고 본 것이다. 아울러 통화통합의 기술적 측면을 다룬 보고서에서는 동독 지역에 대한 연방은행 조직의 구축, 지급결제수단으로서 동독 지역에 대한 DM 지폐·주화의 공급, 초기 은행계좌의 전환, 비현금지급결제 등을 소개하고 있다. Streit도 통화통합을 다룬 글에서 동독 금융제도의 전환을 포괄하여 기술하고 있다.[143]

현실적으로 통화와 금융부문 간의 구분이 명확하지 않은 경우도 존재한다. 동독에 DM이 도입되는 것을 통화량 측면에서는 통화부문으로

---

141 한국은행 홈페이지의 「금융시스템」 설명에 따른다. 여기서 금융안정망에는 예금자보호제도와 중앙은행의 긴급 유동성 지원제도(최종대출자 기능)가 포함된다. 한편 한국은행(2011), 「한국의 금융제도」에서는 금융제도를 상세히 설명하고 있는데 최근에는 금융제도가 금융기관과 혼동될 수가 있어 일반적으로 금융시스템이라는 용어를 사용한다.
142 Bundesbank(1990c); Bundesbank(1990d).
143 Streit(1994).

볼 수 있지만 지급결제수단으로서 지폐로 보면 금융부문에 해당된다. 본서에서는 통화통합과 금융통합을 분리해 설명하는 방식보다는 DM이 동독에서 법정통화가 된 부분, 그리고 독일연방은행이 동독에서도 중앙은행이 되어 그 역할을 한 부분으로 크게 나누어 설명했다.

통화통합 추진 과정

유럽에서 통화통합 시기 논쟁과 독일의 입장

앞에서 동서독 통화통합과 다른 방식의 대표적인 사례로 유럽경제·통화동맹 EMU를 언급한 바 있다. EMU로 이어지는 유럽통합의 역사에 관한 연구를 보면 통화통합의 순서 혹은 시점을 놓고 많은 논란이 있었음을 알 수 있다. 이는 자유무역지대, 관세동맹, 단일시장에서 경제·통화동맹으로, 궁극적으로는 재정 및 정치 통합을 추진하는 과정 중 어느 단계에서 통화통합을 이룰 것인가 하는 것이다.[144] 통화동맹에 참여하는 국가들 간에 일정 정도의 수렴이 확보되어야 한다는 데에는 합의가 이루어져 있지만 그 수렴이 어떻게 최선으로 달성될 것인가에 대해서는 선·후의 입장이 갈리는 것이다.[145]

---

144 Mayer(2012), pp. 19–20, pp. 75–76; Marsh(2011), pp. 44–47; Mongelli(2008), p. 9; 조영제(2000), p. 138; 김흥종 외(2010), pp. 35–36 참조
145 Wendt(2002), p. 92.

이는 크게 통화통합이 통합 과정의 초기단계에 이루어져야 한다는 주장과 마지막 단계에서 통합의 정점으로 이루어져야 한다는 입장으로 나뉜다. 전자는 통합과정의 첫 단계에서 통화동맹을 출범시켜 다른 경제적 통합 등을 견인하는 역할을 하도록 해야 한다는 입장으로 통화론자, 통화주의자 monetarists 그룹 혹은 엔진이론[146]으로 불린다.[147] 한편 후자는 통화통합이 경제적 수렴, 혹은 재정·정치적 수렴까지 이루어진 후[148] 최종적으로 이루어져 한다는 입장으로 경제론자, 경제주의자 economists group 적 입장 혹은 '대관戴冠'이론으로 불린다. 이는 문자 그대로는 관을 씌우는 것이지만 마무리하다, 정점을 찍다 등의 의미를 갖는다.[149]

황의각·장원태는 이러한 유럽에서의 논의를 Engine Theory와 Crown Theory의 논쟁으로 소개했으며,[150] 남북한 간 경제통합 과정

---

146 독일에서 Lokomotivtheorie를 말하며 우리나라에서는 엔진이론(황의각·장원태, 1997, pp. 138-139)으로 소개되었다. 의미상으로는 앞에서 주도한다는 면에서 '기관차이론'이 더 가까운 것 같으나 통칭을 따르기로 한다.
147 김흥종 외는 통합은 경제정책의 수렴화를 추진해나가는 과정에서 점진적으로 이루어진다는 의미에서 행태주의적 접근(economists approach), 국가 간의 경제정책을 수렴화시키기 위해서는 통화통합의 근간을 이루는 제도적 틀을 사전적으로 마련해야 한다는 의미에서 제도주의적 접근(monetarists approach)이라는 표현을 사용했다(2010, pp. 35-36).
148 통합을 어느 단계까지 포함하는가는 매우 다양하게 사용된다. 가장 넓게는 "대관이론에서는 공동통화를, 국민경제의 수렴이 완성되고 정치적 통합이 이루어진 후에, 즉 통합과정을 마무리 짓는 대관식으로 본다"(Weske, 2011, p. 124), "유럽에서 정치적 통일이 이루어진 후 비로서 유럽중앙은행이 세워질 수 있다"(Die Zeit, 1990)라는 정치적 통일까지 염두에 두고 있다.
149 영어로는 Coronation (Eichengreen and Wyplosz, 1993, p. 61), final stage (James, 2012, p. 74) 혹은 crowning step (Stark, 2003) 등으로, 독일어로는 Krönungstheorie로 표현한다.
150 "급진적 화폐통합의 이론적 근거는 Engine Theory와 Crown Theory의 논쟁에서 찾아볼 수 있다. Engine Theory란 화폐통합을 일단 시행하고 나면 파트너 국가 간의 경제교류가 심화되어지고 이는 완전한 경제통합으로 이어지게 될 것이라는 이론이다. 여기에서 화폐통합은 경제통합을 위한 추진력을 제공하여 경제통합에 있어서의 엔진적 기능을 수행한다는 것이다. Crown Theory란 화폐정책은 경제정책을 수행하는 데 있어 특히 경제력의 차이가 있는 나라들 사이에 각국의 처해진 상황에 따라 독자적 경제운영을 가능케 하므로 통합의 대상이 되는 국가들이 통합을 위한 다른 모든 여건을 만족시킬 때까지 화폐통합을 시행해서는 안 된다

에 대한 연구에서 사용한 전홍택·이영섭의 조기화폐통합과 후기화폐통합의 분류가 이에 해당한다고 볼 수 있다.[151] James는 유럽의 양 그룹에 대해 다음과 같이 설명하고 있다. "통화론자라는 용어는 특별히 유럽적인 것으로 프리드먼을 중심으로 하는 시카고학파의 '통화주의monetarism'와는 완전히 뜻이 다르다. 유럽의 통화론자들은 일련의 통화규칙을 통해 전반적인 경제수렴을 가능케 하는 틀을 형성할 수 있을 것이라 보았다. 반면 경제론자 그룹은 단일통화의 틀을 만들기 전에 경제수렴이 선행되어야 한다고 강조한다. 통화론자들은 제도institutions가 마술적magic 역할을 할 것이라 생각하고, 경제론자들은 상호 일관된 정책결과를 만들어내기 위한 정치적으로 어려운 결정을 통해서만 마술이 가능하다는 입장이다. 전자는 프랑스에서 후자는 독일에서 지배적인 철학이었다."[152]

즉 통화론자 그룹은 조기 통화통합(확정적 고정환율)의 도입을 통해 경제, 혹은 재정·정치통합까지를 포함한 통합을 촉진하자는 입장으로 프랑스와 벨기에가 여기에 속했다. 프랑스의 정치가이자 경제전문가였던 Rueff는 1949년에 이미 통화가 유럽통합의 포석을 깔 것이다[153]라고 선

는 이론이다. 그러므로 화폐통합은 경제통합의 마지막 단계에 해야 한다는 것이다"(황의각·장원태, 1997, pp. 138-139).

151 전홍택·이영섭(2002), pp. 82-86. 급진적 통합과정에 있어서, 후기 통합론자들은 남북한의 경제통합 과정에서 우선 붕괴된 북한경제체제를 시장경제체제로 전환시키는 경제개혁을 실시하고, 북한 화폐의 완전한 태환이 가능해졌을 때 화폐·금융을 통합해야 한다는 것이다. 조기 통합론자들은 통합을 지연시킨다고 해서 급격한 통합시의 문제점들이 해소될지 모르고 오히려 악화될지도 모른다는 주장을 펴고 있다.

152 James(2012), p. 93.

153 Weidmann(2013년 7월 7일)은 불어의 원래 표현 'L'Europe se fera par la monnaie ou ne se fera pas'을 인용하며 위와 같이 표현. 원어를 그대로 번역하면 'Europe will be created through its money or not at all' (Mayer, 2012, p. 1에서 재인용).

언한 바와 같이 이들 그룹은 통화통합이 이루어지면 실질적인 경제통합이 뒤따라 달성될 것이라고 보았다.[154] 반면 경제론자 그룹은 통화동맹 이전에 이를 뒷받침할 경제성과의 수렴, 재정통합 혹은 규율이 충족되어야 한다는 의견이었으며 이는 독일과 네덜란드가 주장했다. 독일정부도 이러한 입장이었고 통화동맹에 대한 아이디어는 독일 학계에서도 회의론에 부딪혔었다.[155] EMU 출범을 결정한 마스트리히트 조약이 체결된 지 얼마 지나지 않아 독일에서 일단의 저명한 경제학자들이 언론을 통해 발표한 '경제적, 사회적 그리고 이해관계가 아직 통합되지 않은 유럽에 단일통화를 도입하는 것은 객관적으로 근거가 없다'는 선언문은 그 대표적인 예이다.[156]

결과적으로 마스트리히트조약은 재정, 정치통합 전에 통화통합이 이루어진 경우이지만 물가, 금리, 환율 등 경제수렴조건, 그리고 재정건전성을 규제하는 안정·성장협약을 전제로 했기 때문에 양자의 의견이 절충된 것이라 볼 수 있다.

독일연방은행도 대관이론, 경제론자적 입장을 주창한 것으로 알려져 있다. "1970년대에 대관coronation: Krönung이라는 단어가 특히 독일연방은행에 의해 자주 사용되었는데 이는 통화동맹은 경제가 수렴되고 다른 제도가 통합된 후에 마지막 단계에 상징적으로 이루어져야 한다는 것을 강조한 말이었다"고 James는 언급하고 있다. Eichengreen and

---

154 프랑스와 벨기에 등은 회원국들 간의 사전적인 경제·재정정책의 동조 없이 긴밀한 통화정책상의 공동작업을 엔진(Lokomotive)으로 하여 경제동맹을 달성한다는 입장이었다(Brunn, 2004, p. 218).
155 Weske(2011), p. 124.
156 Weske(2011), p. 125에서 재인용(원문, Die EG-Währungsunion führt zur Zerreissprobe, *Frankfurter Allgemeine Zeitung*, June 11, 1992, 15-16면).

Wyplosz도 "연방은행은 오랫동안, 통화동맹은 각국 통화정책의 오랜 수렴과정의 마지막 단계라는 대관이론의 강한 지지자였다"고 지적했다.[157]

통독 당시 독일연방은행 총재였던 푈 Karl Otto Pöhl 은 동서독 간 통화통합에 대한 제안이 막 시작되던 무렵인 1990년 1월말 독일 언론과의 인터뷰에서 대관이론과 관련해 "유럽중앙은행의 설립은 말하자면 오랜 과정에 관을 씌우는 것이 될 것이다1988년 발언. 내 생각은 지금도 마찬가지로 유럽중앙은행은 수년 내에 실현되지 못할 것이다. 컨센서스가 이루어질지, 그리고 유럽의 정부들이 주권을 포기할 준비가 되어 있는지도 전혀 불확실하다"고 말했다.[158] 통화통합이라는 것은 상당한 주권을 포기하는 것인데다 독일연방은행으로서는 다른 국가·지역이 같은 통화권으로 들어올 경우 연방은행이 지향하는 '안정'이 지켜질 수 있을까 하는 우려도 작용했다.

그런데 장벽이 붕괴되고 얼마 지나지 않은 1990년 2월초 콜 총리는 경제수렴 후의 통화통합이라는 독일의 일관된 입장을 포기하고 동독에 급속한 통화통합을 제의했다. 물론 이것이 경제전문가들의 견해에 반할 수도 있다는 의견과 함께[159] 경제개혁이 반드시 수반되어야 한다는 전제를 붙이기는 했다. 이러한 조기 통합 제안에 대해 Zatlin은 "어리둥절한 것은 콜 총리가 서독에 대해서는 허용치 않으려던 것을 동독

---

157 Eichengreen and Wyplosz(1993), p. 61.
158 Die Zeit(1990a).
159 1990년 2월 6일 콜 총리의 동독에 대한 통화통합 제안 공표와 2월 13일 공식적인 제안 내용은 pp. 124-126에서 설명.

의 경우에는 옹호했다는 것이다. EC 회원국들과의 협상에서 콜 총리와 연방은행은 공동통화는 정치적·경제적 수렴의 마지막에 와야 한다고 지속적으로 주장했다. 그러나 1990년 2월, 양독 간 수렴의 핵심 main point에 DM의 정치적 효용성이 포함되었다"[160]고 지적했다. 독일이 지금까지의 입장을 바꾸어 동서독 간의 관계에서는 통화론자적 입장, 즉 통화를 통합 촉진의 매개로 보았다고 판단한 것이다.[161]

다음에서는 독일에서 일반적이었던 단계적 통합론을 소개하고 독일 정부가 급속한 통합으로 선회하게 된 과정과 그 과정에서 연방은행과의 관계를 살펴보기로 한다.

장벽붕괴 후의 단계적 통합론

장벽 붕괴 후 2월초에 서독 정부가 동독에 통화통합을 제안하기까지 정부, 연방은행 그리고 경제학자 대부분은 앞서의 '대관이론'을 지지하고 있었다. 먼저 동독과의 경제적 수렴 혹은 통일이 이루어진 후에야 통화통합이 이루어질 수 있다는 것이었다. 1871년 비스마르크에 의해 통일이 이루어지고 수년이 지나서야 단일통화인 마르크가 도입된

---

160 Zatlin(2009), p. 341.
161 황의각·장원태는 앞서 engine theory와 crown theory를 바탕으로, 독일은 통화통합의 엔진적 기능을 기대했던 것으로 볼 수 있으며 독일의 화폐통합은 정치적 목적에서 혹은 완전한 경제통합을 추진하고자 하는 목적에서 그 수단인 징검다리 역할을 한 것으로 볼 수 있다고 평했다(황의각·장원태, 1997, pp. 138-139).

사례나 1970년대에 시작된 EMU의 완만한 추진 속도, EMU 자체에 대한 독일의 입장을 보면 이해가 가는 일이었다.[162] 더욱이 이들 경우는 정치적으로 한 나라가 되었거나 적어도 자본주의 시장경제라는 같은 체제하에 있었다.

그런데 동서독의 경우 제도의 차이에다 현저한 경제력 격차 등을 감안할 때 점진적, 단계론적인 통화통합 주장에는 상당한 이유가 있었다.[163] 즉 동독에서는 ① 가격체계가 국내지향적이고 국제가격과의 관계가 없었다. ② 화폐는 별 중요성이 없었고 시장경제에서와 같은 통화정책은 존재하지 않았다. ③ 통화통합은 일정 환율 또는 전환비율을 전제로 하는데 경제적으로 의미 있는 환율이 존재하지 않았다. ④ 사유재산이 거의 존재하지 않았다. ⑤ 시장경제에 필요한 공공행정 및 법체계가 정비되어 있지 않았다. ⑥ 동독의 생산성은 여러 연구에서 서독의 30~80% 범위인 것으로 추산되었는데 높게 보아 50%, 실제로는 30% 정도로 보는 것이 일반적이었다. ⑦ 동독 경제는 왜곡된 가격구조, 불완전한 통계, 정부에 의해 '관리된' 통계자료 및 분석으로 인해 실제 경제상황을 알 수가 없었다. ⑧ 동독 주민의 총저축잔액은 1988년 1,800억 동독 마르크 정도였는데 DM으로 1:1 전환이 된다고 해도 서독의 연간저축 증가액1990년 2,100억 DM에 못 미치는 수준이었다. 또한 1:1전환비율을 사용하더라도 소득은 서독의 1/3, 생산성을 감안한 국민총생산은 10~13%에 불과할 것으로 추산되고 있었다.

---

162 Hankel(1993), p. 25.
163 이하 Hasse(1993), pp. 30-35.

이와 같이 양독 경제에서 나타나는 규모와 질의 현격한 차이, 합리적인 전환비율 산출 근거의 부재, 시장경제의 기능에 필요한 제도의 미비, 동독 경제 실상에 관한 자료 부족 등 즉각적인 시장경제·DM에 의한 통합에는 많은 문제가 있었다. 당시 경제학자들은 1:1로의 급속한 통화통합이 실현되면 동독 경제의 붕괴, 특히 기업의 경쟁력 상실과 실업증가, 이에 따른 서독 측의 막대한 지원이 불가피하다고 전망하고 있었다. 이를 회피하기 위해서는 외환통제나 수입규제를 단계적으로 해제하는 한편 점진적인 태환성의 부여로 일정 환율이 결정되게 함으로써 이 환율을 충격 흡수장치로서 사용해야 한다고 보았다.[164]

Herr and Westphal은 통독을 전제로 동독이 상당 기간 존속하면서 자체적으로 시장경제로의 개혁을 추진하는 것과, 통일이 되어 독일의 한 지역으로 되는 두 시나리오를 상정하고 어느 쪽이 경제발전에 유리한가를 검토하였다. 이들은 선택적인 보호주의와 다소간의 환율 저평가정책을 택할 경우가 최선이라고 하였다. 물론 이때는 동독의 생활수준이 서독 수준에 '서서히 접근하게 된다'는 결정적인 약점이 생기게 되며 '주민·노동력의 이주가 자유롭지 말아야 된다'는 전제가 깔려야 한다. 이를 위해서 이들은 기존의 외환기금 확충을 통한 동독 잔류 유인 제공과 동독의 기간시설 확충을 위한 지원을 제시하였다. 아울러 EC가입을 통해 시장을 확보하되 다른 EC국가가 누렸던 것과 마찬가지로 경과적인 보호주의 정책의 허용 및 「유럽통화제도」 참여에 따른 환

---

[164] Siebert(1990).

율의 안정과 단계적인 자유화를 전제로 하였다.[165]

　단계론의 기본적인 내용은 중앙계획경제의 폐지, 영업의 자유, 사유재산권의 보장, 자유로운 가격형성의 허용, 동독 마르크화의 태환성 등 시장경제에 맞는 제반 여건이 조성되고 동독 경제의 경제정책적인 전환이 완료되어 생산성이 향상되고 서로 유사한 경제상황으로의 수렴이 이루어진 후 그 동안에 조정된 환율에 따라 DM이 단일통화로서 도입되어야 한다는 것이다.

　이러한 입장은 콜 총리가 통화통합을 제의한 바로 그 날 이루어진 당시 서독 경제부장관 하우스만Helmut Haussmann의 「동독과의 경제·통화통합을 위한 하우스만 계획」 3단계 안에서도 볼 수 있다.[166] 이는 ① 1단계: 동독은 시장경제로의 근본적 개혁, 환율결정 구조의 변경 및 실제 환율로의 이행, 동독 마르크화에 대한 제한적인 태환성 부여를 실시하고 서독은 응급지원, 저리신용, 무역제한의 철폐, 안정자금 지원 등으로 이를 뒷받침, ② 2단계: 모든 가격의 자유화 및 동독 마르크화에 대한 완전한 태환성 부여, ③ 3단계: 경제적 수렴 및 동독 지역에 단일통화로서 DM의 도입으로 이루어져 있다. 아울러 콜 총리의 제안 직후 발표가 되긴 했지만 서독의 독일경제연구소DIW와 동독 경제학자들의 모임인 '양독 학자그룹'deutsch-deutsche Arbeitsgruppe에서도 동독에서 개혁이 진행되는 동안에는 통일이 이루어지지 않으며 동독의 경제 수렴

---

165 Herr and Westphal(1990).
166 Bundeswirtschaftsministerium(1990). 동 계획의 상세한 내용은 주독 한국대사관(1993), pp.186-190 참조.

과정 동안에는 양독 통화가 병존해야 한다는 입장을 제시했다.[167]

동독 경제가 경제개혁에 의한 급속한 생산성향상을 통해 국제적인 경쟁력을 배양한 후 DM을 도입했을 경우 통합과정이 좀 더 통제가능하게 되어 보다 나은 상황이 가능했었을 것이라는 이 단계론은 경제학자들에 의해 급속한 통화통합에 대한 비판과 함께 제기되었다.

서독 정부, 통합을 서두르다

제안 배경

서독 정부는 이러한 단계적 통합론에 거슬러 조기 통화통합의 추진을 발표했으며 이를 독일 통일로 가는 초석으로 보았다. 경제논리에 따른다면 동독 경제의 생산성이 서독에 근접할 때까지 단일통화와 통일을 기다려야 했지만 가능한 빨리 서독 수준의 생활수준을 누리고 싶은 동독인들은 이를 기다릴 수 없었다. 서독 정부도 마찬가지였다. 서독 정부는 동독이 독자적인 힘으로 경제 구조개혁을 이룰 수 없다고 보았다. 이 경우 동독인들의 이주물결은 이어질 것이고 이주 제한 조치가 도입되어야 할 상황이었다. 통일은 먼 훗날로 미루어지거나 영원히 기회를 놓칠 수도 있었다.

콜 총리는 1990년 2월 6일에 전격적으로 동독에 대한 통화통합 제

---

167 DIW(1990), pp. 65-71.

안을 발표했다.[168] 뒤에서 상술하겠지만 이 과정에서 연방은행 필 총재는 '공식적인' 사전 통보를 받지 못했고[169] 발표 당일 동독국립은행 총재와의 면담 후 정부의 입장과 어긋나는 인터뷰를 갖는 등 정책당국자 간 의사소통의 부족을 노정했다. 단계론이 일반론을 이루고 있던 상황에서 정부의 전격적인 제안은 외부의 흐름과는 별도로 정부 내부에서는 조기 통화통합에 대한 논의가 진행되었음을 의미한다.

그 출발점은 잘 알려진 대로 동독 주민들의 서독으로의 대량 이주였다. 1989년 9월 11일 헝가리 정부가 자국에 와 있던 동독 주민에게 제3국으로의 국경을 개방한 데 이어 동독공산당 40주년 기념식에서 고르바초프 당시 소련대통령의 개혁촉구, 동독에서의 대규모 시위, 호네커 총리의 실각 등 급격한 변화가 일어났다. 이러한 와중에 11월 9일 베를린장벽이 붕괴되었고 보다 나은 생활을 갈망한 동독 주민의 서독으로의 이주행렬이 이어졌다. 동독 주민들이 동독에 남아 있을 유인을 제공하기 위해 서독 정부로부터의 1인당 연간 100DM의 '환영축하금' 지급, 동독 마르크화의 일정액까지 DM과의 등가 교환 등 잠정조치가 취해졌지만[170] 이주 물결을 막을 수는 없었다.

---

168 Grosser(1998), p. 9.
169 '공식적'이라고 표현한 것은, 필 총재는 이 사실을 알지 못하고 동베를린에서 인터뷰를 했으며 바이겔 장관은 그 전날 이를 비유적으로 전달했다고 기술한 데 따른 것임.
170 동독 주민의 서독여행시 법적수당은 연 15DM이었으나 여행자들의 구매력 확대 및 동독에 남아있을 유인 제공이라는 측면에서 서독 정부는 장벽개방 후 즉시 1인당 연간 100DM의 이른바 '환영축하금'을 지급하기 시작하였다. 그리고 양독 정부는 1990년부터 '환영축하금'에 대신할 '여행외환기금'의 설치에 합의하였다. 동 협정에 따라 서독 주민이 동독 여행 시 의무적으로 교환해야 했던 25DM 및 비자는 철폐하며 동독 주민들은 다음과 같은 조건에 의해 동독 마르크화를 200DM까지 교환할 수 있게 되었다. 즉 100 동독 마르크까지는 1:1, 나머지 500 동독 마르크에 대해서는 5:1의 비율로 교환해주는 것으로 하였다. 첫 100 동독 마르크에 대해 100DM, 다음 500 동독 마르크에 대해 100DM이 교환되므로 600 동독 마르크 : 200DM으로 평균 환율은 3:1이 된다. 이것이 1990년대 초반 환시장에서의 환율이 되었다. 동 기금은 7월 1일 통화통합의 발효와 함께

〈표 4〉에서 볼 수 있듯이 서독으로 이주한 동독 주민의 수는 헝가리 국경개방 및 베를린장벽 붕괴를 계기로 크게 증가해 1989년 10월 이후 1990년 1월까지 4개월 동안 30만 명 이상의 동독 주민이 서독으로 이주하였다. 이러한 이주행렬이 계속된다면 서독으로서는 노동·주택시장에서의 수용문제, 동독으로서는 숙련노동력의 유출에 의한 생산력 감퇴 등 양독 지역에 정치·경제·사회적으로 심각한 문제가 야기될 것이 우려되었다.[171] 표를 보면 조기 통화통합 및 1:1 전환비율이 가시화된 4월부터 이주자가 크게 줄어들었음을 알 수 있다.

[표4] 동독 주민의 서독 이주 현황

시기	이주 인원(명)	비고
1989년 10월	57,204	
11월	133,429	베를린장벽 붕괴
12월	43,221	
1990년 1월	73,729	
2월	63,893	
3월	46,241	
4월	24,615	
5월	19,217	동서독 통화통합안 조약
6월	10,689	

자료: Bundesanstalt für Arbeit(1991), 김영찬(1995), p. 10에서 재인용.

폐지되었으며 실제로는 첫 두 달간 이용된 후(21.7억 DM) 통화통합조약에서의 전환비율이 보다 높을 것이라는 것이 알려지면서 이용이 되지 않았다(Bundesbank, 1990c, p. 23, Anhang 1).
171 김영찬(1995), pp. 10-11.

이러한 상황에서 단계적 통합론의 현실성이 의문시되었고 또한 1990년 3월 18일 동독 첫 자유선거에서 자파를 지원하던 집권 기민당 및 콜 총리로서는 통독을 위해 또는 통독 후의 총선에서 유리한 고지를 점령하기 위해 동독 주민들에게 무엇인가 가시적인 청사진을 제시할 필요가 있었다. 또한 당시 소련의 영향력 약화 등 주변정세가 급변하면서 서독 정치가들은 당초의 '동독 경제의 붕괴와 동독 주민의 서독 유입사태를 막는다'라는 단기적인 목표에서 통일이라는 정치적인 측면으로 관심을 돌리기 시작하였다. 단지 '사회주의를 개혁하겠다'는 동독 모드로 정권의 정책이 시민들에 의해 거부되고 대다수의 시민이 완전한 정치적·경제적 전환을 요구하면서 서독 정부는 두 독일에 근거한 해결책은 불가능하다고 인식하게 되었다. 콜 총리는 통일이라는 정치적 목표를 실현할 전략을 세우기 시작하였고 경제적인 시나리오나 해결책은 이 목표에 종속될 수밖에 없었다.[172]

동독 주민의 이주물결, 정치적 통일의 기회 포착에 따라 조기 서독 정부 내에서는 조기 통화통합 검토가 이루어지고 있었고 단계적 통합에서 특정일의 급진적인 통합으로 방향이 바뀌게 되었다.[173]

논의의 전개

사실 조기 통화통합 논의는 콜 총리의 제안 전인 1990년 1월 19일

---

[172] Hasse(1993), p. 29. Thieme는 당시 상황에서 단계론의 장단점을 논의할 계제가 되지 못했으며 경제·사회 통합과 연계된 신속한 통화통합은 특히 동독 주민에 대한 서독 정부의 신뢰문제가 걸려있는 정치적인 일정이었다고 말하고 있다(Thieme, 1999, p. 104).
[173] 이하 내용과 함께 〈표 11〉 통화통합 관련 상세일지 참조.

에 집권당이 아닌 야당 사민당SPD 측으로부터 제기되었다. 마테우스-마이어Ingrid Matthäus-Maier 원내 부총무의 제안은 동독 주민들이 그곳에 '머물 수 있는 시그널'을 주기 위해 동독 마르크화의 태환성 확보, 고정환율통화연맹의 도입 및 그의 유지를 위한 서독 측의 지원, 마지막 단계로 통화동맹을 이루자는 것이었다. 이 제안은 5:1의 전환비율[174]을 제시했다는 예로 자주 인용되고 있는데 동 비율은 한 예로 든 것으로 볼 수 있으며, 그보다는 통화통합을 어떤 단계를 거쳐 도입할 것인가에 대한 견해로서 더 의미가 있다고 생각한다.

　동 제안에서는 통화통합까지의 과도기적 단계로 생각했던 내용을 엿볼 수가 있는데 마테우스-마이어는 "동독 주민들의 대량 이주 지속은 동독에서의 개혁을 어렵게 하고 서독에서 주택, 노동시장, 사회보장시스템에 문제를 심화시키고 있다. 이주를 중단시키기 위해 동독 주민들에게, 고향에 머물 유인이 될 미래에 대한 전망을 신속하게 제공해야 한다. 지금까지 제기된 동독 경제 개혁방안에는 많은 시간이 소요되며, 통화정책이 해결방안을 제시할 수 있다. 이에 7가지 주제를 제안한다"고 밝히고 다음 사항을 제안했다. ① 동독에서 동독 마르크화가 국내외에서 원하는 것을 살 수 있는 '돈'으로 받아들여지지 못하면 DM의 사용이 확산되고 동독 마르크화를 구축할 것이다. ② 동독 마르크화는 태환성을 확보해야 한다. 특정 환율로 외화와 교환할 수 있는 태환성이 개혁의 목적에 포함되어야 한다. ③ 독자적인 태환성 확보에는

---

[174] 전환비율을 표기함에 있어 동독 마르크화를 먼저 표기하며 동독 주민에게 유리하게 적용될 경우(1:1)를 '높은 혹은 우호적인 전환비율', 이보다 불리한 비율(3:1 등)은 '낮은 전환비율'로 표기한다.

상당 시간이 걸리는데 동독에는 시간이 없다. 태환성 있는 동독 마르크화의 환율 지지를 위해서는 외환보유액이 있어야 한다. 그러나 동독의 낮은 경쟁력으로 인해 이는 중기에나 가능할 것이다. ④ 빠르고 효과적인 해결방안은 양독 간 통화연맹이다. 이는 통일로 가는 결정적 걸음이 될 것이다. 통화연맹의 첫 단계는 동독 마르크화의 DM에 대한 고정환율 도입이며 이때 동독에서의 가격제도 개혁, 독립적인 중앙은행 및 시장경제에 적합한 은행시스템의 도입이 수반되어야 한다. ⑤ 통화연맹에서는 DM이 주 통화가 되어야 성공을 보장할 수 있다. 고정환율의 유지를 위해서는 DM의 개입이 불가피하며 이는 서독 정부에서 지원한다. 연방은행은 연방정부의 요청과 부담을 전제로 기술적인 개입은 할 수 있을 것이다. ⑥ 통화연맹은 궁극적으로 단일통화를 사용하는 통화동맹으로 발전할 수 있을 것이다. DM이 동독 마르크를 대체할 경우 기존 동독 마르크가 DM 통화량 증가를 수반하겠지만 5:1로 할 경우 그 규모는 상당히 작다. ⑦ DM과의 통화동맹은 동독 주민들에게 경제가 빠르게 개선될 것이라는 가시적이고 확정적인, 동독에 머물도록 하는 신호가 될 것이다.[175]

며칠 후인 1월 22일 동독국립은행 부총재 등이 서독의회 재정담당 의원들과의 면담을 가진 후 작성한 보고서는 아직 조기 통화통합에 준비가 되어 있지 않음을 보여준다. 보고서는, 서독 의원들은 동서독 간의 통화정책 협력은 필수적이며 신속히 실현되어야 하나 동독에 조급한 DM도입 제안은 비현실적이라고 판단하며 EU 단일시장 출범1993년

---

[175] Mattäus-Maier(1990).

1월 1일 전에 동독 마르크화의 부분적인 태환성과 함께 통화연맹으로 나가는 것이 필요하다는 의견이었다고 언급했다. 이 통화연맹이 어떤 형태여야 하는지는 아직 결정된 것이 없으나 금융 분야의 경제학자들은 시장에 의한 환율을 선호하지만 몇 가지 고정환율을 수반하는 통화연맹으로 가는 단계가 검토될 수 있다는 인상을 받았다고 기술했다.[176]

1월 26일 연방은행의 푈 총재는 독일 언론과의 인터뷰에서[177] 동독 주민들의 이주를 막기 위한 동독과의 통화연맹 제안 등과 관련한 질문에 대해 동독에 여러 환율이 존재하는 상황에서 연방은행이 동독 마르크화의 가치를 보장할 수 없다는 입장을 분명히 했다.[178] 즉 연방은행의 환율 보장은 동독이 돈을 자유롭게 찍어내도록 해주거나, 아니면 동독이 통화자율권을 포기해야 한다는 것을 의미한다. 전자가 아닌 이상 동독 정부가 바로 DM을 도입하겠다고 제안한다면 동독에는 더 이상 자체적인 통화정책이나 통화는 없게 되는 것이다. 동독의 통화는 서독의 연방은행이 관할하게 된다. 이것을 동독 정부가 받아들일 수 있겠는가고 반문하면서 동독이 그런 선택을 한다는 것은 '매우 환상적인

---

[176] 동 내용은 카민스키 동독국립은행 총재의 서한에 따름(Kaminsky, 1990). 그런데 마테우스-마이어나, 위 회합에서 언급된 '통화연맹'이 무엇을 의미하는지는 명확치가 않다. 다만 이 용어가 "1972-1979년간 EC에서 적용되었던 '터널안의 뱀' 등 회원국 간의 환율이 좁은 변동 범위 내에서 움직이는 환율제도를 말한다(Gabler Wirtschaftslexikon)"로 사용됨을 고려할 때 좁은 변동 범위를 가진 환율제도 혹은 사실상의 고정환율 정도로 이해할 수 있을 것이다. 한편 서독 재무부에서 조기 통화통합에 대한 초기 검토안을 작성한 Sarrazin도 통화통합 제안 이전에 환율연맹(Wechselkursverbund)을 검토했음을 밝히고 있다(Sarrazin, 1994, p. 181).
[177] Die Zeit(1990).
[178] 이것은 동독 측이 고정환율을 택할 경우 서독의 지원이 불가피해지는 상황에 대한 대답이라고 할 수 있다. Tietmeyer는 동독이 고정환율을 도입할 경우 연방은행이 독자적 혹은 정부의 지원하의 환율 유지를 해 줄 것이라고 암묵적으로 기대했다고 말했다(Tietmeyer, 2000b).

생각Das sind sehr phantastische Ideen'이라고 답했다. 다만 현실적인 방안은 동독 마르크가 전반적인 개혁패키지 안에서 단계적으로 태환통화가 되는 것이고 여기에 서독이 기여할 수 있을 것이며 그러한 맥락에서 긴밀한 통화정책 협력을 하는 것이 바람직하다는 의견이었다.

한편 2월 1일 동독 총리 모드로는 경제·통화·교통 동맹 조약을 시작으로 양국 간 공통 연합기구의 설립, 주권의 연합기구confederative organ로의 위양, 동서독 전체 선거를 통한 통일 독일의 성립 등을 내용으로 하는 계획을 발표했다.[179]

제안 결정 과정

서독 재무부는 통화통합과 관련된 주무부서로 1989년 12월 중순부터 다양한 상황에 대비한 준비를 시작했으며 1월 들어 본격적인 검토가 이루어졌다.[180] 1월 중순에는 통화통합을 위한 단계적 계획안 Stufenprogramm für eine Währungsunion이 마련되었다. 이 계획안은 동독에서 ① 보조금 철폐, 가격자유화 및 시장화, ② 민간생산부문과 재정담당 분야의 분리 및 법인세·소득세 신설 등 조세개혁, ③ 대외교역 자유화, ④ 경상거래를 시작으로 한 외환거래의 자유화와 동독 마르크화의 단계적 태환성 추진, ⑤ 현실적인 단일 환율의 도입, ⑥ 이원적 금융제도로의 전환 등 통화·금융제도 개혁, ⑦ 통화공급의 엄격한 통제,

---

[179] Jarausch and Granso(1994), pp. 105–106, 'Modrow's Plan for a German Federation.' 위 자료에서는 교통동맹을 상업동맹(commercial union)으로 번역하였는데 독일어 Verkehr의 기본 뜻대로 교통으로 번역하였음.
[180] Waigel(2015).

⑧ 내·외자 동원 등 유리한 자본축적 환경 조성, ⑨ 환율의 안정화, ⑩ 그리고 마지막으로 공동통화와 공동 중앙은행을 가진 통화동맹의 도입으로 되어 있으며 이 단계까지 걸리는 시간은 개혁과정이 얼마나 빨리 시작되고 얼마나 제대로 시행되는가에 따라 달라지는 것으로 보았다.[181] 이때까지 재무부 내의 입장은 일반적인 단계론과 같았음을 알 수 있다.

그러나 마테우스-마이어의 제안 등으로 분위기가 바뀌고 동독 주민들의 이탈이 이어지는 상황에서 단계적 접근법의 정치적, 경제적 관철 가능성에 대한 회의론이 일었다. 재무부는 1월 후반 들어 신속한 통화 단일화를 추진하되, 포괄적이고 근본적인 시장경제의 도입과 동시에 시행한다는 특정일 통합 개념으로 정책 변환을 모색하기 시작했다.

바이겔은 이미 1990년 1월 중순 쾰러 차관에게 'Kobra übernehmen Sie'를 요구받는 상황이 곧 올지 모른다고 언급했다.[182] 이 말은 1960~70년대에의 미국 TV 시리즈물 Mission: Impossible을 독일에서 국영방송 ARD가 방송했을 때 타이틀로 사용한 말이다. 이 드라마는 특수 임무를 수행하는 IMF Impossible Missions Forces라는 조직의 한 팀이 불가능해 보이는 임무를 완수해 내는 것을 줄거리로 하고 있다. 그들은 비밀스런 장소에 숨겨진 녹음테이프에 담겨진 지시를 통해 임부를 부여받게 되는데 독일어판에서는 이 녹음의 마지막이 항상 '코브라 위버네멘 지 Kobra übernehmen Sie'로 끝나고 있다.[183] 이 말은 '이

---

181 Sarrazin(1994), pp. 176-180.
182 Waigel(2015).
183 원제가 Mission: Impossible(1966-1973)인 이 드라마는 1967-69년간은 'Kobra, übernehmen Sie'로,

제 이 어려운 임무수행에 착수하라'는 의미로 해석할 수 있을 것이다.

　급진적 통합의 경우에는 동독의 통화예금와 자산·부채, 임금 등을 DM으로 전환함에 있어서의 전환비율을 내정하고 있어야 한다. 재무부는 내부적으로 통화량과 생산잠재력, 총임금비용과 생산성, 구매력평가 등을 이용해 추정해볼 때 1:1 전환이 별 무리가 없다는 결론을 잠정적으로 내렸던 것으로 알려졌다. 물론 재무부의 입장도 동독 지역에서 DM통화량이 늘어나더라도 통화가치의 안정은 유지되어야 하다는 것이었고 금융제도의 전환, 금융기관에 대한 초기 자금공급 방안 등도 함께 검토되었다. 실물경제 부문에서도 앞의 10개항에서 언급된 내용들의 시행, 즉 포괄적이고 근본적인 개혁이 수반되어야 함을 전제로 했다.[184] 1월 29일에는 특정일 통합에 따른 기본 안이 작성되었고 1월 30일에는 재무부 간부직들이 참석한 회의에서 논의가 되었다. 재무부 당국자들은 이날 바이겔장관이 주재한 부서장급 연석회의가 통화통합의 전기가 된 날이었다고 전하고 있다.[185] 즉 단계론이 아닌, 특정일 기준 통합에 대한 논의가 공식화된 것이다. 이러한 내부적 검토를 거쳐 연정파트너인 기사당의 대표이기도 했던 바이겔은 2월 6일 콜 총리 등 연정 3당 수뇌부[186] 회의에서 통화통합을 논의했고 이를 바탕으로 콜

1976-77년간은 '불가능한 임무(Unmöglicher Auftrag)'라는 타이틀로 방송되었다. 이후 속편 시리즈는 상업방송을 통해 방영되었다. 이 드라마는 우리나라에서 '제5전선'이라는 타이틀로 KBS에서 방송되었다.

184 Sarrazin은 본인이 이 전환비율 추정치를 산출할 때 엄격한 대외비로 재무부 내의 다른 부서나 독일연방은행에도 알려주지 않았다고 언급했다(Sarrazin, 1994, pp. 181-185). 이 1:1 전환비율은 후에 연방은행이 제안한 전환비율과는 상이하다. Sarrazin은 자신의 입장을 계속 견지했다(Sarrazin, 2011). 다만 바이겔은 후에 전제치에 다소 문제가 있었음을 인정했다(Waigel, 2015).

185 Klemm(1994), pp. 135-148.

186 독일은 연정이 일반적인데, 당시 서독의 연정은 기민당(CDU), 기사당(CSU), 자민당(FDP)으로 이루어졌으며 각각 콜 총리, 바이겔 재무장관, 람스도르프(Otto Graf. Lambsdorff)가 당대표로 있었다. 외무장관이던 겐

총리는 동독에 통화통합을 위한 협상을 제안했다. 이는 놀라움으로 받아들여졌다.

제안 내용

2월 13~14일 동독의 모드로 총리가 서독을 방문했을 때 콜 총리는 「통화동맹과 경제공동체의 창설」[187]을 위한 협상을 즉각 개시할 것을 공식적으로 제안했다. 콜 총리는 급변하는 정치적 시계視界: time frame에서 그 정의나 경제적 정당성이 어떻든 단계론은 설 땅을 잃었다고 천명하면서 서독의 '가장 강한 경제적 자산'인 독일마르크화를 제공하려 한다는 것을 강조했다. 콜 총리의 제안 성명은 당시 상황을 이해하는 데 도움이 되고 앞서 재무부가 검토한 의견을 거의 그대로 담고 있으며 이후 통화통합 협상에서 서독 측의 기본 입장이 되기 때문에 전문을 소개한다.

<u>콜 총리의 통화통합 협상 제안 내용[188]</u>
협상을 위해 공동위원회를 구성하되 기본적으로 ① 특정일에 서독의 DM이 법정통화로서 동독 마르크를 대체하며, 동시에 ② 동독은 서독의 사회적 시장경제도입을 위해 필요한 법적 요건을 형성한다는 것을 협상 주제로 하되 이 두 주제는 분리될 수 없다. 이 조치는 정

셔(Hans-Dietrich Genscher)는 자민당 소속이었다. 기사당은 바이에른 주에만 있는 기민당의 자매당이다.
[187] 이때까지는 경제동맹이 아닌 경제공동체(monetary union and economic community)라는 표현을 썼으며 아직 사회통합(social union)은 포함되지 않았다.
[188] Kohl's currency union proposal, 13 February 1990, Document 6, in: Jarausch and Gransow(1994), pp. 109-112.

치적, 경제적으로 동독에서의 사실상 혁명적인 비상 상황에 대해 서독 정부가 혁명적인 비상대응을 할 태세가 되어 있음을 보여주는 것이다. 정상적인 상황에서라면 단계적 개혁과 조정을 거쳐 나중에 공동통화가 도입되어야 한다. 이런 측면에서 전문가들의 비판은 이해할 수 있다. 그러나 동독에서의 극적인 상황 악화는 원대하고 용기 있는 대응을 원하고 있다. 급변하는 정치적 시계에서 그 정의나 경제적 정당성이 어떻든 단계론은 설 땅을 잃었다.

현 상황은 경제적 차원을 벗어났으며 동독 주민들에게 명확하고 오해 없는 희망과 용기의 신호를 주어야 한다. 이러한 이유로, 단지 이런 이유로, 우리는 동독에 대해 즉각적인 통화동맹·경제공동체의 창설이라는 역사적 제안을 하게 되었다. 이는 서독으로서 가장 강한 경제적 자산인 독일마르크화를 제공하는 것이다.[189] 이를 통해 서독이 수십 년간의 노력을 통해 이루어낸 것을 동독 주민들에게도 즉각적으로, 직접적으로 허용하려고 한다. 국제적으로 가장 강하고 가장 안전하며 광범위하게 받아들여지는 DM은 서독의 번영과 경제적 경쟁력의 기반이다. 다만 통화통합동맹은 동독이 즉시 포괄적인 개혁을 도입할 때에만 가능하다. 구체적으로 ① 완전한 금융통계와 현황 자료 작성, ② 동독 지역에서 독일연방은행의 안정지향적 통화정책의 수행 보장, ③ 영업활동의 자유, 사유재산권, 경쟁질서, 환경보호, 시장경제적 가격·임금제도, 대외무역의 자유 등 이미 언급된 경제개혁

---

[189] 콜 총리는 1990년 3월에 치러진 동독 총선에서 서독의 자파와 같은 노선인 '독일을 위한 연대'를 지원하면서도 '가장 강한 자산, DM의 제공'을 강조했다(Kohl's campaign promises, March 1990, Document 12, in: Jarausch and Gransow, 1994, pp. 122-123).

의 신속한 시행, ④ 조세제도를 포함한 국가재정시스템의 재정비, ⑤ 실업보험, 연금제도의 조정 등 이러한 개혁에 필요한 사회보장장치의 개혁 등이 수반되어야 한다.[190]

이상을 보면 통화통합이 경제 수렴 뒤에 와야 한다는 서독 정부의 기존 입장이나 연방은행의 입장과는 다르지만 경제개혁을 통화통합과 동시적으로 추진해야 한다는 전제조건을 부가함으로써 사실상 동독의 경제체제를 전환시키는 작용을 하게 되었다.

한편 이러한 제안 내용에 대해 동독 측은 일단은 유보적인 반응을 보였다. 당시 동독 정부는 제대로 준비가 되어 있지 않았고 연방은행의 보증을 통한 동독 마르크화의 안정, 그리고 무엇보다도 서독 측의 대규모 재정지원에만 관심이 있었다. 서독 정부는 이미 다른 전반적인 사안이 명확히 되기 전에는 이를 거부한 상태였다. 서독 측은 환율연맹 등 지원을 받으려면 통화주권을 포기해야 함을 강조했으나 모드로 정부는 그런 준비가 되어 있지 않았다.[191]

독일연방은행과의 커뮤니케이션 논란

콜 총리의 제안이 발표되던 날 연방은행의 푈 총재는 동독국립은

---

190 Kohl's currency union proposal, 13 February 1990, in: Jarausch and Gransow(1994), pp. 109-112.
191 1990년 2월초에 동독 교계 장로회의장이었던 슈톨페(Manfred Stolpe)는 동독이 주권을 유지하면서도 서독 정부가 보증하는 신속한 통화통합을 주장했다. 티트마이어는 이에 대해 '연방은행의 통화보증(Währungsgarantie)은 동독이 통화·경제정책에서 주권을 가정하는 한 논제가 될 수 없다. 신속한 통화통합, 정확히 말하면 DM통용지역의 동독 지역으로의 신속한 확대는 동독이 경제 통화정책의 독자성을 포기하고 그 권한을 서독의 해당부서에 넘겨줄 때만 가능하다'고 답했다. 슈톨페와 동독의 관련자들은 당시에는 이것이 불가능하며 동독 정부가 받아들일 수 없을 것이라고 생각했다(Tietmeyer, 1994, p. 60-61).

행의 카민스키 총재와 동베를린에서 회담을 했는데 위 제안 사실을 모른 채 회담 후 기자들과 회견을 가졌다. 회담 장소가 동베를린이었고 이동통신도 없고 방송 중계 여건도 지금과는 달랐던 시절이다. 그는 "동독에 DM이 도입될 수 있다고 생각하는가"라는 질문에 "허황된völlig absurd 생각이다. 아마도 10년 쯤 후에나"라고 답했다. 카민스키가 푈 총재와 회담 후 모드로Hans Modrow 총리에게 보낸 보고서를 보면 '동독 지역에 대한 DM의 급속한 도입은 비현실적이며 현재 동독이 당면한 문제해결에 적절한 방안이 아니라는 데 의견의 일치를 보았다, 동독 마르크화는 경제개혁과 함께 단계적으로 태환성을 확보해나가며, 양독의 정치·경제통합이 이루어질 때까지 동독은 독자적인 국가로 자체 통화에 대한 책임을 진다'라는 것이 푈 총재의 의견이라고 기술되어 있다.[192]

그날 양 총재의 면담에 동석했던 동독국립은행의 모스트 부총재는, "푈 총재와 카민스키 총재가 회동했을 때 나도 같이 있었다. 당시 통화통합은 아주 먼 이야기라고 여겼다. 우리는 통화통합에 반대한 것이 아니라 다만 그것을 어떻게 이룰지에 대해 깊이 생각해야 한다는 것이었다. 그러나 순서를 뒤바꿔서는 안 되는 것이었다"[193]고 술회했다.

통화통합 제안이라는 중대한 사안에 대해 독일연방은행 측과 공식적으로 사전적 의견조율이 없었다는 것은 상당한 문제였다고 할 수 있다. Ehrenberg는 연방은행의 의사에 반한 결정이 내려지면서 연방은행의

---

192 Kaminsky(1990b).
193 Deutschlandradio Kultur(2015a).

독립성에 관한 의문이 제기되기도 하였는데, 연방정부는 '연방은행의 통화정책에 관한 권한은 DM의 외국통화에 대한 평가나 적용지역 확대 결정을 포함하지 않는다'는 법적 근거를 내세웠다고 소개했다.[194] 이는 앞에서 Gleske나 Wahlig가 설명한 것처럼 결정권한 자체는 연방정부에 있더라도 그 과정에서 연방은행과 긴밀히 협조해야 한다는 인식과 배치되는 것으로 논란의 여지가 있는 부분이다.

푈 총재의 2월 6일 회견 내용을 보면 그가 통화통합 제안을 공식적으로 사전 통보받지 않은 것은 분명해 보인다. 이는 연방은행의 권위를 약화시킬 수 있었고 중앙은행과 정부 간의 불필요한 갈등을 야기했다.[195] 더욱이 바이겔 장관과 푈 총재는 콜 총리가 통화통합을 제안하기 전 날인 2월 5일 회동했었기 때문이다. 이 회동날짜는 그 전에 잡혀 있었다. 이 자리에서 푈 총재는 다음날 동독국립은행 총재를 만나기로 한 건에 관해 언급했고[196] 바이겔 장관은 동독 측이 통화정책이나 동독 마르크화의 환율 혹은 태환성에 관해 어떤 생각을 가지고 있는지 들어 보는 것은 의미가 있을 것이라고 답했다. 덧붙여 그는 당시 상황이 신속한 통화통합의 방향으로 움직이고 있으며 서독이나 동독, 소련 모두 'Kobra übernehemen Sie'라는 말을 들을 상황이 발생할 수도 있다고

---

194 Ehrenberg(1991), p. 17.
195 한편 Zatlin은 콜 정부의 통화통합 제안은 헌법 88조에 의해 연방은행에 부여된 법적(jurisdiction) 권한을 침해하는 것이었다. 자본시장은 이것을 정부가 연방은행의 독립성을 약화시키는 것으로 해석했다, 이에 따라 시장 금리가 올라갔을 뿐 아니라, 연방은행으로 하여금 자신이 아직 통화정책의 권한을 가지고 있음을 입증하기 위해 공격적으로 행동하도록 압박했다고 지적했다(Zatlin, 2009, pp. 338-339, 각주 45).
196 바이겔은 2015년 연방은행 지역본부에서 열린 강연에서 푈 총재와 만났을 때 쾰러 차관에게 했던 것과 같은 설명을 했다고 말했고(Waigel, 2015), Shell은 이날 회동에 관해 설명하면서 바이겔 장관이 이 이야기를 했을 때 푈 총재가 주의 깊게 들었다고 기술했다(Schell, 1994, p. 17). Sarrazin도 몇 년 후에 당시의 상황을 바이겔에게 물어 같은 내용을 확인한 것으로 적고 있다(Sarrazin, 2011).

언급했다. 그러나 이러한 우회적 혹은 비유적인 표현을 푈 총재가 발언자의 의사대로 받아들이지는 않은 것으로 보인다.[197] 이를 당장의 통화통합 제안으로 받아들였다면 다음날 동독에서 그러한 인터뷰가 있을 수는 없었기 때문이다. 여하튼 푈 총재는 콜 총리와 한 번도 통화통합에 관한 직접적인 논의를 한 적이 없다고 말했다.[198]

2월 9일 푈 총재는 사흘 전 급속한 통화통합에 대한 자신의 비판적인 평가를 철회하고 자신은 하우스만 경제장관이 제안한 3단계 통합방안과 같은 의견이며, 콜 총리의 제안에 다소 놀랐지만 연방정부의 정치적 결정을 받아들이며 통화통합과 관련된 위험을 최소화하기 위해 노력하겠다고 언급하였다. 그러나 DM 도입만으로는 안 되며 동독 경제구조의 광범위하고 급속한 변화가 수반되어야 할 것이라고 주장했다.[199] 여하튼 푈 총재가 결정 과정에서 소외된 것으로 알려지면서 연방은행의 위상은 타격을 입었다.[200]

같은 날 「경제자문위」[201]는 총리에 대한 긴급건의에서 DM의 도입은

---

[197] Sarrazin은 이 프로그램이 "TV보기를 싫어하는 사람에게도 잘 알려진 시리즈 극이었다. 푈 총재가 TV를 안 보던 혹은 다른 프로그램을 보았는지는 모르나, 여하튼 푈 총재는 그 말이 무엇을 뜻하는지를 몰랐다"고 언급했다(Sarrazin, 2011, p.126).

[198] Die Welt(2004).

[199] Pöhl(1990). 푈 총재는 이후에도 콜 총리와 불편한 관계를 유지하였으며 2011년 임기를 4년 남기고 조기 사임했다. 그는 총재직을 사임한 이후 2014년 말 사망하기까지도 통화통합 방식에 대해 계속 비판적인 입장을 견지했다

[200] 푈 총재가 통화통합제의에 관한 사전 언질을 받지 못했던 것으로 알려지면서 연방은행은 금융시장에서 일시적으로 신뢰를 잃기도 하였다(Hasse, 1993, p. 57, 주 7; Schrettl, 1991, p. 6). 푈 총재는 콜 총리가 사전 상의 없이 그의 의견에 반하여 통화통합을 발표하였을 때 상처를 입었다고 언론은 전했다(Financial Times, 1991).

[201] '경제현황 진단을 위한 전문가위원회'(SVR: Sachverständigenrat zur Begutachtung der gesamtwirtschaftlichen Entwicklung)를 말하며 5명의 현인이라 부르는 위원으로 구성된다. 동 위원회는 정기적으로 전반적인 경제상황 및 그 전개방향에 대한 진단을 하여 연차평가서를 제출하며 경제 전체에 문제가 있다고 판단할 때는 필요에 따라 의견을 개진할 수 있게 되어 있다.

동독인들에게 생활수준이 급속히 향상될 것이라는 환상을 주게 될 것이며, 따라서 통화통합은 실물경제분야에서의 근본적인 경제개혁 이후에 시행되어야 한다는 점을 강조하였다. 그러나 서독의 목표가 통화통합을 통한 정치적 통일로 바뀌면서 단계적 통합론은 힘을 상실하게 되었다.

한편 연방은행도 대외적인 입장과는 관계없이 1989년 11월 통화통합에 대비한 준비 팀을 구성했고 처음에는 다른 곳에서의 논의와 마찬가지로 동독 경제와 통화를 서독 경제와 통화에 단계적으로 통합하는 데 중점을 두었다. 양독 간 통합에 상당한 시간이 남아 있다는 기대 때문이었다. 그러나 이러한 단계적 통합론과 병행해서 1월말~2월초부터 동독 정부가 경제·통화정책에 대한 주권을 포기하고 '급작스럽게 통화정책에 관한 모든 사항을 연방은행에 위임할 경우'의 one-step 통합에 대비한 방안을 강구하기 시작했던 것으로 알려졌다.[202]

또한 푈 총재가 조기 통화통합에 대한 비판적인 입장을 취하면서 콜 정부와 소원한 관계가 되었지만 연방은행은 초기부터 정부와의 협의 및 동독과의 전문가위원회(예비협상)과, 본 협상에 참여했다. 재무부 차관에서 1990년 1월에 연방은행 이사로 부임한 티트마이어는 통화통합 본협상의 대표가 되었으며 슐레징어 부총재는 전문가위원회의 통화분과위원회 대표를 담당했다.

---

[202] Tietmeyer(1994), p. 59; Tietmeyer(1992), p. 2.

동서독 간 통합 협상

협상 개요

흡수통일, 급속한 통화통합, DM의 동독 도입이라는 표현에 가려서 이들 결과가 나오기까지 동서독 간에 치열한 협상이 있었고 통합조약은 그 합의의 결과라는 사실은 잘 조명되지 않고 있다. 특히 현실적으로 통합상황에 당면했을 때 참고로 할 만한 정도로 상세한 협상의 전개과정, 협상단 구성, 양측 내부의 의견 조율, 양측의 입장 및 쟁점과 타협 등에 관한 연구는 부족한 형편이다. 정책담당자에게는 그 결과 못지않게 이러한 협상의 과정이 중요한 시사점을 제공해줄 수 있기 때문에 협상에 참여한 정부, 중앙은행, 의회 담당자들이 어떤 문제에 부딪히고 어떻게 해결해 나가야 할 지를 아는 것은 중요하다.

이하에서 협상의 세부적인 내용을 작성하는 데는 서독 측 협상대표였던 티트마이어 전 연방은행 총재, 재무부의 바이겔 장관, 쾰러 차관 및 자라친 팀장과 총리실의 루데비히Johannes Ludewig 국장, 그리고 동독 측 드메지에르 총리의 회고록 등과 그로서Dieter Grosser의 방대한 저서, 정부 기록물 등 그간 국내 연구에서 잘 인용되지 않던 자료들을 적극적으로 활용했다. 이들 내용을 보면 당시 협상대표단이 과연 잠을 잘 시간은 있었을까 하는 정도로 일정이 긴박하게 돌아갔음을 알 수 있다.

실제로 콜 총리는 "오늘에 와서 생각하면 당시 우리가 얼마나 큰 시간적인 부담 속에서 그 같은 협정을 만들었는지 거의 상상할 수 없을 정도다. 한 국가가 하룻밤 사이에 중앙통제경제에서 사회적 시장경제로 그 경제체제를 완전히 바꾸는 그런 협정은 이제까지 한 번도 없었던 일이다. 지난 몇 날 몇 주 동안 많은 사람들이 그 같은 작업을 해내느라 쓰러지기 직전의 상황에 이르기도 했다. 통화, 경제, 사회동맹 창설을 위한 준비작업은 독일 현대 경제사의 가장 중요한 업적에 속한다는 것이 내 생각이었다"라고 회고록에서 언급했다.

1990년 2월 6일 콜 총리의 통화통합 협상 제안 이후 동서독 간 「통화·경제·사회통합」을 위한 협상은 동독 주민들의 DM에 대한 갈구, 동독에서의 첫 자유 총선 등과 함께 빠르게 전개되었다. 2월 13~14일 모드로 동독 총리가 서독을 방문했을 때 예비협상 격인 전문가위원회의 창설이 합의되었고 바로 2월 20일 첫 전문가위원회 회의가 열렸다.[203] 동 위원회는 3차례의 전체 회의와 산하 분과위원회의 수차례에 걸친 회의를 거쳐 3월 13일 중간보고서를 제출했다. 동 보고서에서는 통화통합과 동독에서의 경제개혁을 동시에 시행한다는 원칙을 확인하고 이는 통일을 위한 걸음이라는 것을 밝히는 한편 구체적인 전환방식, 시점, 연방은행의 동독 통화정책 관할에 따른 제도적 문제 등은 향후 본협상에서 논의하는 것으로 하였다.[204]

이후 협상은 동독에서의 총선을 위해 1개월여 중단되었다. 3월 18일 최초 자유총선에서 서독 집권당 측의 지원을 받은 '독일을 위한 연대 Allianz für Deutschland'가 집권하고 드메지에르가 초대 총리로 취임하였다.

---

[203] Köhler(1994), pp. 118–134.; Tietmeyer(1994) 참조. 「통화·경제·사회통합」조약 및 「통일조약」을 위한 서독 정부 내 입장 정리 및 동서독 간 협상과정에 대한 총괄적인 내용은 손선홍(2016) 참조.
[204] Köhler(1994) pp. 129–134.

4월 19일에 통화통합협상과 관련 입장 등을 담은 신정부의 정책기조연설이 있었고, 4월 23일 양측 협상대표들과 동독 총리와의 회동에 이어 1990년 4월 25일 본 협상으로 협상이 재개되었다. 본 협상 대표단은 동독의 신정부 구성 등을 반영하여 변동이 있었다. 회의는 예비협상에서와 마찬가지로 동베를린과 서독의 수도 본Bonn을 오가며 이루어졌다. 5월 11~12일 마지막 협상에서 주요 사항들이 타결된 후, 5월 18일 서독의 본에서 동서독 총리 및 장관들이 참석한 가운데 양측 재무장관은 「통화·경제·사회동맹 창설을 위한 국가조약」에 서명하였다. 이어 7월 1일 동 조약이 발효되었다. 중간의 동독 총선 일정까지 고려하면 제안이 이루어지고 매우 짧은 시일 내에 많은 내용을 담은 협상이 타결되었다. 대표단들은 여름휴가 이전에 조약이 발효되도록 하자는 양측 수뇌들의 압박이 협상타결에 많은 도움이 되었다고 술회했다.[205]

협상단 구성

1990년 2월 출범한 전문가위원회, 즉 예비협상에서 서독 측 협상대표는 재무차관 쾰러Horst Köhler, 동독 측은 재무장관 롬베르크Walter Romberg였다. 네 개의 분과위원회가 구성되었는데 이중 통화담당 분과위원회는 서독 측은 독일연방은행의 슐레징어 부총재, 동독 측은 동독국립은행의 카민스키 총재가 대표를 맡았다. 나머지 경제개혁·경제정책, 재정, 사회보장 분과의 대표는 해당부서 장관 또는 차관들이 담당했다.

---

[205] Deutschlandradio Kultur(2015); Sarrazin(1994), p. 206.

동독의 총선 후 재개된 본 협상에서는 양측 대표단에 변화가 있었다. 서독 측의 협상대표는 티트마이어 연방은행 이사가 맡았다. 그는 재무차관에서 1990년 1월 연방은행 이사로 부임했는데 협상기간 중 총리의 자문관으로 파견되어 임무를 맡았다.[206] 콜 총리는 정부와 국제협상에서의 풍부한 경험과 추진력, 그리고 연방은행에 몸담고 있다는 점 등을 고려해 그를 협상대표로 임명한 것으로 알려졌다. 당시 총리실 국장을 지낸 루데비히Johannes Ludewig는 통합협상의 성공에는 양측 협상대표가 결정적인 역할을 했다며, 티트마이어는 수십 년에 걸친 국내·국제적 경제, 재정정책 경험을 가진 논란의 여지없이 가장 적합한 자격을 가진 인물이었다고 강조했다.[207] Grosser도 정부부서 경험을 통한 전문능력, 연방은행의 신뢰, 권위, 총리의 지지 등으로 인해 티트마이어가 협상단 대표로서 매우 적합한 인물이었다고 평가했다.[208] 슐레징어 연방은행 부총재도 예비협상에 이어 계속 참여했는데 연방은행 측에서 대표단의 주요 직위를 담당함에 따라 제한된 범위에서지만 연방은행의 입장을 관철하는 데 적지 않은 도움이 된 것으로 보인다.

동독 측은 신임 드메지에르 총리에 의해 총리실의 의회담당 차관과 동독의회에서 기민당CDU 원내대표를 겸임하던 크라우제Günter Krause 가

---

[206] 티트마이어는 1990년 3월 29일 연방은행 중앙은행위원회의 승인을 거쳐 통화통합 협상 기간 중 한시적인 조건으로 총리의 개인자문관으로 파견되었다. 이는 연방은행과 업무상 이해의 충돌을 피하기 위한 것이었다. 다만 연방은행은 협상이 이루어지던 수도 본(Bonn)에 있는 주중앙은행 지점에 사무소를 제공했다. 그는 통화통합 발효 후 연방은행으로 복귀했으며 1993년 10월~1999년 8월까지 독일연방은행 총재를 역임했다. 1997년과 2000년에는 한국은행을 방문해 독일 및 유럽의 통화통합에 관해 강연을 한 바 있다(Tietmeyer, 1997.; Tietmeyer, 2000b).

[207] Ludewig(2015), p. 36, p. 54.

[208] Grosser(1998), p. 255.

대표로 임명되었다. 루데비히는 그의 빠르고 때로는 독자적인 결정으로 인해 협상이 신속하게 진행되었으며 크라우제가 아니었다면 1990년은 다르게 흘러갔을 것으로 확신한다고 평가했다.[209] 티트마이어도 2016년 8월 11일 필자와의 면담에서 크라우제는 훌륭한 협상대표였다고 회고했다.

한편 서독 측 대표단에는 통화, 경제, 사회보장 분야와 직접 관련된 재무부, 경제부, 노동·사회부 차관 외에 협상 후반으로 갈수록 법적 문제가 중요해짐에 따라 법무부차관이 가세했다. 안건에 따라서는 외무부에서도 참가했으며 독일연방은행에서는 슐레징어 부총재가 계속 참석했다. 동독 측에서도 재무, 경제, 노동, 사회부의 차관 및 동독국립은행 대표가 협상단으로 참가했다. 이밖에 협상 사안에 따라 양측 각 부처의 고위직 실무진들도 배석했다.

마지막 합의안 조율이 이루어진 5월 11일 4차 회담의 참석자를 보면 서독 측은 티트마이어 대표와 재무부·경제부·노동부·법무부·농업부의 차관, 독일연방은행 부총재, 총리실 자문관, 정부 각 부서 및 연방은행의 실무 책임자 약간 명씩이, 동독 측은 크라우제와 재무부·경제부·노동사회부·재산보호청·농업부의 차관, 동독국립은행의 슈톨 부총재,

---

209 Deutschlandradio Kultur(2015b); Ludewig(2015), p. 32, 39. 크라우제는 통일협상에서도 드메지에르 총리와 함께 동독측 대표를 맡았다. 8월 31일 통일조약에 서명한 것도 서독의 협상대표였던 쇼이블레(Wolfgang Schäuble)와 크라우제였다. 그는 1991년 1월, 통일 독일에서 연방교통부장관이 되어 인프라 구축에서 뛰어난 추진력을 보여 주었다. 그러다 많은 논란이 된 재정문제로 인해 1993년 5월, 교통부장관과 CDU 주(州) 대표에서 물러났다. 이후에도 몇몇 스캔들이 언론에 보도되는 등의 행적으로 그에 대한 부정적인 평가도 적지 않은 것으로 보인다. 그러나 루데비히는 그가 교통부장관에서 물러난 이유나 그 후의 삶, 혹은 직업과 관계없이, 협상대표로서는 뛰어난 성과를 보여주었으며, 결단력 있는 인물로 통일에서 큰 역할을 했다는 사실에는 변함이 없다고 강조했다.

정부 각 부서 및 국립은행 자문관 약간 명씩으로 이루어졌다.

협상에 참가했던 서독 측 대표들은 후에 주요 직책을 역임했다. 슐레징어 독일연방은행 부총재는 1991년 7월말 푈 총재의 중도 사임으로 1991년 8월 1일 총재직을 이어받았고 뒤를 이어 1993년 10월 1일에 티트마이어가 총재로 부임했다. 쾰러는 유럽부흥개발은행EBRD과 국제통화기금IMF 총재를 거쳐 2004년 7월부터 2010년 3월까지 독일 대통령을 지냈다. 통화통합과 관련하여 재무부내의 기초 작업을 한 것으로 알려진 자라친Thilo Sarrazin은 베를린시의 재무담당책임자를 거쳐 2009년 5월 1일 독일연방은행 이사로 취임했다.[210]

예비 협상과 중간 합의

예비 협상인 전문가위원회는 2월 20일, 3월 5일 및 13일 3회에 걸쳐 전체회의가 열렸으며 각 분과위원회별로 별도로 수차례의 회의가 있었다. 3월 18일 동독 총선으로 인해 회의는 중단되고 4월에 본 협상으로 재개되었다.

예비협상에 서독 측은 ① 서독의 경제시스템인 사회적 시장경제[211]에

---

[210] 그러나 Sarrazin은 이민자에 대한 차별적 언급이 담긴 인터뷰와 책자(2010) 등으로 논란을 빚었고 연방은행은 2010년 9월 2일 연방대통령에 그에 대한 해임건의안을 의결했다(Bundesbank, 2010). 그는 자진사퇴하는 형식으로 연방은행 이사직에서 물러났으며 2012년에는 '유럽은 유로화를 필요로 하지 않는다'라는 책으로 다시 논란을 빚기도 했다.

[211] '사회적 시장경제'(Soziale Marktwirtschaft)는 프라이부르크 학파의 창시자인 오이켄(Walter Euken)의 질서자유주의(Ordo-Liberalismus)를 바탕으로, 정부에 의한 소득재분배의 필요성을 지적한 뮐러-아르막(Müller-Armack)이 그 개념을 정립하였고 전후 서독 경제기적의 아버지라고 불리는 에르하르트(Erhard)에 의해 실제 정책으로 시행되었다. 기본적인 내용은 정부는 시장경제에 필수적인 경쟁질서를 만들되 기본생존권과 같은 사회적인 부분에도 관심을 기울여야 한다는 것이다. 사회적 시장경제는 독일 헌법이나 법률에 정해진 바는 없으나 전후 독일 경제 운용의 기본을 이루어 왔으며 동서독 간「통화·경제·사회통합조약」에서는 경제체계의 기본을 사회적시장경제로 한다고 규정했다(김영찬, 2013; 2014). 보다 상세한 내용은 김

상응하는 법적 전제조건을 충족시켜야만 DM이 도입될 수 있음을 동독 측에 명확히 알린다. ② 동독 측은 통화전환의 세부조건 확정과 동독에 필요한 지원액 추정이 가능하도록 서독 측이 필요로 하는 경제·금융 자료를 제공해야 한다는 목표를 가지고 협상에 임했다. 동독 측은 이미 협상이 시작되기 전인 2월 13~14일 모드로 총리의 서독 방문 시에 ① 전문가위원회는 콜 총리와 모드로 총리 간의 회담을 반영하여 통화·경제동맹의 가능성, 여건, 일정을 협의하며, 가능하면 1990년 3월 18일 동독 총선일 이전에 가시적인 성과를 도출한다. ② 서독 측이 원하는 정확한 조건을 분석하고 동독의 경제 붕괴 방지와 구조전환을 가능하게 할 적응과정과 관련된 즉각적인 조치들을 개념화하며, 동독 주민들에게 '인간적으로' 받아들여질 수 있는 사회적 조건을 보장한다는 등의 목표를 내세웠다.

즉 동독 측이 서독 측에 요구하는 것이 더 많았다. 서독 정부는 예비협상 단계에서는 탐색에 그치고 새로 선출된 정부와 협상한다는 입장이었으나 동독 정부는 탐색과 아울러 향후 방향도 정한다는 자세였다. 이 예비협상은 본 협상에서 다루어질 내용들을 시험하는 장이 되었다.[212] 전문가위원회에서 가장 중요한 주제의 하나는 통화통합의 구체적 방식, 연방은행의 동독 지역 통화정책 관할과 관련된 문제였다.

동 위원회는 3월 13일 마지막 전체회의에서 중간보고서에 합의했다.[213] 주요 내용은 ① 양측은 동독 주민들이 고향에 머물도록 하는 중

영윤(1999); 황준성(2011); Konrad-Adenauer-Stiftung(1999) 등 참조.
212 Grosser(1998), pp. 211-212.
213 Köhler(1994), pp. 129-134.

심적인 요소가 '통화동맹, 경제공동체'의 창설이라는 데 견해를 같이 하며 이를 위해 동독은 지금까지의 국가계획경제에서 '사회적 시장경제'로 조속히 전환해야 한다. ② 특정일에 DM이 동독 마르크화를 대체하며 동시에 동독은 사회적시장경제의 도입에 필요한 법적 조건을 형성한다. ③ 사회연합에 의해 지원되는 통화동맹·경제공동체는 통일국가로 가는 결정적 걸음이라는 데 인식을 같이 한다. 그리고 ④ 이어질 본 협상에서 통화전환의 방식과 일자, DM 도입 시 독일연방은행에 대한 통화정책권한 위양 문제, 시장경제에 필요한 법적 조건의 형성, 구조개혁 및 전환기에 필요한 지원책, 동독 재정적자의 제한 등에 관해서 논의한다는 등이었다. 이미 예비협상에서 통화·경제통합의 큰 방향, 이것이 통일을 향한 징검다리라는 데 합의가 된 것이다.

본 협상과 쟁점의 합의

예비협상에서 통화통합이라는 큰 방향에 합의가 되었고 4월 25일에 본 협상으로 재개되면서 쟁점사항들에 대한 협상이 진행되었다. 협상 재개 전에 서독의 협상대표와 신임 동독 총리 및 새로 임명된 동독 측 대표단들 간에 접촉이 있기는 했지만 7월 1일 통화통합 발효를 목표로 하는 양측으로서는 상당히 시간이 촉박한 상황이었다. 기술적으로는 5월 중순에 합의가 이루어져야 7월 1일 발효가 가능했다.

본 협상의 서독 측 대표였던 티트마이어는 협상 과정 중 특히 쟁점이 되었던 분야는 ① 동서독 통화 간 전환비율의 결정, ② 동독 지역에 대한 연방은행의 통화정책권한 부여와 관리본부·지점 설립, ③ 서독의 경제관련 법제시장경제로의 구조개혁, 노동법·임금협약제도의 전면 도입과 서독 사회보장시스템의 동독 이식, ④ 재산권 문제의 명확화, ⑤ 국영기업의 민영화를 담당할 신탁관리청의 설립, ⑥ 코메콘CMEA 국가들과의 무역거래 청산, ⑦ 동독의 기존 채무 및 금융기관 신규 채무를 통독 정부로 이관하는 문제 등이었다고 회고했다.[214]

여기서 콜 총리가 2월 13~14일 모드로 총리에게 제안했던 통화동맹·경제공동체에 사회통합이 추가된 것을 확인할 수 있다. 티트마이어는 경제적 충격 완화를 위해 서독의 노동, 사회보장제도 중 일부라도 적용을 유예하려던 노력이 수포로 돌아갔다며 아쉬움을 표했다.[215]

이러한 쟁점 사항 중 연방은행과 관련된 분야는 전환비율 그리고 연방은행의 통화정책권한 확보 문제였다. 전환비율은 동독 기업의 경쟁력, 개인의 소득, 통화가치의 안정과 관련된 첨예한 문제였으며, 동독에서 연방은행에 대한 통화정책 권한 부여와 연방은행 본부·지점의 설립은 동독의 주권과 관련된 예민한 부분이었다. 티트마이어는 이 부분에 대한 서독 측의 입장을 본 협상 전, 동독에서 연정 구성 전날인 4월 11일 드메지에르 총리와의 면담에서 명확하게 언급했다고 밝혔다. 즉 신속한 통화·경제·사회통합을 위해 최선을 다하겠지만 전환비율이

---

[214] Tietmeyer, 2000b(53-54); Tietmeyer(1994), pp. 65-66.
[215] "정치적으로 사회통합이 추가되었다. 이 통화·경제·사회통합은 향후 연정을 이루게 될 정당들이 동독 유권자들에게 프로그램으로 제시했기 때문에 유권자들은 이에 따라 투표를 했다. 4월 12일 동독의 연정 합의에서 통화·경제·사회통합이 중심내용이 된 것은 놀라운 일이 아니었다. 따라서 사회통합을 일단 유보하려던 서독 측 협상단의 생각은 정치적인 이유로 처음부터 불가능했다. 사회통합이 점진적으로 이루어졌다면 후에 나타난 경제적 충격은 완충될 수 있었을 것이라는 점에서 이를 유감이라 생각한다. 높은 수준으로 발전한 서독의 노동, 사회보장법 중 적어도 일부라도 경과기간 동안 적용을 유예해보고자 했던 모든 노력은 수포로 돌아갔다(Tietmeyer, 1994, p. 66).

DM의 안정성을 훼손해서는 안 되고, 드메지에르 총리가 제안했던 동독국립은행에 대한 중간기구 intermediate station 로서의 기능 부여나 동독 측의 연방은행 최고 의사결정기구인 중앙은행위원회 참석도 불가하며, 연방은행은 베를린에 독자적인 임시관리본부와 동독 전역에 15개 정도의 지점을 필요로 한다는 것이었다. 당시 드메지에르는 이 사항을 이해 했지만 뚜렷한 반응을 보이지는 않았고 협상에서 결정하기로 이야기가 되었다.[216]

다음날인 4월 12일 동독에서 '대연정' 구성과 함께 집권 정당간에 구체적인 '연정협약'이 맺어졌다. 이 협약에서는 자유롭고 법치에 입각한 새로운 정치를 지향한다는 일반적 원칙 외에 서독으로의 편입을 통한 신속한 정치통합을 명시했다. 가능한 빠른 통화·경제·사회통합과 동독 측의 요구사항도 명기되었다. 그 주요 내용은 통화통합시의 전환비율, '인민의 기업' 부채의 삭감, 경제·금융제도 개혁, 동독에서 있었던 재산권 제약조치를 불문에 부칠 것, 사유화과정에 동독 주민의 참여, 사회적 노동과 환경보호, 연방은행 중앙은행위원회에 동독 측에 동등한 참여권을 인정할 것 등이었다.[217]

협상 쟁점 중 연방은행과 관련된 사항인 전환비율의 결정은 이 장의 뒷부분, 그리고 통화정책권한 부여에 관해서는 다음 장에서 좀 더 상세히 살펴본다.

---

216 Tietmeyer(1994), p. 75.
217 Tietmeyer(2000a).

이해관계자들은 각자의 이해를 좇아

앞서 살펴본 대로 통화통합이 이루어지기까지 정부와 정치권, 독일연방은행, 학계에서 방법, 시기, 전환비율 등을 둘러싸고 많은 논란이 있었고 그 후유증에 대해서도 오랫동안 공방이 이어졌다. Alexander는 통화통합에 즈음해 각 이해관계 당사자자들이 취했던 목표와 행동을 공공선택이론public-choice 관점에서 설명하고 있다.[218] 당시의 급변하는 환경에서 양독 정부, 노조, 산업계 등 이해관계자들이 어떻게 움직였는가, 연방은행은 어떤 입장에서 행동했는가를 살펴보면 당시의 상황 전개를 전반적인 맥락에서 이해하는 데 도움이 된다. 아울러 급변 상황에서 이해관계자들이 각자의 이해를 추구할 때 중앙은행이 처할 상황, 정책대안에 대한 시사점도 찾아볼 수 있다.

① 서독 정부: 통화통합은 서독 정부의 주도하에 이루어졌으며 경제적인 측면보다는 소련의 정정 불안과 동독 주민의 이주라는 정치적 측면이 전면에서 고려되었다. 서독 정부의 입장은 자신의 영향력을 가능한 빨리, 그리고 완전히 동독에 심는다는 것이었다. 구체적으로 콜 정부는 통일의 지원세력으로 동독 주민의 표를 얻는다는 데 관심이 있었다. 사실상 금융자산으로서의 가치가 없는 동독 마르크화를 DM으로 전환해 주겠다는 콜 총리의 발언에 힘입어 1990년 3월 동독 최초의 자유선거에서 동독기민당서독집권당인 기민당의 자매당이 주축이 된 '독일을

---

218 별도의 주가 없는 한 Alexander(1994), pp. 11-15.

위한 연대'가 '동독공산당' 원명은 독일사회주의통일당: SED의 후신인 '독일민주사회당' PDS을 누르고 예상외의 승리를 거두었다.

서독 정부의 다음 과제는 1990년 12월의 통독 후 첫 전 독일 총선에서 양독 유권자들의 지지를 얻는 것이었다. 동독 주민에 있어서는 동독 마르크화와 DM 간의 전환비율이 매우 중요했고 예금의 일정액까지 1:1을 포함한 2:1이라는 전환비율은 동독 마르크화의 구매력에 상응하지 않는 상당한 호조건이었다. 그리고 동독 주민들이 통일로 인해 겪게 될 실업 등의 대가는 고용정책이나 사회보장정책의 대응을 통해 그리 크지 않을 것으로 기대했다. 반면 서독 주민들에게는 통합으로 얻게 될 새로운 시장 등의 이익을 강조하고 통일비용은 낮게 제시하였다. 정부의 재정적자는 일과성일 것이며 세금인상은 없을 것이라고 강조했다.

② 동독 정부: 정치적인 상황으로 인해 동독 정부는 콜 정부의 이해에 관해 일정 측면에서만 자신의 독자적인 이해를 표출했다. 동독에서의 지지표를 유지하기 위해 동독 정부는 통일에 따른 동독 주민의 희생을 최소화하려 했고 여기서 우호적인 전환비율, 높은 수준의 사회·노동보장기준을 요구하였다. 그리고 동독 지역의 장기적인 이해는 동독 정치인들의 향후 정치적 입지를 감안해 그것이 서독 정부와 양립될 때만 부상되었다.

③ 서독 기업: 서독 기업에게 통화통합이란 DM을 보유한 동독 가계라는 커다란 시장의 출현을 의미했다. 이들은 자립적인 동독 기업의 유지에는 관심이 없었다. 동독 기업은 전혀 상이한 기술로 인해 서독 기업 중간제품의 수요자가 될 수 없었다. 서독 기업들은 경쟁자를 유지하

는 것보다는 동독 기업을 인수하는 쪽을 선호했다. 그리고 최소한 통독 과정 초기까지의 또 다른 관심은 값싼 양질의 노동력을 확보하는 것이었다. 장기적으로는 통일과정에서 불가피한 재정 부담을 최소화하거나 동독 지역에서 유리한 투자가능성을 찾는 것이었다.

④ 동독 기업: 통독 과정이 특별한 방식으로 이루어짐으로써 동독 기업들은 이해관계집단으로 역할을 하지 못했다. 동독 시절 국영기업 최고경영자들의 영향력은 친 공산주의라는 과거 경력으로 인해 통독 과정에서 사라져버렸다. 동독 기업을 산하에 두고 그들의 유일한 대변자가 된 신탁관리청은 사실 동독 기업의 이익대변자로서가 아니라 서독 정부 및 동독 기업 종업원의 이익을 추구하는 것을 그들의 임무로 보았다고 해야 할 것이다.

동독 기업들의 영향력이 컸다면 통화통합 전후의 제반 조치들, 즉 우호적인 전환비율, 생산성과 무관하게 높아진 임금, 고도의 사회보장제도에 따른 부담 등으로 인해 기업의 생존가능성이 희박해지며 이로 인해 대량실업이 우려된다는 점을 강조했을 것이고 통독 과정은 다른 형태를 띨 수도 있었을 것이다.

⑤ 동독 가계: 현재 및 장래의 소비를 극대화한다는 관점에서 동독 가계는 통화전환시 유리한 전환비율을 통해 DM 자산을 많게 하는 것, 즉 동독 마르크화의 고평가에 관심이 있었다고 할 수 있다. 그리고 장래의 소비가능성을 확보하기 위해서는 일자리의 유지가 중요했고 시장경제로의 이행 시 불확실성으로 인해 광범위한 사회보장시스템에 대한 요청이 높았다.

⑥ 서독 가계: 서독 가계는 동독 지역에 대한 이전지출 및 그와 관련된 조세부담을 낮은 수준에서 한시적으로 제한하는 데 관심이 있었고 이를 위해 구매력에 비례한 전환비율, 동독 지역에서도 생산성과 연계된 임금의 전개를 기대했다. 아울러 혹시라도 통독 과정에서 사회복지, 경제체제가 영향을 받지 않기를 바랐다.

⑦ 노동조합: 서독 노조의 기본적인 입장은 동독에서 해체된 동독 노조의 조합원들을 가능한 한 많이 흡수하고 서독에서는 적어도 조합원 수를 유지한다는 것이었다. 그리고 서독 지역 조합원들에게는 통독에 따른 비용이 낮게 보이도록 하고 동독 지역 노동자들에게는 유리한 전환비율 요청에 대한 지지, 가능한 완벽한 사회보장, 높은 임금인상, 고용 촉진프로그램의 확장 제시 등을 통해 노조가입을 유도하려 했다. 여기서 정부와 서독 노조의 목적이 최소한 단기적으로는 일치하고 있었음을 알 수 있고 통독 과정에서 노조의 역할이 상대적으로 소극적이었고, 혹은 있었더라도 아주 적었다는 비판에 대한 설명이 가능한 것이다.[219]

⑧ 독일연방은행: 동독의 중앙은행인 동독국립은행은 통화통합과 함께 발권은행으로서의 위치를 상실하고 분리·해체되었다. Vaubel에 의

---

[219] 동독 지역 기업에 대한 임금협상은 사실상 서독 측의 노사가 대리했다. 독일의 임금협상은 원칙적으로 산별 노조와 기업가단체 간에 이루어지는데 동독 지역에 아직 제대로 된 민간기업이 없었기 때문에 서독 지역의 기업가단체가 참여했고 막 설립된 노조 지도부에는 서독에서 파견된 노조간부들이 자리했다. 노동조합은 동독 지역에서의 노조세력 확대를 위해 가능한 근로자들에게 유리해 보이는 요구를 했다. 여기에는 임금이 인상되면 실업수당이나 연금도 올라간다는 계산과 한편으로는 동독 지역 노동자들의 서독으로의 이주와 서독 기업의 동독 이주에 따른 임금하락과 고용감소 우려도 작용했다. 기업가들 입장에서는 동독 지역에 저임지대를 만들어 경쟁자를 키울 필요가 없다는 묵시적 동의가 있었다고 비판론자들은 분석하고 있다(Sinn, 2005, pp. 291-293; Snower and Merkl, 2006, p. 375; Hankel, 1993, p. 79, 이상은 김영찬, 2010, pp. 49-50에서 재인용).

하면 독립적인 중앙은행은 무엇보다 평판과 힘을 극대화하는 것을 목적으로 한다.[220] 이를 적용하면 연방은행은 우선적으로 동독국립은행을 인수하고 독자적인 통화정책권한을 확보하는 데 관심이 있었다. 연방은행은 인플레이션에 매우 민감한 서독 주민들에게 안정지향적 통화정책을 통해서만 평판을 극대화할 수 있었다. 따라서 연방은행은 통일과정에서 유일한 통화정책기구로서의 권한 확보, 초기 인플레이션 위험의 가능한 최소화 등을 추구했다. 따라서 연방은행이 전환비율의 문제점을 지적하고 생산성 향상과 무관한 동독 지역 임금의 서독 수준으로의 급속한 접근, 공공채무의 빠른 확대에 지속적으로 경고를 보낸 것은 놀라운 일이 아니다. 그러나 연방은행의 경고가 정부나 임금협약 당사자들에 의해 간과되면서 긴축적인 인플레 억제책을 취할 수밖에 없었고 이로 인해 거의 모든 이해관계집단들로부터 비판을 받게 되었다.

---

[220] Vaubel(1992).

전환비율 결정

전환비율이란 무엇인가

일반적인 환율과 전환비율의 차이

통화통합에 있어서 동독 마르크화와 서독 마르크화 간의 교환비율은 일반적인 환율 exchange rate; Wechselkurs 이라는 용어 대신 전환비율 conversion rate; Umstellungssatz [221] 을 사용한다.[222] 한 화폐가 비가역적인 교환비율에 의해 다른 화폐로 전환됨을 뜻하기 때문이다. EMU 출범으로 독일마르크화, 프랑스 프랑화 등이 유로화로 전환될 때도 '전환비율'이라는 용어가 사용되었다.[223] 그런데 유로화 출범시의 전환비율과 동서독 통화통합 시 적용된 전환비율은 비가역적이라는 점은 동일하지

---

221 독일연방은행에 따름. Bundesbank(1990b), pp. 42–47.
222 연구자에 따라 교환비율, 전환율 등을 사용하는데 본서에서는 전환비율을 사용한다.
223 유럽중앙은행은 이를 'fixed euro conversion rates'로 표기하고 있다. 1유로에 해당하는 유로지역 회원국의 기존 화폐 가치는 독일 DEM 1.95583(Deutsche Mark), 프랑스 FrF 6.55957(French francs) 등이었다(http://www.ecb.europa.eu/euro/intro/html/index.en.html).

만 성격은 다르다고 할 수 있다. 즉 유로화와 회원국통화 간의 전환비율은 시장에서의 환율을 통해 결정되었고[224] 기존 회원국에서 사용하던 자국화 표시 급여, 예금, 채무 등의 가액이 유로화로 표기가 바뀔 뿐이라는 점에서는 화폐단위변경 redenomination 과 효과가 같다.[225] 경제정책 측면에서 환율의 거시경제 조정기능이 사라지는 것은 마찬가지지만 각 개인이나 기업의 소득·비용, 채권·채무가 직접적으로 영향을 받지는 않았다.

그러나 동서독의 경우에서와 같이 이질적인 체제 간에 시장환율의 조정을 거치지 않은 제도적,[226] 급속한 통합시의 전환비율은 개인의 소득, 기업의 경쟁력, 인플레이션, 정부의 재정부담 등 개별 경제주체나 정책당국에 통합의 초기조건으로서 커다란 영향을 미친다.[227] 플로flow, 流量 측면을 보면 개인에게는 임금, 연금 등 초기 소득수준을 결정하며, 기업에게는 인건비 부담수준을 통해 가격경쟁력에 직접적인 영향을 미치게 된다. 물론 전환 이후의 임금이 협상 등을 통해 어떻게 결정되는가가 궁극적으로는 중요하지만 초기조건으로서 여전히 의미를 갖는다.

---

[224] 물론 유럽통화제도 내의 환율조정 메카니즘(ERM)에 의해 변동 범위가 제한되었다.
[225] 이런 면에서 영어로는 conversion rate가 사용되었지만 독일어로는 환산율을 의미하는 Umrechnungskurs가 사용되었다.
[226] 제도적 통합은 시장적 기능에 의하지 않고 행정적으로 통화통합의 시기, 통합화폐, 전환비율 등을 결정하는 방식을 말한다(윤덕룡 외, 2002, pp. 116-121).
[227] 전홍택·이영섭(2002)은 "적절한 교환비율 설정은 여러 면에서 남북경제통합 과정의 경제운용에 중요한 의미를 갖는다. 첫째, 경제통합 과정 중에 인플레이션, 실업 등의 경제혼란이 불가피한데 적절한 교환비율의 설정은 이러한 혼란을 감소시켜 경제의 안정화에 기여할 수 있다. 둘째, 통합 이후 기업, 특히 북한 지역의 기업들이 부채부담 및 임금부담을 명확하게 산정하고 경쟁력을 회복하기 위해서도 적정한 교환비율 설정이 필수적이다. 셋째, 임금수준 조정에 따른 소득수준 산정에 있어서도 교환비율이 필수적이다"라고 의미를 강조하고 있다(p. 100); 황의각·장원태(1997)는 남북한 통화교환비율을 결정할 경우 물가, 북한 기업의 경쟁력, 남한에서 북한으로 부의 이전 및 남한의 재정부담을 고려해야 한다고 지적하여 다양한 영향을 미침을 설명하고 있다(pp. 232-236).

스톡stock, 貯量 측면을 보면 개인에게는 그간 축적한 현금·예금이 얼마나 새로운 화폐로 전환되는가, 즉 축적한 금융자산이 얼마나 인정되는가를 통해 전환 초기 금융자산의 규모를 결정한다. 기업에게는 부채 규모를 의미하며 이는 원리금 상환부담에 따른 가격경쟁력이나 기업의 지불능력, 존속가능성에 영향을 미친다. 중앙은행으로서는 초기 통화량 결정을 통해 인플레이션에 대응하는 중요한 근거가 된다. 정부로서는 환율의 조정기능이 사라진 상황에서 거시경제 운용의 틀을 짜는 중요한 요인이 되고 독일에서와 같이 예금과 대출부채 간에 상이한 전환비율이 설정된 경우 그에 대한 보상 등이 정부의 부담으로 작용하게 된다.

이처럼 시장의 조정을 거치지 않은 전환비율은 그 산정이 쉽지 않을 뿐 아니라, 산정 방법에 따라 다른 결과가 나오기도 한다. 이해관계자들에게 상이하게 영향을 미치기 때문에 그 결정과정에서 상당 정도의 갈등이 발생하고 타협 및 정치적 판단이 개입하게 된다. 독일에서도 정부와 연방은행 간의 갈등, 경제전문가들로부터의 비판이 있었고, 동서독 간 협상 시에 첨예한 문제가 되었다. 통일 후 25년이 지난 지금에도 전환비율을 둘러싼 논란이 지속되고 있는 것은 이 때문이다. 그러나 당시 통일로 이어지는 상황과 맞물려 경제논리 외에 정치적 고려가 상당 부분 작용할 수밖에 없었고 이것이 당시의 결정을 경제적인 잣대로만 평가할 수 없는 이유이기도 하다.

전환비율 추정 방법

동서독 간에서와 같이 경제체제가 다르고, 제대로 된 외환시장이 없어 적절한 시장환율을 결정할 수 없는 상황에서 급작스럽게 양 통화를 통합할 경우 교환비율의 산정에는 많은 어려움이 따른다.[228]

전환비율은 이론적으로 개인의 소득·소비수준의 유지를 판단하려는 구매력평가법, 기업의 경쟁력 확보를 목적으로 하는 단위비용평가법, 인플레이션 중립 유지를 목적으로 하는 화폐총량법 등에 의해 추정할 수 있다. 그런데 각 방식에서의 전환비율 산출을 위해 투입되는 사회주의 경제체제에서의 데이터를 입수하거나 활용하는 데 제약이 따른다. 또 합리적인 추정으로 전환비율이 산정되었다고 하더라도 각 경우에서의 수치가 다를 경우 결국은 어느 목적에 중점을 두고 전환비율을 결정할 것인가 하는 판단 문제에 직면하게 된다. 이것은 동서독 간 전환비율 결정에 있어서도 마찬가지였다.

동독 시절의 여러 환율: 단일환율은 당연한 것이 아니다

동독 마르크화가 외환시장에서 자유롭게 거래되어 제대로 된 시장환율이 형성되어 있었더라면 전환비율의 산정은 한층 용이했을 것이다. 그러나 동독 정부는 동독 마르크화의 국외 유출입을 엄격히 통제하고 있었고 이에 따라 공식환율과 암시장환율의 이중 환율이 존재했

---

228 김병연(2012), 김영찬(2016), pp. 89-91 참조

다. 그리고 정부 내부적으로는 대외교역 시에 좀 더 현실적인 외환수익 개념을 적용하고 있었다. 이러한 기존의 참조 가능한 여러 환율 외에 구매력평가도 전환비율의 산정을 위한 기초자료로 추정되었다.

공식환율과 환전상환율

통화통합 시까지 적용되었던 공식환율과 환전상을 통해 형성되었던 DM과 동독 마르크화 간 '환율'의 추이를 보면 〈표5〉와 같다. 동서독 간 거래에 사용되던 공식환율은 1990년 전에는 실제 돈 가치에 상관없이 1:1로 고정되어 있었다. 이는 어떤 면에서는 서독이 동독을 지원하는 방편으로 사용되었다. 그러다가 1990년 1월부터 「여행외환기금」설립에 따른 동독 여행자에 대한 평균적용환율 3:1[229]이 서방여행자에게도 공식적인 환전환율로 적용되었다.[230] 그러나 이 공식환율은 경제상황과는 상관없이 결정된 환율이었으므로 합리적인 전환비율의 근거로 삼을 수는 없었다.[231]

동독은 자국화의 반출입을 엄격히 통제하고 있었기 때문에 원칙적으로는 동독화의 시장환율이 존재할 수 없었다. 그러나 국경개방 전에도 동독으로부터의 이주자와 여행자를 통해 '불법으로' 반출된 동독 마르크화가 서베를린, 스위스의 취리히, 오스트리아 빈Wien 등의 거리시장이나 환전소에서 거래가 되고 있었다. 이를 통해 환전상환율[232]이

---

229 pp. 115–116 참조.
230 통화통합조약이 조인된 5월부터 이 환율은 스톡 전환비율에 해당하는 2:1로 조정되었다.
231 Hasse(1993), p. 31.
232 연방은행에서는 화폐시장(Sortenmarkt, currency market)이라는 제목 하에 동 환율을 설명하고 있는데 분석에서는 환전상의 매입·매도율을 사용하고 있어 환전상환율로 표현했다.

[표5] 통화통합 전후 동독 마르크/DM 환율 추이

	공식환율	환전상환율[1]	
1985년 12월	1	5.13	
1986년 12월	1	6.17	
1987년 12월	1	7.52	
1988년 12월	1	7.81	(교환액:백만DM)
1989년 6월	1	8.54	
10월	1	9.17	
11월	1	8.33	33
12월	1	7.14	26
1990년 1월	3(1월 2일)	7.04	31
2월	3	5.75	70
3월	3	5.03	80
4월	3	4.00	82
5월	2(5월 2일)	3.57	78
6월	2	2.86	

주: 베를린 환전상의 매입·매도율을 평균한 중간율이며, 매도·매입율과의 차이(환전수수료)는 환위험 등으로 인해 여타 통화의 환전에서보다 훨씬 높게 책정되어 있었다. 독일에서 일반적인 환전수수료율이 3.5% 전후인데 비해 국경 개방 직후에는 25%까지 올라간 경우도 있었다. 그리고 환전상 간의 수수료에도 많은 차이가 났었다. 원 표에서 환전상환율은 100 동독 마르크당 DM으로 표기되어 있으나 이용의 편의를 위해 역산한 수치를 제시했다.

자료: Bundesbank(1990c), p. 24를 이용하여 작성.

형성되었다. 국경개방 전에는 해외여행이 허용된 연금생활자[233]나 동독 방문 후 돌아오는 서독 주민들에 의해, 후에는 서독으로의 이주·여행이나 서방물건을 구입하려는 동독 주민들에 의해서도 동독 마르크화가 공급되었다. 수요자는 주로 동독을 여행하려는 사람들이었다. 동독을 여행하기 위해 서방여행자는 의무적으로 하루당 15DM 이상을 동

---

233 1984년부터 서독 방문 허용.

독 마르크로 환전해야 했는데 환전 시에는 공식환율이 적용되었다. 따라서, 동독 마르크를 보다 유리한 조건으로 환전하려는 여행자들과 동독화를 반출한 동독 주민들 간에 동독 마르크화 시장이 형성되었다.[234]

Zatlin은 1980년대에 동독 마르크화에 대한 암시장이 번성했다고 소개했다. 동독 주민들은 보다 많은 서방제품을 구입하기 위해 더 많은 DM을 구하고자 했고, 반대로 서방의 여행자들은 보조금으로 인해 저렴하게 가격이 매겨진 빵, 알코올 음료, 서적들을 구입하기 위해 DM을 동독 마르크로 교환하고자 했다는 것이다. 아울러 서독인들은 동독에 갈 때 선물로 DM을 가져갔으며 결과적으로 서베를린이나 프랑크푸르트의 환전소에서 동독 마르크화 환전업이 놀라울 정도로 번성했다고 설명했다.[235]

1989년 여름 오스트리아의 국경개방 이후, 서독으로의 이주를 위해 그간의 저축을 DM으로 교환하거나 서방물건을 구입하기 위한 DM수요의 증가로 동독 마르크의 환율이 많이 절하되었다. 그러나 1990년 들어 값이 싼 동독 물건을 사려는 서방여행자가 증가하고, 통화통합논의가 진전되면서 전환비율이 크게 불리하지는 않을 것이라는 사실이 알려지자 투기적인 수요까지 겹쳐 회복세를 보였다. 전환비율이 알려진 5월 2일 이후에는 통화통합조약상 비거주자에 대한 동독 마르크:DM의 전환비율인 3:1로 접근했다. 한편 1990년 들어 통화전환에 따른 이

---

234 김영찬(1995), pp. 26-27을 보완하여 작성.
235 국외반출 금지에도 불구하고 국외에서 유통되는 동독 마르크화 현금량은 상당 규모에 달했다. 동독 측은 1989년 말 기준으로 3-3.5억 동독 마르크가 서독에서, 그리고 1.5-2억 동독 마르크가 여타 사회주의 국가에서 유통되는 것으로 추정했다. 일반 동독 주민들이 1988년 중 약 8억 동독 마르크를 해외로 밀반출한 것으로 추정된다(Zatlin, 2009, pp. 173-174).

득을 노린 투기적 수요 등으로 동독화의 매입이 늘어 거래량은 많이 증가했던 것으로 나타나고 있다.

역외 환전상 혹은 암시장에서의 환율은 DM의 희소성으로 인해 높게 형성되어 있었고 동독에서 DM은 거래목적만이 아닌 투기목적으로도 사용되었다. 이와 같이 DM이 희소가치를 지니고 동독화의 반출 및 DM의 취득이 자유롭지 못했던 상황에서, 그리고 정치적인 격변기에 형성된 환시장에서의 환율을 적정한 전환비율의 기초로 삼는다는 것은 의미가 없는 일이었다. 따라서 국경개방 후의 환시장환율을 근거로 전환비율에서 동독화의 가치가 너무 높게 책정되었다고 평가하기는 어렵다는 것이 대체적인 견해였다.[236]

UN 적용환율

유엔은 동독 마르크화의 '무역환산계수'trade conversion factor를 USD에 대해 2.8 : 1로 계산하고 있었다. 동독 전문가들은 이것이 너무 고평가되어 있다고 판단하고 있었고 서독 측은 동독 마르크 : DM의 교환비율은 2:1에서 3:1이 적정수준이라고 보고 있었다. 장벽붕괴에서 통화통합협상이 이루어지던 시기의 DM:USD 환율 1.7을 적용하면 동독 마르크화와 USD와의 교환비율은 3.4:1에서 5:1이 되게 된다.[237]

---

[236] Sinn and Sinn(1993), p. 65; Bofinger(1990), p. 22; Thieme(1994), p. 8.
[237] Hasse(1993), p. 32.

외환수익개념[238]

이는 〈동독 마르크화 표시 동독의 수출액〉/〈서독에 판매할 경우 얻을 수 있는 DM표시 수익〉으로 표시되며 동독의 경제당국이 수출의 수익성 및 내부적인 전환비율의 척도로 사용하던 개념이다.[239] 〈표6〉을 보면 동 비율은 1980년 2.38:1에서 1989년에는 4.35:1로 동독화가 지속적으로 평가절하되고 있음을 알 수 있다. 앞에서 소개한 〈표1〉의 대외가치에서도 이러한 경향이 확인된다. 양 표에서 DM에 대한 비율이 동서독화의 전환비율 결정에 있어서 중요한 근거가 되어야 했으며 합의된 전환비율 1:1 혹은 2:1이 동독 마르크화에 대한 과대평가였다는 견해는 주로 여기에 근거한다.

동독 정부는 내부적으로 동 비율을 수출시 적용하고 있었던 것으로 알려지고 있으나 동 비율도 ① 동독에서 수출제품의 국내가격은 과도한 세금부과를 통해 인위적으로 높게 책정되었다. 즉 동독 마르크화 표시 금액은 경제적가치가 아닌 조세정책에 의해 영향을 받았다. ② 수출은 주로 외환을 취득하기 위한 수단으로 동독 정부에 의해 결정되었다. 수출이 시장경제에서와는 달리 매우 낮은 이익률로 행해졌다는 측면에서 전환비율로 바로 사용하는 데 한계가 있다고도 볼 수 있다.

---

[238] Devisenrentabilität, 영어로는 'foreign-exchange profitability.' Sinn and Sinn(1993), pp. 72-76; Hasse(1993), p. 31. 참조.

[239] 통화통합 당시 연방은행의 부총재로 통화통합 협상에 참여했으며 후에 연방은행 총재를 지낸 슐레징어는 이 4.4:1이라는 환율은 "연방은행은 물론 동독 주민들에게도 알려지지 않았으며 나중에야 알게 되었다"고 언급했는데 통화통합을 위한 초기 협상시기에 알게 된 것으로 보인다. 그는 이것이 서방권과의 교역에서 사용되던 최적의 환율이었다고 평가했다(슐레징거, 1990, pp. 34-35, 인용자료의 표기에 따라 슐레징거로 표기).

[표6] 동독 수출에서 100 동독 마르크 비용지출 당 평균 DM 가득액

	1980	1985	1986	1987	1989
DM(A)	42	35	28	23	23
100/A	2.38	2.86	3.57	4.35	4.35

주: 원래 표에는 (A)의 수치만 기재. 이해의 편의를 위해 100/A를 삽입하였음.
자료: DIW (Sinn and Sinn, 1993, p. 72에서 재인용).

구매력 평가[240]

여러 기관의 분석 자료를 정리한 〈표7〉을 보면 앞의 환전상환율이나 외환수익 개념상의 교환비율과 달리 양독 마르크화의 구매력평가는 거의 1:1 수준으로 나타나고 있다.[241]

물론 동독의 낮은 실질소득수준, 사치재에 대한 높은 세금부과에 따른 상품구성·상대가격의 상이, 비교대상 상품 품질수준의 차이 등으로 정확한 비교가 어려우며 동독 물가가 서독 수준으로 접근함에 따라 그 비율은 달라진다. 하지만 여러 요인을 감안해 분석한 이 자료들에 따르면 동독 주민들이 통합조약에서 합의된 「플로」나 일정저축액의 1:1전환을 통해 막대한 이득을 누렸다고 보기는 어렵다는 해석이 가능하다. 더군다나 통독 후 사회주의 체제하에서 누리던 혜택들, 즉 저렴한 집세, 공공요금, 음식료품 가격 등이 대폭 인상되고 사회보장부담금

---

240 이에 관해서는 별도의 주가 없는 한 Sinn and Sinn(1993), pp. 65~72 참조.
241 이 표에 소개된 구매력평가 분석이 발표된 시점은 통화통합 협상에서 전환비율이 합의된 이후이기 때문에 서독 정부가 내부적으로 전환비율을 산정할 때 직접 영향을 미쳤는지 여부는 확인하기 어렵다. 그러나 다음에 설명되듯이 Sarrazin이 동독 재무부와 DIW의 공동연구 결과 소비자물가 평가(parity of consumer prices)가 1:1로 추정되었다는 결과를 인용(Sarrazin, 1994, p. 184)한 것을 보면 1990년 초에 유사한 조사가 이루어진 것으로 보인다.

[표7] 동서독 간 구매력 비교표

기관		비교기준
DIW	100 동독 마르크 = 120DM	– 통독에 따른 예상 물가변동 감안 – 통독 이후 동독에서의 상품구성 기준
Ifo	100 동독 마르크 = 98DM	– 통독에 따른 예상 물가변동 – 통독 전 동독에서의 상품구성
DIW	100 동독 마르크 = 128DM	– 1990년 1월~7월간 동베를린에서의 실제 물가변동 – 통독 전 동독에서의 상품구성
공동통계청	100 동독 마르크 =97DM ≒ 102DM ≒ 109DM ≒ 127DM	– 통독 전 동독에서의 상품구성 1989년부터 1990년 7월 1990년 12월 1991년 1월 1991년 10월까지의 실제 평균 물가변동
연방은행	100 동독 마르크 = 107DM	– 통독 전 동독에서의 상품구성
연방통계청	100 동독 마르크 = 132DM ≒ 88DM ≒ 108DM	– 품질차이를 고려한 1990년 5월중의 구매력평가 동독에서의 상품구성 기준 서독에서의 상품구성 기준 기하평균

주: DIW, Ifo는 독일의 경제연구소임. 각 기관의 추정 연도는 1990년 혹은 1991년임
자료: Sinn and Sinn(1993), p. 66

이 늘어났음을 감안할 때 이러한 견해는 타당성을 갖는다고 볼 수 있다.[242]

그러나 시장에 의한 배분기능이 없었고 상대가격이나 자산가치가 재화, 용역의 희소성과는 거리가 멀게 결정되었던 동독의 상황을 감안할 때 구매력평가를 정상적인 시장환율의 기준으로 삼는 것에 대한 합리화는 주의를 요한다. 특정국의 GDP가 시장환율에 의했을 때와 구매력

---

[242] 연방은행도 생필품, 집세, 공공서비스 및 거래가 안 되는 재화의 가격이 질의 문제 때문에 직접비교는 어렵지만 동독에서 낮은 수준이었기 때문에 동독화의 구매력이 생산성 등으로 비교한 평면적인 수치보다는 높았다는 점은 인정하고 있다(Bundesbank, 1990c, p. 16).

평가로 보았을 때 많은 차이를 보이는 것을 상기할 필요가 있다.[243]

이처럼 기존의 공식환율, 암시장환율, 외환수익환율이나 구매력평가 간의 차이가 현저하게 나타나고 있고 과도기 암시장환율은 큰 변화를 보였다. 이런 상황에서 전환비율의 채택, 결정에는 어느 정도 정치적인 판단이 개입될 수밖에 없었음을 알 수 있다.

서독 정부의
전환비율 추정

1990년 1월 후반 들어 단계적 통화통합방안의 현실성이 의문시되면서 재무부는 단계적이 아닌 특정일에 동독에 DM을 도입할 경우에 대한 준비를 시작했다. 1월말에는 통합방안에 대한 기본 보고서가 만들어졌으며 통합 시에 적용할 전환비율도 시산해 보았다고 당시 보고서의 초안을 작성한 것으로 알려진 자라친Thilo Sarrazin은 기술하고 있다.[244] Sarrazin은 전환비율 산정 내용을 다음과 같이 정리하고 있다.[245]

① 취업자 1인당 실질생산으로 본 동독의 생산성은 서독의 45~60%

---

243 Hasse(1993), p. 32. 또한 전홍택 · 이영섭(2002, p. 101)은 "… 환율이 화폐의 구매력 및 경제사정을 제대로 반영하지 못하고 있음은 이미 잘 알려져 있다. 근간의 결과에 따르면 환율에 기초한 국민소득과 구매력평가에 기초한 국민소득 간에 상당한 차이가 있는 것으로 나타나고 있다"라고 지적하고 있다.

244 Sarrazin은 티트마이어의 뒤를 이은 쾰러 차관 체제에서 통화문제를 담당(Sarrazin, 1994, p. 182; Köhler, 1994, pp. 120-121; Waigel, 2015).

245 Sarrazin(1994), pp. 182-185. 한편 Sarrazin은 앞에서 소개한 10개항 안을 작성할 때 "현재 공식환율은 3:1, 여행외환기금은 100DM까지는 1:1, 초과분은 5:1, 암시장환율은 8:1-9:1, 대외무역에 적용하는 평균적인 비율은 4.4:1(동독 재무부 제공)이다"라고 기술하고 있어 당시의 여러 '환율'을 고려하고 있었음을 알 수 있다.

로 추정DIW[246] 되었는데 이를 동독취업자수8.6백만 / 서독취업자수29.7백만에 곱하여 추정하면 현재 생산성 하에서 추가적인 생산잠재력은 서독의 11.6%로 계산된다. 통화량이 이 규모로 증가하면 안정성을 해치지 않게 되는데, 이는 DM으로 표시되는 동독주민들의 가처분소득이 서독주민 가처분 소득의 11.6%가 넘지 않으면 된다는 것을 의미한다. 전환비율 1:1을 적용하고 1988년 동독주민들의 순화폐소득과 서독주민들의 가처분소득을 비교하면 12.1%가 되며 이는 위의 생산잠재력 증가와 거의 동일하게 된다.

② 전환비율을 1:1로 적용해 동독/서독의 총임금·급여 비율을 계산해보면 산업별로 33~43%로 추정되는데 이는 위의 생산성비율보다 낮으므로 총임금비용도 생산성을 다소 하회해 1:1 비율을 뒷받침한다.

③ DIW는 동독 재무부 산하 연구소와 공동 작업을 통해 구매력평가가 1 동독 마르크 = 1.07 DM이라고 추정했다. 통합과정에서 동독 주민들의 생활수준이 저하되어서는 안 되므로 1:1 비율이 적용되어야 함을 의미한다.

④ 통화량 측면에서 보면 1988년 말 동독의 현금통화량은 156억 동독 마르크로 서독 현금통화량의 10.9%, 현금 + 예금 1,672억 DMM3기준으로는 서독의 13.6%가 되는데 이것도 1:1이 적절함을 시사한다.[247]

이처럼 전환비율 이론에서 사용되는 화폐수량기준, 단위노동비용 기

---

246 통독 이전 서베를린에 위치했던 독일경제연구소(Deutsche Institute für Wirtschaftsforschung). 생산성의 원자료는 제시되어 있지 않으나 Sinn and Sinn(1993)이 동독의 취업자 1인당 생산성은 서독의 49.2%, 월평균 총임금은 33.3%로 추정하고 있는 등 다른 연구와 큰 차이는 나지 않는다(Sinn and Sinn, 1993, pp. 271-278).
247 이는 뒤 연방은행 제안의 각주에 제시된 Bofinger의 수치와 비교할 때 현금기준으로는 유사하다. 그러나 연방은행이 통화량증가율 계산 시 주지표로 이용했던 M3 기준으로는 20%로 추정되어 상이하다.

준, 구매력평가 기준으로 산출할 때, 당시 일반적으로 논의되던 3:1 ~ 5:1과는 달리 전환비율을 1:1로 적용할 근거가 생긴다고 분석했다. 그는 통독 후 상당기간이 지난 후에도 동 비율이 경제논리로 추정되었다는 주장을 폈다.[248] 당시 재무장관이었던 바이겔도 통화통합 제안을 앞둔 2월 6일의 연정 수뇌 3인의 회담준비와 관련하여 결정적인 문제의 하나가 전환비율이었는데 Sarrazin의 추정에 따라 일반적으로 논의되고 있던 5:1이 아닌 1:1이 가능할 수 있다는 근거를 얻었다고 언급했다. 이러한 정부의 내부적 입장은 3월 18일 동독에서의 최초 총선을 앞둔 서독 정치인들의 지원유세에서 직접적은 아니더라도 묵시적으로 영향을 미쳤다고 할 수 있다. 티트마이어는 동독 총선에서 서독 정치인들이 1:1을 암암리에 제시했다고 지적했다.[249]

Sarrazin의 추정에서 구매력평가나 단위노동비용·임금, 생산성 수준은 당시 기준으로 여타 연구의 추정과 별다른 차이를 보이지 않는다. 물론 구매력평가를 적정환율의 기준으로 볼 것인가, 단위노동비용 추정 시 사용한 생산성 데이터가 제대로 현실을 반영했는가는 별개의 문제이다. 또한 Sarrazin은 의도적이었건 아니었건 동독이 사용했던 외환 수익비율 4.4:1을 중시하지 않았고, 사용한 통화량 수치는 연방은행이 2:1을 제안할 때 사용한 통화량과 차이가 있다. 그는 시장환율과의 큰 괴리가 있음에도 자신이 추정한 교환비율이 합당하다고 판단했다. 아울러 그는 동 작업을 엄격한 대외비로 다루어 재무부 내 다른 부서는

---

248 Sarrazin(2011), pp. 123-124.
249 티트마이어는 선거 기간 중 동독 주민들은 서독의 여야 정치인들로부터 전반적인 1:1 전환의 인상을 받았다고 지적했다(Tietmeyer, 1994, p. 64).

물론 '통화'를 담당하는 연방은행과 협조를 통하지 않고[250] 추정했다고 기술하고 있는데 이런 주요 과정을 독자적으로 진행한 것은 추정의 적정성, 공감대 형성, 향후 시행에 있어서의 협조 등과 관련해 문제가 있었다고 판단된다.

한편 바이겔은 동독에서의 총선이 끝난 후인 1990년 3월 21일 재무부의 분석에서 동독의 생산성이 서독의 40%에 훨씬 못 미치며, 동독의 기업이나 주택부문의 부채가 1:1로 전환되면 감당이 불가능하고 임금도 1:1로 전환되면 동독 기업의 경쟁력에 부정적 영향을 미친다는 것을 확인했다고 언급했다. 그러나 임금의 1:1 전환은 경제적인 측면에서 2:1 전환과 별 차이가 없다, 즉 임금은 초기에 가격현실화에 따른 물가상승, 사회보장분담금에 따른 보상을 위해 인상될 수밖에 없을 것이라고 판단했다고 밝혔다.[251]

이러한 인식은 이어서 소개할 독일연방은행의 제안과 연결지어 볼 때 중요한 의미를 갖는다. 동독 기업의 경쟁력 유지가 장기적으로 동독 경제의 안정과 성장에 긴요한데, 1:1 전환으로 경쟁력 저하가 예상되었다면 소득수준을 보상하면서 경쟁력 있는 임금수준을 확보하는 방안을 강구하였거나 적어도 1:1 전환 후 임금이 생산성 향상분을 넘어서는 수준으로 인상되지 않도록 노력을 기울일 필요가 있었다.

---

250 Sarrazin(1994), p. 184; Sarrazin(2012), p.125.
251 Waigel(2015).

연방은행의
전환비율 제안

합리적인, 그러나 뒤늦은 제안

예비협상이 끝나고 동독과의 본 협상을 앞둔 3월 22일 콜 총리 주재로 각부 장관 및 연방은행 총재·부총재가 참석한 회의에서 전환비율에 관한 서독측의 입장 정리 및 전환방식에 관한 토론이 있었다. 동독의 선거전 과정에서 주민들의 1:1 전환 기대, 적어도 임금, 급여, 집세 등 플로 면에서의 1:1 기대는 명확해졌다. 연방은행은 동독기업의 생산성 등 경쟁력을 근거로 2:1을 제안했고 하우스만 경제장관도 이에 동조했다. 다만 사회보장분담금 도입 및 생필품에 대한 보조금 철폐에 따른 보상을 위한 임금 인상이 이루어진 후를 기준으로 하자는 제안이었다. 반면 블륌N. Blüm 노동·사회부장관은 동독의 생산성이 낮은 데 상응하여 임금을 2:1로 전환 시에는 동독 지역 근로자의 순임금 평균이 사회보조 수준에 해당되어 서독으로의 이주 요인이 될 것을 우려했다. 이에 콜 총리는 각자의 입장을 재점검할 것을 요구했다.[252]

연방은행은 이에 따라 1990년 3월 29일 중앙은행위원회의 결정을 통해 자신의 입장을 제시하였다.[253] 그러나 당시는 동독에서의 총선을 거치면서 동독 주민들이 이미 1:1 전환을 당연한 것으로 기대하고 있던 상황으로 연방은행의 '경제적 논리에 근거한' 제안이 한계를 가지고

---

252 Ludewig(2015), p. 54.
253 동 회의에는 바이겔 재무장관도 참석했다. 연방은행법에 따라 연방정부의 대표는 중앙은행위원회에 참석할 수 있으나 의결권은 없다(Bundesbank, 1990a).

있던 시점이었다.

　연방은행은 완전한 태환성을 지닌 DM의 도입으로 국제적인 경쟁에 직면하게 되는 동독 경제가 이로 인해 경쟁력이 약화되어서는 안 되며, 통화의 안정성, 즉 인플레이션 위험이 최소화되어야 하고 양독 주민들의 수용가능성이라는 사회적인 측면이 고려되어야 한다는 것을 전환비율 결정의 기본적인 고려요인으로 설정했다. 그리고 이러한 서로 모순되는 목표들을 어느 정도 충족시키기 위해 동독 마르크 : 서독 DM = 2:1의 전환비율을 기본으로 하되 개인의 예금 등 스톡 측면과 임금·연금 등 플로 측면을 구분하여 전환비율을 분리 적용할 것을 제안하고 각 경우의 고려사항을 제시하였다.

　예금은 2:1로 전환하되 개인저축은 1인당 2,000 동독 마르크까지 1:1로 전환하고 이를 상회하는 저축액이 명목적으로 반감됨을 감안하여 신탁관리청에 의한 국유자산, 이른바 「인민의 재산」의 민영화에서 지분참여가 가능하게 해줄 것을 제안하였다. 임금·연금에 관해서는 당시 동독의 가격구조가 소비재에 대한 막대한 보조금지원으로 왜곡되어 있던 점을 고려하여 이 보조금을 먼저 없애되 가격이 현실화되고 사회보장분담금 부담이 늘어나는 점을 감안하여 이를 보상하는 수준에서 임금을 조정한 후 2:1로 전환할 것을 제의했다.

　연방은행은 기본적으로 인플레이션 유발이 없어야 하며 동독기업의 경쟁력이 확보되어야 한다는 데 중점을 두었다. 주민들의 소득은 유리한 전환비율을 통한 소득의 보장보다는 인민의 자산 배분 등 자산 측면에서의 보완을 제시하였다. 즉 초기의 높은 소득 보장이 오히려 경쟁력을 떨어뜨려 실업 확대 등 중장기적으로 더 큰 부작용을 낳을 것이라고 본 것이다. 연방은행은 가격체계의 개혁 없이 전환이 이루어질 경우 차후 임금협상에서 임금-가격상승의 악순환이 발생할 상황에 대해서도 우려와 경고를 표했다.[254]

한편 연방은행의 푈 총재는 위의 제안내용을 송부하면서 콜 총리에게 그 배경 등을 설명하는 서신을 동봉했다. 주요 내용은 임금의 전환비율 2:1은 동독 기업의 경쟁력을 위해 불가피하며 동독에 DM을 도입할 경우에는 독일연방은행이 유일한 통화정책 권한을 가져야 한다는 것이었다.[255] 아울러 티트마이어 이사를 통화통합 협상기간 중 총리의 개인자문관으로 파견하는 데 동의하며 이 기간 동안 연방은행 이사직은 정지됨을 밝혔다. 티트마이어의 파견을 연방정부와 연방은행 간의 긴밀한 협조라는 측면에서 환영한다고 하면서 이는 연방은행법상 통화정책적 문제의 수행을 위해 정부에 자문한다는 의무를 충족하는 것이라고 언급했다.

연방은행의 제안내용은 전환비율 결정시 합리적인 대안으로 활용될

---

[254] 동독에서 인플레이션은 높지 않았고 유동성과잉이 위험할 정도는 아니라는 것이 일반적인 분석이었다. 그러나 통화통합으로 인해 잠재수요가 현재화될 경우 동독 지역에서의 초과수요압력이 독일 전체의 인플레 압력요인으로 작용할 소지가 있었다. 동독 지역의 적정 통화량은 통화통합 후 동독 지역의 통화유통속도가 서독의 경우와 동일하다고 가정하고 잠재 GNP의 예측에 따라 추정되었다. 노동생산성을 기준으로 한 동독의 GNP가 서독의 10-13% 수준이라는 가정에서 서독 경제에 인플레를 야기하지 않는 적정 전환비율은 서독의 주 통화지표인 M3기준으로는 1.5-2.0:1로 계산되었다. Bofinger는 연방은행이 이중 동독의 생산성이 서독의 30%라는 가정 하에 추산된 동독의 대 서독 GNP 수준 10%를 기준으로 2:1의 전환비율을 제안하였다고 설명했다. 이 경우 2,000마르크까지의 저축을 1:1로 전환해주게 되면 평균전환비율은 1.9:1이 될 것으로 시산되었다(Bofinger, 1990, pp. 27-36 참조).

[255] DM 도입에는 독일연방은행이 유일한 통화정책권한을 갖는다는 전제조건이 충족되어야 하며 이는 협상에 의해 정해질 일이 아님. 동독 금융기관에 대한 연방은행의 결정이 서독에서와 마찬가지 효력을 가지며 이 결정이 연방은행에 의해 시행될 수 있어야 함. 임시 조직으로 베를린임시관리본부와 15개의 지점이 필요하며 Gaddum 이사를 책임자로 보내려고 함(Küsters and Hofmann, 1998, pp. 1002-1003).

수 있었던 내용과 물가안정을 중시하는 중앙은행의 입장을 담고 있고, 동독과의 협상에서 연방은행의 기본 입장을 보여주고 있기 때문에 자세한 이해가 필요하다는 의미에서 전문을 소개한다.[256]

통화전환법에 대한 중앙은행위원회의 제안 전문
동독에 서독 마르크화DM를 통화로 도입하고 지불수단으로서 동독 마르크화는 폐지하자는, 동독 정부에 대한 서독 정부의 제안과 관련하여 독일연방은행은 정부로부터 국가조약의 형식으로 양독이 합의할 '전환법률' 입법을 위한 제안을 해달라는 요청을 받았다. 중앙은행위원회는 이에 따라 1990년 3월 29일 회의에서 정부에 대한 권고로서 전환법을 위한 기준Eckwerte: benchmark을 결정해 연방정부에 전달했다. 중앙은행위원회의 결의사항은 뒤에 정리되어 있다. 붙임의 내용은 광범위한 토론을 요약한 결과이므로, 이미 연방정부에 전달한 바와 같이 다음의 설명을 덧붙이기로 한다.
연방정부에 대한 권고에서 중앙은행위원회는 무엇보다도, 동독에 DM을 도입함으로써 동독 경제의 경쟁력이 약화되어서는 안 되며, 가능하면 강화되어야 한다는 점에 유의했다. DM도입으로 동독에서도 완전히 태환성 있는 화폐가 통용되며 모든 산업국가들과의 경쟁에 노출되기 때문이다. 동시에 전환에서는 사회적인 측면도 고려되어야 하며 연방은행의 입장에서는 무엇보다 앞으로도 DM의 안정적인

---

256 Bundesbank(1990a) ; 주독 한국대사관 편, 1993, 『동서독 화폐통합』, pp. 198-201의 전문도 참고 가능. 다만 동 제안을 의결한 연방은행의 최고 의사결정기관인 '중앙은행위원회(Zentralbankrat)'를 '중앙은행 자문위원회'로 번역한 것에는 유의할 필요가 있다.

유지를 보장해야 한다.

현재의 상황에서는 현실적인 환율을 기반으로 전환비율을 추정해낼 수가 없다. DM은 현재 동독에서 공식적으로 4.4:1, 3:1, 2.4:1 등으로 환산되고 있고, 중요하지 않은 상황에서는 1:1로 환산되기도 한다.[257] 1:1비율에 의한 전환은 사실상 대부분의 기업이 국제경쟁에서 지탱할 수 없는 채무와 비용 수준으로 내몰 것이다. 동독 자신도 전문가위원회 회의예비협상에서 기업의 채무에 대해서는 2:1 혹은 2.5:1을 제안했었다. 그러나 주택자금채무와 국가채무도 1:1로 전환된다면 동독은 DM표시 원리금 상환부담을 감당할 수가 없을 것이다.

동독 금융기관의 자산이 2:1로 전환되고, 대변, 즉 은행예금과 유통현금이 1:1로 전환된다면, 동독 은행들이 1:1로 전환된 부채항목에 대해 이자를 지급할 수 있도록 금융기관에 대해 국가가 500~1,000억 DM의 평형청구권을 제공하고 시장금리를 지불해야 할 것이다. 향후 동독 국가채무의 전개는 지금부터 매우 심각하게 인식되어야 한다.

연방은행은 현금과 예금의 2:1 전환은 무리가 없다고 생각한다. 현재 동독 마르크의 DM에 대한 값어치가 1:1에 근접하지 못하기 때문이다. 더욱이 은행예금에 대한 2:1 교환은 동독 주민들의 저축을 '실질적으로' 상당 정도 절상시켜주는 것으로 예금주들은 많은 물품을 지금까지보다 싸게 혹은 고품질의 것을 살 수 있음을 의미한다. 특별한 사회적인 측면을 감안해 연방은행은 동독의 모든 주민들이 2,000

---

[257] 「여행외환기금」을 통한 100 동독 마르크까지의 환전 등에 적용.

동독 마르크를 DM과 1:1의 비율로 교환할 수 있도록 할 것을 제안한다. 이는 4인 가족은 8,000 동독 마르크까지 1:1로 교환함을 의미한다. 이러한 특별규정을 통해 동독 대부분 예금주들의 저축 전액이 1:1로 전환 될 것이다. 연방은행은 이러한 예외적 적용을 통화정책적으로 감당할 수 있을 것으로 판단한다. 동독 주민들은 전환 후에 바로 그들의 DM계좌상의 모든 금액을 사용할 수가 있게 될 것이다. 연방은행은 동독의 금융기관들이 서독에서와 마찬가지로, 저축자들에게 상대적으로 높은 금리를 제공하는 장기 예금상품을 제공할 수 있을 것이라고 기대한다. 이밖에 전환으로 인해 동독 예금자들의 명목적으로 재산이 줄어든 데 대한 보상으로 이른바 인민의 자산국유재산에 대한 증권화된 지분권을 제공할 것을 권유한다.

동독 경제의 경쟁력을 위해 결정적으로 중요한 것은 노동협약, 연금청구권, 임대차관계 등에 의한 플로상의 의무를 어떻게 전환할 것인가이다. 동독에는 현재 완전히 비현실적인 가격-비용구조가 형성되어 있기 때문에 이는 더욱 어려운 문제이다. 소비재에 대한 연간 500억 마르크 혹은 전체 소비지출의 1/3에 달하는 국가보조금에 의한 심각한 왜곡을 화폐전환 이전에 폐지하고 가격인상을 용인할 것인가 하는 문제가 제기된다. 이에 대해서는 지금까지의 동독 측 의견을 포함해 많은 이들이 동조하고 있으며 그렇게 될 경우 임금과 연금도 인상되어야 한다. 그러나 이렇게 높아진 임금수준이 1:1로 전환되면 이미 취약한 동독의 경쟁력이 더욱 약화될 것이다. 따라서 임금과 연금이 조정된 후에는 2:1의 전환비율이 바람직하다. 이 경우 현재의 명목가치가 절반으로 줄어드는 – 연방은행이 보기에 수용이 불가능한[258] – 것이 아니라 DM 도입 후의 실질 임금은 종전보다 높아지게 될 것이다.

전환 후에 동독의 기업과 지자체는 근로자 및 그 대표자와 새로운 임금협약에 관해 협상해야 한다. 그러나 임금이 1:1로 전환되고, 비현실적인 가격구조가 통화통합 후에야 시정된다면, 가격이 급등하게 되고 이는 물가-임금상승의 악순환을 야기할 위험이 있다. 연방은행은 이 위험에 대해 통화가치의 안정이라는 기본적 책임을 다하기 위해 처음부터 주의를 기울이고 이를 방지해야 한다.[259]

중앙은행위원회의 결의 사항

동서독 간의 정치적 통일 의도와 그 맥락에서 예정되어 있는 동독에 대한 DM 통화영역의 확장과 관련하여 중앙은행위원회는 동독과의 국가조약에서 다음 제1항, 제3-6항은 필수사항으로, 제2항은 추천 사항으로 반영되어야 한다고 제안한다.

제1항, 전환일 현재 동독 마르크로 표시된 채무관계진행 중인 거래상의 의무를 포함한다는 2 동독 마르크:1DM으로 전환한다. 다만 예외적으로 자연인의 은행예금이 예금에 예치되는 현금 포함에 대해

---

258 사실 명목임금이 그대로 2:1로 전환이 될 경우 동독 근로자들의 임금은 서독의 1/6 정도로 단일 국가 내에서 수용하기 어려운 수준으로 이해되었다.
259 이는 물가상승, 임금인상의 악순환이 우려될 경우 금리를 인상할 수밖에 없다는 것을 경고한 것으로 해석할 수 있다.

서는 동독 주민 1인당 2,000마르크까지 1:1로 전환한다. 전환 후에 은행권은 자유로이 인출할 수 있다.[260]

제2항, 1인당 2,000DM이 넘는 개인예금이 불가피하게 삭감됨을 감안하여 서독 정부는 동독과의 협상에서 동독의 예금주들이 신탁관리청의 재산이나 민영화되는 재산에 참여가 보장될 수 있도록 영향력을 발휘해야 한다.

제3항, 국가조약은 동독의 통화정책지역에서는 독일연방은행법과 연방은행이 정한 규정만이 적용되도록 보장해야 한다. 여기에는 중앙은행위원회의 통화정책 결정이 동독에서도 시행되는 것을 포함한다.

제4항, 독일연방은행은 책무의 수행을 위해 동독 지역에 베를린에 임시 관리본부와 15개의 지점을 설치해야 한다.

제5항, 서독의 은행법이 동독에 도입되며 서독 및 외국 금융기관의 지점 설치가 보장되어야 한다. 금리규제 및 외환거래 제한규정은 폐지되어야 한다.

제6항, 동독에서 공공부문의 차입은 제한한다.

제안에 대한 반향

연방은행의 2:1을 기조로 하는 제안내용이 알려지면서 직전에 있었던 동독의 총선 기간 중 정치가들의 시사로 1:1전환을 기대하고 있

---

[260] 동서독에서 통화개혁 당시 특정 금액 이상은 인출을 제한했던 것을 염두에 두었던 것으로 보인다(pp. 40-67 참조).

던 동독 주민들로부터 "1:1이 아니면 우리는 하나가 될 수 없다"는 등의 구호와 함께 총파업 위협 등 거센 항의가 이어졌다.[261] 그중에서도 문제가 되었던 것은 임금, 연금 등 「플로」금액이 절반으로 줄어든다는 것이었다. 서독 측에서 사민당의 라퐁텐Oskar Lafontaine은 콜 총리가 '선거용 거짓말'을 했다고, 연정의 한 축인 자민당의 람스도르프Otto Graf Lambsdorff는 '약속위반'이라고 비판했다. 물론 콜 총리나 정부 당국자가 명시적으로 무제한 1:1을 약속한 일은 없었고 연방은행이 이러한 제안을 할 것이라는 것도 예견된 상황이었다.[262] 그러나 사실상 1:1이 불가피한 상황에서 나온 연방은행의 '합리적 제안'은 거센 저항에 부딪혔다. 연방은행이 2:1 전환의 전제조건으로 제시했던 보조금 철폐 등에 따른 보상적인 임금인상 제안은 묻혀버리고 2:1이라는 비율만이 전면에 부각되었다.

연방은행의 전환비율 제안을 당시 독일 언론들은 '올바른 경로'Frankfurter Allgemeine Zeitung, 1990. 4. 2, '잠복한 인플레이션과 사회적 문제 간의 줄타기' Die Welt, 1990. 4. 2, '통화통합, 연방은행의 검사대에 오르다' Süddeutsche Zeitung, 1990. 3. 27, '좌절된 희망' Frankfurter Rundschau, 1990. 3. 31 등 찬·반, 혹은 중립적인 제목으로 보도했으며 영국의 Independent1990. 4. 2지는 '연방은행의 반격'이라고도 표현했다.

디 차이트Die Zeit지는 특집기사에서 연방은행의 제안내용을 적용할

---

[261] 1990년 4월 5일 2:1 전환비율에 반대하는 시위가 동독 전역에서 10만 명 이상이 참가한 가운데 열렸을 때 등장한 구호(Der Fischer Weltalmanach, 1990, Eins zu eins, oder wir werden niemals eins, p. 247; Tietmeyer, 1992, p. 3). 티트마이어는 서독의 유력 정치가가 '약속위반'이라고 한 말이 상황을 가열시켰다고 언급했다(Tietmeyer, 1994, p. 64).

[262] Grosser(1998), pp. 251-252.

경우 동독 주민들의 소득이 생계비 수준 이하로 떨어지고 금융자산도 최저 교환한도에 불과하다는 등으로 항목별로 비판하기도 하였다.[263] 슈피겔Spiegel지는 이를 연방은행의 2:1 쿠데타라고 표현하면서 경제적 이성과 정치적 이해관계가 얽히면서 통화통합을 둘러싼 갈등이 정점에 달했다고 보도했다. 동서독 의회, 은행가, 통화전문가, 기업가, 각 협회의 대표들이 증시에서처럼 큰 소리로 의견을 내세웠으며 연방은행의 제안이 공개되고 나서 동독에서는 빈곤화에 대한 두려움, 서독에서는 인플레 우려가 교차하면서 통일의 감동이 격렬한 대립으로 변모되었다고 전했다.[264] 이는 연방은행의 제안에 대한 반향이 얼마나 컸는지, 급속한 통화통합에서 전환비율 결정이 얼마나 중요한지를 보여주는 사례라고 할 수 있다.

연방은행의 제안은 경쟁력, 물가안정, 동독 주민들의 사회적 측면에 대한 배려 등에서 합리적이었다고 할 수 있다. 그러나 정치적 과정이 상당 정도 진행된 후에는 경제적으로 합리적인 논리도 역부족이라는 점도 보여준다. 통화통합, 전환비율이 구상되던 초기에 정부와 연방은행, 정치권 등 정책당국자들 간의 사전 협의 부족이 피할 수 있었던 마찰을 야기했으며, 중앙은행으로서는 정책 결정 초기에 자신의 논지를 설득력 있게 설파하는 것이 중요함을 시사한다.

---

263 Die Zeit(1990c); DIW의 Hoffmann 소장은 Die Zeit지와의 인터뷰에서 임금을 2:1로 하게 되면 동독 근로자들은 서독의 사회부조대상자가 되며 저축에 대해 불리한 비율을 적용할 이유가 없다고 평했다(Die Zeit, 1990b).
264 Spiegel(1990), p. 16.

전환비율 협상과 합의:
경제, 정치논리 그리고 감성

예비협상격인 전문가위원회에서 특정일에 통화통합을 시행하며, 전환방식에 관한 구체적 방식과 일자, 연방은행에 대한 통화정책 위양 문제는 본협상에서 논의한다는 합의가 있었다. 이에 따라 본협상에서 전환비율이 집중적으로 논의되고 합의되었으며 그 과정에서 동독 연정의 전환비율에 대한 입장 정리, 서독 내부의 의견 조율, 동서독 간에 치열한 협상이 있었다.

협상에 참여했던 서독 측의 클렘Peter Klemm 재무차관은 어떤 일이 있더라도 동독 주민의 생활수준 저하는 피해야 한다는 공감대하에서 협상이 진행되었다고 밝혔다.[265] 전환비율의 결정에 관한 논의를 관철한 기준은 ① 어떤 경우에도 화폐의 전환으로 인해 동독 주민들의 생활수준이 더 나빠져서는 안된다사회정책적 기준, ② 물가수준의 중립성이 유지될 수 있어야 한다통화정책적 기준, ③ 화폐의 교환 후에 동독 기업들의 경쟁력을 유지할 수 있어야 한다산업정책적 기준는 것이었다. 서로 다른 정책적 목표를 반영하고 있는 이 기준들은 동시에 충족되기 어려운 상호 배치되는 관계를 보여준다.[266] 이것은 협상의 진행이 쉽지 않고, 어느 정도는 정치적 타협이 불가피함을 예견케 하는 것이다.

---

265 Klemm(1994), pp. 135-136.
266 윤덕룡 외(2002), pp. 122-123.

본 협상의 서독 측 대표로 임명된 티트마이어는 앞서 언급한 대로 4월 11일에 총리지명자 드메지에르와 첫 접촉을 갖고, DM의 안정성을 훼손하는 방안은 받아들일 수 없다는 입장을 전달했다. 4월 13일에는 동독의 협상대표 예정자인 크라우제 등과의 면담에서 그간 입수한 동독 전체 금융부문의 대차대조표를 보았을 때 예금의 1:1, 부채의 2:1 전환은 통화량을 과다하게 증가시키고 그 차이에 대한 보상을 위해 막대한 평형청구권이 발생할 것임을 설명했다.

그러나 동독 측으로서는 연정협약에서 이미 1:1 전환비율과 기업부채 삭감을 합의해 놓았기 때문에 운신의 폭이 좁은 상황이었다. 동독 측은 현금·예금의 전액 1:1 전환, 기업부채의 포괄적인 삭감은 관철이 어려울 것으로 예상했을 수도 있다. 다만 선거 유세과정 중 많은 서독 정치가들의 언급도 있어서 동독주민들이 1:1 전환 기대를 가지고 있다며 특히 소액저축자들에게 1:1 전환이 되지 않을 경우 직면하게 될 문제를 설명했다. 그리고 플로, 특히 임금·급여는 1:1 전환을 포기할 수 없다고 강조했는데 이는 서독의 많은 정치가들이 수용하고 있는 부분이기도 했다. 서독 대표단은 이 경우 경쟁력의 약화가 불가피하다며 재고를 요청했으나 크라우제 등은 연정 구성 시 확정된 합의이며 동독으로서는 가장 중요한 의미를 갖는 것이라는 입장을 명확히 했다.

티트마이어는 이후 며칠간 서독 정치가들에게 면담결과를 설명하고 논의하는 과정에서 많은 정치가들이 동독 측의 주장을 이해하면서 1:1 전환을 당연시하고 다른 해법을 거의 상상하지 않고 있음을 확인했다. 연방은행 중앙은행위원회가 제안한 임금 등 플로를 2:1로 전환하자는

제안은 거의 관철이 불가능할 것으로 예견되었다.[267]

동독의 초대 민선총리인 드메지에르는 4월 19일 정부 취임에 즈음한 국정연설에서 "DM의 동독 도입에 있어 임금·연금, 저축은 1:1로 전환되어야 하며, 전환비율은 동독 주민들이 서독의 2등 시민이라는 느낌을 갖지 않도록 하는 조건으로 합의해야 한다. 아울러 통화·경제·사회통합은 분리될 수 없는 단위로 동시에 이루어져야 한다"고 주장했다.[268]

본 협상 첫 회의(4월 25일, 27일)에서는 통합조약에 사회통합의 포함 여부가 주 이슈가 되고 전환비율에 대한 구체적인 언급은 없었다. 서독 측은 4월 30일에 있을 다음 회담을 하루 앞두고 티트마이어, 연방은행의 슐레징어 부총재, 재무·경제·노동부 차관이 참석한 회동에서 전환비율에 관해 심도 있게 논의했다. 연방은행 측의 티트마이어와 슐레징어는 예금·부채를 기본적으로 2:1로, 일정 한도까지는 1:1 전환을 주장했는데 다른 참석자들은 1:1 전환금액이 중앙은행위원회가 제안한 2,000마르크보다는 훨씬 커야 관철이 가능하다는 견해였다. 임금·연금 등 플로에 대한 연방은행의 2:1 제안에 대해 정부 측 대표들은 이해는 하지만 동독에서의 반대나 서독 여야 정치인들의 공개적인 발언을 고려했을 때 1:1 이외의 다른 안은 비현실적이라고 판단했다. 티트마이어와 슐레징어는 동독의 기대, 서독의 정치적 분위기상 임금에 대한 1:1 이외의 안은 실현이 불가능하다는 인식 하에 임금과 연금을 최소한 1990년 1월 1일 기준으로 소급 적용하자고 제안했다. 1990년 첫 몇

---

267 Tietmeyer(1994), pp. 68–71.
268 Jarausch and Gransow(1994), pp. 140–142.

달 동안 동독 지역에서 임금이 빠르게 오르고 있었기 때문이었다. 그러나 이 제안은 기술적인 문제 등으로 받아들여지지 않았다.[269]

4월 30일~5월 1일간 서독 본에서 열린 회의에서 동독 측은 일인당 1:1 전환액을 연령별로 4,000~6,000마르크까지 인정해주면 일반적인 2:1 전환비율은 양해할 의사가 있음을 시사하면서 나머지 2:1 전환분에 대해서는 예금자들에게 인민의 재산에 대한 문서화된 지분권을 제공하자고 제안했다. 그러나 임금·급여, 연금 등 플로는 1:1을 포기할 수 없음을 재차 분명히 했다.

동독 측이 고령층에 예금의 더 많은 우대전환을 주장한 것은 초인플레이션, 통화개혁으로 금융저축의 상실을 경험한 이들에 대한 보상과 대비를 해주어야 한다는 것이었다. 드메지에르 총리는 "저축과 여타 자산에 대한 전환비율을 놓고 논란이 벌어졌다. 서독 정부는 기초자산 성격으로 개인당 4,000 동독 마르크까지를 4,000DM으로 1:1로 바꿔주겠다고 제안했다. 우리는 이를 두고 끈질긴 협상을 했다. 우리는 연금 수령세대가 어린이나 아기들보다는 낫게 대비할 수 있기를 바랐다. 그래서 14세까지는 2,000, 연금생활자는 6,000동독 마르크를 1:1로 전환하는 것으로 합의가 되었다. 나는 당시 총리실에서 7,500통의 편지를 받았다. 모두가 탄원서였다. 내용을 보면, '나는 1912년에 태어났다. 1차 대전을 겪었고 1920년대의 초인플레이션도 겪었다. 나치시대, 공습에서 살아남았다. 그런데 1948년에 통화개혁으로 예금이 10:1로 줄었다. 이제 다시 내 노후를 위해 저금한 것을 다시 빼앗아 간다고?'라는 내용

---

[269] Tietmeyer(1994), pp. 75-79.

도 있었다"고 술회했다.[270]

임금의 1:1 전환을 고수한 가장 기본적인 요인은 2:1로 전환할 경우 서독에 비해 동독 주민들의 상대적인 임금수준이 너무 낮아진다는 사실 때문이었다. 드메지에르는 임금·연금과 관련해 "전환비율의 결정은 정치적 결정이었다. 우리는 이를 통해 동독 주민들의 이주를 막으려 했다. 다른 비율의 적용은 불가능했다. 동독 주민들의 평균소득은 서독의 40%였다. 만약 이 소득을 2:1 혹은 많은 이들이 이야기했던 4:1로 적용하게 되면 동독의 노동자는 서독 노동자의 1/5, 1/10을 월급으로 가져가게 되는 것이다. 동독에서의 연금은 평균적으로 270~300마르크였다. 우리는 연금생활자가 생활비를 얼마나 필요로 하는지를 당시의 상품바구니 계산을 통해 시산해 보고 동독의 가격이 자유화되면 한 달에 최소 495DM은 필요하다는 결론을 내렸다"고 회고록에서 밝혔다.[271] 드메지에르의 협상 회고를 보면, 전환비율을 경제적으로만 접근할 수 없던 당시의 상황을 이해할 수가 있다.

5월 1일 저녁, 서독 측 입장 정리를 위해 열린 콜 총리 주재하의 연정 회의에서 스톡에 대해서는 2:1을 기본으로 하되 1:1 우대전환은 동독의 요구를 받아들여 연령별로 2,000, 4,000, 6,000동독 마르크를 적용하기로 하였다. 임금에 대한 1:1 비율을 1990년 1월 1일자로 소급하자는 제안은 앞서 말한대로 기술적인 문제, 설득의 어려움 등으로 채택이 되지 않고 5월 1일로 양해가 되었다.[272] 이를 반영하여 통합조약에

---

270 Stuhler(2010), p. 100.
271 de Maizière(2010), p. 256.
272 Tietmeyer(1994), pp. 84-86.

임금·급여의 전환은 5월 1일 현재의 임금협약을 기준으로 한다는 내용이 명시되었다. 이는 전환일까지 또 따른 임금 등의 인상을 피하자는 목적이었다. 앞서 언급한 대로 통화통합 조약에서 임금은 5월 1일자 협약에 의한 것을 적용하는 것으로 명시되었다. 연방은행으로서는 협상에서 최선을 다한 셈이었다. 이 서독 정부의 조정안은 그날 밤 동독 측 대표인 크라우제에게 전달되었고 5월 2일 동독 내각은 이에 대한 원칙적인 동의를 통보했다. 같은 날 동서독은 통화·경제·사회통합의 7월 1일 발효와 전환비율을 발표했다.

[표8] 전환비율 요약

	대상		전환비율
플로	임금, 연금, 전세		1:1
스톡	기업 개인의 금융 자산 및 부채		2:1
	이중 개인저축에 대해서		
	1976년 7월 1일 이후 출생자(14세 이하)	2,000 동독 마르크까지	1:1
	1931년 7월 2일~1976년 7월 1일 출생자(15-59세)	4,000 "	1:1
	1931년 7월 2일 이전 출생자(60세 이상)	6,000 "	1:1
	위 금액을 초과하는 저축 및 현금		2:1
	동독 지역에 거주하지 않는 개인 기업보유 동독 마르크화		3:1

자료: Bundesbank(1990b), pp. 40-42의 요약.

전환비율은 〈표8〉과 같이 플로, 스톡, 그리고 비거주자에 대해 다르게 적용되었다. 플로에는 1:1이 적용되었고, 스톡에 대해서는 2:1을 기본비율로 전환하되 예금의 1:1 우대전환 한도는 연방은행이 제안했던 1인당 2,000마르크보다 높은 2,000~6,000마르크까지로 연령별로 차등이 두어졌다. 비거주자에게는 3:1이 적용되었다.

[표9] 동독 금융기관의 연결 대차대조표(1990년 5월말 현재)

자산	동독화	10억DM	부채	동독화	10억DM
1. 국내여신	397.4	180.7	1. 국내예금(금융기관제외)	249.9	156.6
(기업)	(231.7)	(115.8)	(기업)	(57.0)	(27.8)
(주택건축)	(102.6)	(51.3)	(개인)	(182.1)	(123.4)
			(이중 거주자)	(165.6)	(115.2)
2. 대외채권	45.0	36.3	2. 대외채무	152.5	55.6
			환율보정분	96.4	–
3. 지분	1.1	1.1	3. 화폐발행액	13.6	6.8
			(금융기관시재제외)		
			4. 적립금 등	23.4	23.4
4. 기타자산	3.1	1.5	5. 기타부채	7.2	3.6
소 계	446.6	219.6	소 계	446.6	246.0
평형청구권(자산)	–	26.4	평형청구권(부채)	–	–
총 계	446.6	246.0	총 계	446.6	246.0

자료: Bundesbank(1990c), p. 25.

합의된 전환비율을 적용하여 1990년 5월말 현재 동독 금융기관의 연결대차대조표를 작성한 결과 전체적인 평균전환비율은 1.8:1[273]로 계산되었다〈표9〉. 연방은행은 이것이 자신이 제안했던 2:1개인저축 2,000동독 마르크까지 1:1 전환 감안 시 1.9:1에서 크게 벗어나지 않는 것으로 평가했다.[274] 한편 예금에 대한 평균전환비율은 1.4:1인 것으로 계산되어 이로 인한 금융기관의 자산부족분 264억 DM이 평형청구권으로 계상되었다. 즉 금융기관의 자산인 기업 등에 대한 대출은 2:1로 전환이 되었지만 부

---

[273] 평균 전환비율 1.82:1 = (동독화 표시 총액 446.6) / (DM표시총액 246.0) 예금 전환비율 1.44:1 = 1,656/1,152 (본문 〈표 9〉 상의 동독 거주자 개인예금)
[274] Bundesbank(1990c), p. 17.

채 쪽의 예금은 1.4:1로 전환이 되었기 때문에 자산 쪽의 금액이 적게 나타나게 되었다. 동 평형청구권에 대해서는 시장금리가 지급되고 연방은행을 통한 리파이낸싱에 사용이 가능하도록 되어 초기 동독 지역 은행들의 안정적인 자금 확보에 적지 않은 역할을 하게 되었다.[275]

결과적으로 플로의 경우 경쟁력보다는 동독 주민들의 초기 소득에 중점이 두어졌고 이는 후에 임금상승과 맞물려 동독 기업의 붕괴, 실업증가를 가져오는 주요인의 하나로 비판을 받게 되었다. 스톡에 대해서는 통화량 증가와 관련된 자산·부채, 연령별, 거주자·비거주자 간에 차등이 두어짐으로써 평형청구권을 통한 정부의 부담이 발생하고, 개인·기업이 보유한 예금, 청구권 등에 상이한 전환비율이 적용되어 악용의 여지도 발생하게 되었다.

전환비율 결정을
어떻게 볼 것인가

동서독 간 통화·경제·사회통합에서 가장 많은 논란의 대상이 된 것은 전환비율일 것이다. 이 문제는 전환비율 자체 특히 임금에 대한 1:1 적용, 비율 결정 후의 급격한 임금인상과 전환비율 결정의 절차적인 부분으로 나누어볼 수 있다.

먼저 비율 자체와 관련해 아직도 비판의 대상이 되고 있는 것은 임금

---

275 pp. 229-232 참조. 이자는 FIBOR, 1995년 7월 1일부터 액면가의 2.5%씩 40년 분할상환.

에 대한 1:1 적용이다. 티트마이어는 스톡에 대한 전환비율이 연방은행이 당초 제안했던 2:1과 유사한 1.8:1로 인플레이션 억제의 목적은 거뒀지만 임금이 1:1로 전환되면서 경쟁력을 훼손하는 위험을 수반한 타협안이 되었다고 평했다.[276] 동독 주민들의 소득과 금융자산의 가치보전을 주장한 동독 측의 입장과 동독 주민들의 이주를 억제하고 통독이라는 기회를 살려야 한다는 서독의 의중이 작용한 결과였다. 통독 초기 동독 지역 생산 붕괴에는 코메콘의 붕괴, 낙후된 설비 등 복합적인 요인들이 영향을 미쳤지만 1:1 전환과 뒤이은 급격한 임금인상으로 동독 기업들이 가격경쟁력을 상실한 것이 주요인이라는 것은 명백한 사실이다. 동독 주민 개인들에게 우선적으로는 유리해 보이는 결정이었지만 이는 결국 기업의 파산, 대량 실업으로 이어지면서 주민들에게 불리하게 작용한 결과가 되었다. 티트마이어는 통독 10년을 회고하는 연설문의 제목을 "동서독 간 1:1 통합은 문제였다"[277]라고 달았다.

당시 연방은행의 총재였던 푈은 급속한 통합, 1:1 전환비율에 지속적으로 비판적인 입장을 견지했다. 그는 1991년 3월 19일 유럽의회의 경제 및 통화위원회에서 "우리는 DM을 아무런 준비 없이, 조정의 가능성 없이 도입했으며 그 전환비율 또한 잘못되었다… 그 결과는 보는 바와 같이 파국이다."[278]라고 말했다. 그는 발언 후 얼마 지나지 않은 1991년 5월 16일 개인적인 이유로 중도 사임을 발표하면서 "동독 지역에 대한 DM의 도입은 연방은행으로서 특별한 도전이었으며 몇 가지

---

276 Tietmeyer(2000a), p. 11.
277 Tietmeyer(2000b).
278 Pöhl(1991a).

경제적인 측면에서 문제가 있었음에도 불구하고 연방은행은 처음부터 정부의 결정을 충실히 지원하였으며 앞으로도 그렇게 할 것이다. 그리고 DM의 도입이라는 현금공급 측면에서, 통화정책적으로 매우 어려운 과제는 성공적으로 달성되었다"고 말했다.[279] 2004년에는 "1990년 동독 마르크화와 DM의 1:1 전환이 오늘날에 보아도 잘못되었다고 생각하는가?"라는 질문에 그는 "그렇다. 그것이 경제적으로 치명적인 결정이었다는 데에는 의심의 여지가 없다"고 답했다.[280] 그는 2014년 사망 직전까지도 비판적 입장을 거두지 않았다.[281]

[표10] 통독 직후 동독 지역의 임금상승 추이

	90.3분기(A)	90.4분기	91.1분기	91.2분기(B)	상승률(%)[1]
협약임금(DM)[2]	9.75	10.57	11.64	12.85	32
생계비지수(1989=100)[3]	95.3	98.5	107.0	109.0	14

주:1) B/A, 2) 임금협약상 시간당 임금(단축노동자 제외), 3)전 근로자가계.
자료: Franz(1991), p. 576.

임금에 대한 전환비율 1:1 적용 후의 더 큰 문제는 연방은행이 전환비율 제안에서 우려한 대로 임금협상에서 서독 수준으로의 수렴이 합의되면서 동독의 임금이 급격히 상승하기 시작했다는 점이다〈표10〉. 통

---

279 Pöhl(1991b).
280 Die Welt(2004b).
281 독일의 경제일간지 Handelsblatt(2014. 12. 1)는 '고독한 경고자'라는 제목의 필 총재 85세 생일 기사에서 "그는 1991년 임기를 4년 남겨두고 중도 사퇴했으며 후에 '나는 통일의 방식에 좌절했다. 중앙은행은 정치의 수단이 되어서는 안 된다'라고 언급했다. 85세 생일에 그는 '당시의 교환비율은 분명히 경제적 현실에 합당하지 않았다'고 비판적인 입장을 견지했다"고 썼다.

독 직후 동독의 단위노동비용은 특히 제조업이 서독을 42.9%나 상회하는 등 가격경쟁력이 심각하게 악화되었다[282]〈그림11〉. 슐레징어는 "전환비율에서 가장 중요한 것은 임금과 연금의 전환이었다. 이는 1:1로 결정이 되었는데 이는 협상 당시로 보면 아주 잘못된 것은 아니었다. 그러나 통화통합 조약이 발효되기 전에, 그리고 DM이 도입되자마자 동독에서의 명목임금이 오르기 시작했다. 따라서 통합 후 동독의 단위노동비용은 서독을 상당 폭 상회하게 되었다"고 지적했다.[283] 연방은행은 임금-물가상승의 악순환을 우려해 인상 자제를 지속적으로 요구했고 이는 뒤에서 다룰 통독 후 금리인상의 주요인이 된다.

[그림11] 동서독의 급여·생산성·단위노동비용 비율 추이(%)

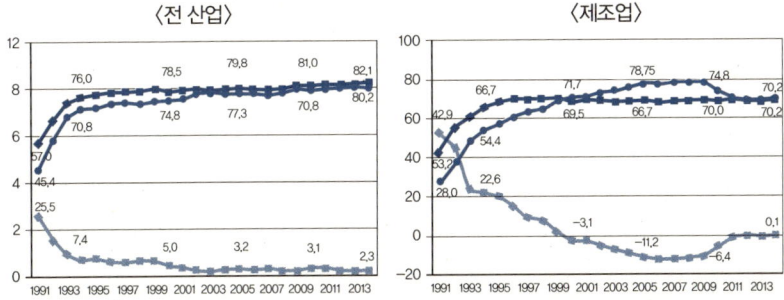

주: ■: 취업자 1인당 급여, ■: 취업자 1인당 생산성, ■: 단위노동비용. 각 수치는 서독을 100으로 했을 때 동독의 %이며 단위노동비용은 서독에 대한 초과분. 즉 제조업의 경우 -는 단위노동비용이 서독을 하회함을 의미.

자료: Der Beauftragte(2015), p. 103.

---

282 Der Beauftragte(2015), p. 103.
283 슐레징어(1990), p. 35.

다음으로 절차적인 문제는 서독 정부가 통화통합을 초기에 검토할 때 전환비율을 추정함에 있어서 연방은행의 협조를 구하지 않았다는 점이다. 자라친은 비밀유지를 위해 연방은행에도 알리지 않았다고 했는데 후에 연방은행의 제안 후 반향에서 나타난 것처럼 피할 수도 있었던 갈등을 유발한 요인이 되었다. 사전적으로 조율이 있었다면 연방은행이 제안했던 '가격현실화 후의 임금 2:1 전환,' 혹은 '동독 주민들의 국영기업 민영화과정 참여'[284]와 같이 경쟁력 있는 임금수준을 책정하면서 그 보완책을 찾거나, 전환 후 임금상승을 생산성 범위내로 하자는 등의 사회적 합의를 위한 노력을 같이 펼 수 있었을 것이다.

급속한 통화통합 그리고 1:1 전환비율은 동독 지역의 사회적 불안 및 서독으로의 대량이주 억제, 그리고 통일의 달성이라는 정치적 고려에 의해 결정되었다. 독일의 시사주간지 Die Zeit는 통독 20년을 맞아 "다음 번 통일에서는 더 잘 할 수 있을 20가지"라는 특집기사에서 전환비율을 거론하면서 "1:1이 아니면 우리는 하나가 될 수 없다"라는 구호가 나오는 상황에서, 2:1 혹은 5:1과 같은 다른 전환비율이 경제적으로는 타당했을 수 있지만 빠른 정치적 통일을 가져오기는 어려웠을 것이라고 평했다. 그리고 만약 5:1 등의 비율이 적용되었다면 동독 주민들은 동독에서 일하는 것보다는 서독으로 넘어와 저소득층에 대한 사회보장혜택을 받는 것이 더 유리했을 것이다. 이를 막으려면 국경을 폐쇄해야 하는데 그것은 통일된 국가에서는 현실적으로 불가능한 일이

---

[284] 물론 동독 '인민의 기업'의 민영화를 담당한 신탁관리청이 수익 대신 막대한 규모의 적자를 남겼기 때문에 연방은행 안이 채택되었다 하더라도 자산의 배분효과는 없었을 것이다. 그러나 이런 결과를 예단할 필요는 없을 것이다.

었다고 기술했다.[285]

미국의 국무장관을 지냈던 라이스 C. Rice 는 통독 20주년 기념 인터뷰에서 콜 총리의 1:1 전환비율 결정에 대해 "많은 금융, 경제전문가들이 이를 비판했던 것을 알고 있다. 그러나 그는 이를 정치적으로 보았다. 1990년 3월 18일 동독 최초 총선에서 '독일을 위한 연대'가 이겨야 동연대와 서독의 집권 기민/기사당이 통일조건을 협의할 수 있었다. 나는 1:1 전환비율이 통독 과정에서 정치적으로 가장 탁월한 수 중의 하나였다고 생각한다"고 평했다.[286]

낮은 전환비율, 혹은 점진적인 환율 조정이라는 안전장치를 가졌다면 초기 동독 경제의 생산 붕괴를 막을 수 있었을까 하는 것은 사실 판단이 어려운 문제이다. 가격경쟁력 외에 코메콘의 붕괴와 동독 주민들의 서독 제품 선호에 따른 국내외 시장의 상실, 낙후된 설비 등이 복합적으로 작용했기 때문이다.[287] 또한 소득, 가격경쟁력, 물가안정을 목적으로 하는 각각의 전환비율 추정치가 다르게 나올 경우 어떤 비율을 택할 것인가는 정치적 판단을 요하는 것이기도 하다. 통일이 목적이었다면 급변 상황에서 조기 통화통합이, 그리고 1:1의 전환비율이 정치적 통일을 가능케 했다는 점에서 경제적인 잣대로만 평가하기 어렵다는 것을 시사한다. 다만 위의 전환비율을 택했을 때 보완책을 같이 강구하지 못한 것은 아쉬운 부분이다.

---

285 Die Zeit(2010).
286 Spiegel(2010a).
287 Heimpold(2014), pp. 50-53.

동독 지역에 대한 독일마르크화 공급

1990년 5월 18일 통화통합 협상이 조인되고 7월 1일 DM이 법정통화로 유통되기까지는 불과 6주 만이 남아 있었다. 그 이전에 DM이 지불수단으로 활용될 수 있도록 신속하고 안전하게 전 동독 주민들에게 이를 공급해야 했다.

이 기간 동안 연방은행은 동독 지역에 대한 DM 공급 방안 수립과 함께, DM 지폐 및 주화를 동독의 전 지역으로 수송, 보관하고 교환에 이르는 작업을 뛰어나게 수행했다. 이는 '로지스틱스의 놀라운 성취', '걸출한 작업'이라는 평을 받았다.[288] 더욱이 동 작업의 평가에는 아직은 동독이라는 별개의 주권국가에서 이루어진 일이라는 점도 고려되어야 한다.

---

[288] Schäfers(2015), p. 139; von Pergande(2015), p. 147.

공급 방안 수립[289]

「통화·경제·사회통합·조약」에서는 독일연방은행에 통화통합에 필요한 규정과 조례regulations and ordinances의 제정 권한을 부여하였고[290] 이에 따라 연방은행은 동독 마르크화의 서독 DM으로의 전환에 관한 구체적인 조건을 마련하였다. 동「조약」에 따라 독일연방은행이 발행한 지폐와 연방정부가 발행한 주화가 1990년 7월 1일부터 독일 전역의 유일한 법정통화로 통용되게 되었다. 다만 주화는 초기공급이 충분치 못했던 관계로 통화통합조약 부칙에 따라 동독의 1, 5, 10, 20 및 50페니히 등 소액 주화Pfennig, 1마르크=100Pf도 한시적으로 법정통화로 인정되었다. 이후 주조 확대 등을 통해 전반적인 주화 공급 상황이 개선되면서 동독 페니히 주화의 유통은 1991년 7월 1일부터 중단되었다. 다만 1991년 9월 30일까지는 모든 금융기관, 우체국, 연방은행 지점에서 DM으로 교환이 되었다.[291]

동독 마르크화의 DM으로의 교환은 동독지역 금융기관에 개설된 통장을 통해서만 가능하도록 하였으며 현찰 대 현찰의 직접교환은 금지되었다. 동독 금융기관에 동독 마르크화로 예치된 저축은 1990년 7월

---

[289] 별도의 주가 없는 한 Bundesbank(1990b), pp. 42-47; Bundesbank(1990d), pp. 25-31 참조.
[290] Staatsvertrag, Article 10(1) of Annex 1(한국은행, 1990).
[291] Bundesbank(1992b), p. 27; 김영윤 외(1994), 부속문서 I 화폐통합과 통화전환에 관한 규정, 제 1장, 제1조 제4항: "제2항 및 제3항과 별도로 통용되고 있는 1, 5, 10, 20 및 50페니히 단위 동독주화는 이에 상응하는 연방주화로 대체될 때까지 법정 지불 수단이다. 동독은 서독의 재무부장관이 정한 시점에 이 주화들의 통용을 중지시킨다."

1일자로 DM 표시로 전환되었다. 동독 마르크화 현찰은 1990년 7월 6일까지만 이 전환된 계좌에 입금할 수 있었다. 전환비율에서 결정된 1인당 우대 전환한도액을 충분히 활용하기 위해 거의 모든 가족명의 계좌가 개설되는 등 많은 계좌가 신규로 열렸다. 1990년 6월 30일 기준으로 전환된 계좌는 약 2,470만 개에 달했는데 전환 신청이 없던 계좌도 약 300만 개였다. 통장잔액에 대한 전환신청이 없거나 현금이 입금되지 않았을 경우 통장소지자에게 특별한 사유가 있는 경우를 제외하고는 교환을 불인정하였다. 통화통합 당시 동독의 모습을 그린 영화 '굿바이 레닌Goodbye Lenin'의 한 장면을 보면 교환일자가 지나 상당액의 현금 교환을 거절당하던 상황이 실감나게 그려져 있다.[292]

연방은행은 1990년 7월 1일부터는 적어도 지폐의 수요에는 모두 응하도록 한다는 목표 하에 공급계획을 세웠다. 1989년 말 현재 동독의 현금통화량은 지폐 152억 및 주화 15억 동독 마르크, 총 167억 동독 마르크로 1인당 약 1,000 동독 마르크에 해당되었다. 지폐는 동독의 소득수준이 낮긴 하지만 만약의 경우를 위해 275억 DM을 준비했다. 이는 1989년말 가액보다 80% 이상 많은 것이었으나 통화통합 후 초기의 현금수요가 높을 수 있다는 점을 감안한 것이었다. 주화는 연방정부가 1990년초 제조주문을 대폭 늘렸으나 즉각적인 대량생산이 어려워 초기에 충분한 공급에 어려움이 있었다. 한편 동독국립은행은 1990년 5월중에 이미 상점 및 기업에 대한 조기공급을 위해 1억 5천만 DM의

---

[292] 이 영화는 2003년 독일에서 개봉되어 큰 인기를 끌었고 우리나라에서도 20,000명 정도가 관람한 것으로 알려져 있다. 통화통합 당시 동독의 모습을 이해하는데 많은 도움이 된다(김영찬 2005, pp. 254-256). 영화에 대한 전반적인 해설은 이준서(215-244). 영화 대본은 Toteberg, 2003).

주화를 제공받았었으며 6월과 7월초에는 추가적으로 동독의 연방은행 지점에 5,200만 DM이 공급되었다. 1990년 7월초 주화 공급액은 약 2억 2백만 DM이었다. 1990년 7월초 통화전환 후 동독 주민들은 상대적으로 적은 약 40억 DM만을 인출했는데 연방은행은 이를 동독 주민들이 이전에 이미 상당액의 DM을 보유하고 있었음을 암시하는 것으로 해석했다.[293]

로지스틱스:
동독 전 지역으로 현송·보관[294]
⋮

동독 지역 지점에 공급된 지폐는 1,000장 짜리 20묶음씩 22,000마대로 4억4천만 장, 무게가 약 460톤에 달했다. 이 현금수송은 결과적으로는 차질 없이 진행되었지만 동독 지역의 도로여건, 현송트럭의 부족으로 예상치 못했던 일들이 발생하기도 하였다. 동독 지역의 좁은 도로 폭, 가로수 나뭇가지로 주행이 방해를 받거나 40톤에 달하는 현송차량의 하중을 지탱하기 힘든 도로나 교량도 적지 않았다. 도로운송이 여의치 않은 경우에는 항공 수송도 활용되었다. 한편 현송차량이 부족해 소련군의 수송트럭을 활용하기도 하였으며 운반 도중에 지폐뭉치가

---

293 von Rüden은 장벽붕괴 시점에 약 30–40억 DM이 동독에서 병용통화로 유통되고 있던 것으로 추정했는데(1991, p. 82) 이는 연방은행이 추정한 동독 마르크화 현금통화량의 18–24%에 해당(1:1 전환 가정)하는 것이다.
294 별도의 주가 없는 한 Bundesbank(1990d), pp. 25–32; 한국은행 북한경제연구실(2014c); Bundesbank(2015b); Bundesbank(2015a), pp. 19–24를 이용하여 작성.

차량 밖으로 떨어지는 사고가 발생하기도 했다. 이밖에 1억2백만 개, 무게 750톤의 주화도 수송되었다.

당시는 아직 동독이 독립국가로 존재하던 시기였기 때문에 국경을 넘어 동독 지역에서의 호송은 동독 경찰이 담당했다.[295] 동독 경찰은 운송차량의 안전을 위해 경호 헬리콥터를 동원하거나 운송로에서 일반 차량의 통행을 차단하기도 하였다. 수송된 현금은 교환 시까지 동독국립은행 지점 금고에 보관되었으며[296] 주화의 보관에는 장소의 부족 등으로 별도의 장소도 동원되었다. 중간거치 지점으로는 연방은행의 요청에 의해 동독국립은행이 군·경찰시설을 이용할 수 있도록 조치하였다.[297] 그러나 보관금고는 절대적으로 부족하였으며 시설이 열악했다. 구 동독화는 일반 상자, 플라스틱 백에 지폐를 담아 보관하기도 했던 것으로 알려졌다.[298] 주화는 서독의 주화상자에 담겨 운송되었는데 상자 당 무게가 500~800kg에 달했다. 당시 동독에서는 훨씬 작은 상자에 담아 운송했던 관계로 이 무게의 상자를 옮길 지게차가 없어서 연방은행은 이를 서독에 주문해 현장에 투입하기도 했다.

---

[295] 동독 지역에서 현송차량의 호송 및 보관금고의 경비는 동독 군 및 경찰이 맡았는데 당시 현장에서 일했던 연방은행 직원은 '한때 적성 국가였던 나라의 군경이 경비를 맡는 데 대한 불안감'도 있었다고 회고했다(한국은행 북한경제연구실, 2014c).

[296] von Pergande는 "금고는 새로운 안전기준에 따라 보안이 강화되었는데 과거 동독 마르크화는 한번도 강도를 당하지 않았기 때문이었다"고 다소 냉소적으로 지적했다(2010, p. 148). 동독 마르크화가 가치가 없었음을 표현한 것이다.

[297] "일반 국민들에게는 잘 알려지지 않은 사실이지만 동독 인민군(Nationale Volksarmee)이 그들의 병영을 그 거대한 현금 더미의 임시 저장소로 이용할 수 있도록 허락함으로써 독일연방은행 측에 결정적인 도움을 주었다. 동독 국가체제의 심장부에 위치해 있던 기관이 그 국가의 붕괴에 공헌한 셈이다. 화폐교체 조치는 군사작전을 방불케 할 정도로 치밀하게 집행되었다"(신상갑 역, 1993, pp. 291-292).

[298] 독일연방은행이 통화통합 25년을 기념해 홈페이지에 게시한 사진에서 당시의 수송 모습과 금고의 상태를 확인할 수 있으며(Bundesbank, 2015b), 설립 60주년 기념 페이지에서는 동영상을 볼 수 있다.

지역별 현찰 수요 규모는 임시관리본부 각 지점 관할구역의 인구수에 따라 추정되었고 통합 초기에는 동독 주민들이 서독 주민보다 상대적으로 많은 현금을 보유할 것으로 전제하였다.[299] 이런 기준에 의해 DM은 동독국립은행의 협조 하에 동독의 수도뿐 아니라 동독 전역 각지에서의 화폐교환에 응할 수 있도록 수송되었다.[300]

동독 지역에 막대한 양의 지폐가 이송되면서 서독 지역에서 예비용 지폐가 부족하게 되었다. 이를 위해 서독의 조폐공장이 완전가동을 하였으나 부족해 동독 지역의 조폐공장도 인쇄에 동원하였다. 화폐 제조과정에는 경찰이 24시간 감시를 하였다.

한편 동독 지점에서도 화폐의 진위 및 유통가능성 판정을 위한 정사·감사업무를 수행했으나 자동정사기의 공급에는 많은 시간이 소요되었고 적정 공간 및 기술적 조건의 부족으로 초기에 어려움이 많았다. 이와 같이 설비가 부족한 상태에서 활발한 상품 구매와 장기간 감춰져 있던 DM의 유통, 그리고 비현금결제가 정착되지 않은 관계로 정·감사 소요량이 많았으며 이의 해결을 위해 시간외 근무, 추가인원투입, 여유가 있는 지점으로의 추가할당 등의 조치가 병행되었다.

---

299 Bundesbank(1992b), pp. 27-28.
300 Schäfers(2015), p.139; Bundesbank(1990d), p. 28.

1,600만 명에게
돈을 바꾸어주다

DM계좌로의 전환은 예금전환신청서에 의해 이루어졌다. 우대전환비율의 악용을 막기 위해 전환신청서 상에 우대전환비율이 적용되는 계좌와 기타계좌를 별도로 표기해서 기재하도록 하였다. 개인은 전환신청 시 본인임을 증명하는 서류(미성년자의 경우 법정대리인의 서류를 제출하도록 하였다.

동독의 자연인은 1990년 6월 중순부터 2,000DM까지 허용된 DM표시 '현금교환증서'를 향후 본인의 통장 예금 잔액에서 차감하는 조건으로 교부받았다. 이는 1990년 7월 1일(일요일) ~ 7월 2일 양일 간 전금융기관은 물론 관공서, 경찰관서, 학교 등 약 10,000개에 달하는 교부장소에서 현금으로 교환되었다.[301] 7월 1일 교환은 아침 8시부터로 되어있었으나 역사성을 활용해 대형 상업은행인 도이체방크Deutsche Bank가 베를린 중심가 알렉산더플라츠에서 0시부터 교환창구를 열었다.[302] 이날 DM을 받아들고 기뻐하던 동독 주민들의 모습은 인터넷 상에서 지금도 쉽게 확인할 수가 있다. 전 국민을 대상으로 한 교환 작업은 매우 큰 과제였음에도 별다른 사고 없이 순조롭게 진행되었다.

DM 현금을 교환하던 날 독일 언론들은 '희망의 날', '연중에 느끼

---

301 Bundesbank(1990d), p. 29.
302 당시 주독 특파원이었던 주섭일은 화폐 교환일의 상황을 "통화당국은 당초 이날 오전 8시부터 마르크화 교환을 실시할 예정이었으나 '상술'에 능한 도이치방크(DB)가 선수를 쳤다. DB는 이날 0시부터 교환을 시작, 동독 고객을 불러 모았다. 1일 새벽 0시를 알리는 종소리가 울리면서 역사적인 동서독의 경제통합이 실현되던 순간 동독 시민들은 거리에서, 가정에서 환호성을 질렀다"(주섭일, 2014, pp. 68-69)라고 표현하고 있다.

는 제야 축제의 분위기' 등의 제목을 달았다. 동독 주민들은 새로운 통화와 함께 모든 것이 동독 시절과는 달라지고 나아질 것이라는 희망을 가지고 있다고 보도했다. 동독 마르크화를 가지고 동구권 국가를 여행할 때 느끼던 2등 독일 국민의 자괴감을 이제는 갖지 않아도 된다는 이야기도 있었다.[303] 통화통합은 통일로 가는 길을 되돌릴 수 없게 만들었다.

통화통합 시행 직후 한국언론이 슐레징어 부총재와 가진 인터뷰 기사를 보면 당시의 상황과 연방은행의 준비 작업을 엿볼 수가 있다. "동서독 통화통합에 따라 지난 1일부터 시작된 마르크화 교환 작업은 한치의 오차도 없이 톱니바퀴처럼 착착 돌아가고 있다. 국제금융시장에서의 마르크화 시세는 5일 현재 통화통합 이전보다 훨씬 강세를 보이고 있고 우려했던 동독 지역 내에서의 소비폭발 현상도 없어 통화통합은 벌써부터 '거의 완벽한 성공작'이라는 평가를 받고 있다. 두 달여의 짧은 기간 동안에 '통화개혁'이나 다름없는 이번 마르크화 교환을 완전무결하게 준비해낸 서독 연방은행의 총사령탑은 헬무트 슐레징어 부총재. 프랑크푸르트 서독 연방은행 본부에서 그를 만나 통화통합에 얽힌 뒷얘기와 동독 경제의 전망 등을 들어봤다. '250억 마르크의 돈을 예상수요 종류별로 새로 찍어 동독 전역에 수송, 교환하는 엄청난 작업에 걸린 시일과 투입인원은 어느 정도였는가?' '구체적으로 시간계획표에 따라 통화통합을 준비한 것은 두 달여지만 이미 올해 초부터 여러 가지 가능성과 방법론을 상정해가며 치밀하게 대비해 온 것이 사실이

---

303 Spiegel(2008).

다. 물론 연방은행 내에 특별 팀이 설치되었고 본인이 총괄책임을 맡았지만 몇 명이 투입되었다고 말하기는 곤란하다. 연방은행의 모든 인력이 다 관련돼 일했다고 하는 게 보다 정확하다."[304]

옛 동독화
폐기[305]
⋮

새로운 화폐인 DM의 보급 못지않게 큰 과제는 회수된 동독 마르크의 폐기였다. 금융기관에 환수된 동독 마르크화는 국립은행으로 이송된 후 폐기되었다. 이를 위해 상당한 시간과 노력이 투입되었다.

저축은행 등 금융기관들은 회수된 동독 마르크화를 국립은행으로 이관해야 했다. 부피 때문에 주화는 군부대에 임시로 보관되었고 지폐는 베를린의 국립은행 본점에 보관되었다.[306] 국립은행은 인수받은 지폐를 정사해야 했는데 수작업으로 이루어져 상당 기간이 소요되었다. 구 동독 화폐 중 지폐는 장수로는 6.2억 장, 부피로는 4,500m³, 화물열차 기준으로는 300대 분량에 달했다. 금액기준으로는 미사용권 200M화

---

304 동아일보(1990).
305 별도의 주가 없는 한 Bundesbank(1990d), pp. 25-32; 한국은행 북한경제연구실(2014c); Bundesbank(2015b); Bundesbank(2015a), pp. 19-24를 이용하여 작성.
306 "국립은행 금고의 문은 지름이 약 2미터에 다양한 번호-다이얼-자물쇠로 잠금장치가 되어 있었는데 거대한 맹꽁이자물쇠로 채워져 있었다. 아마도 다이얼 숫자조합이 비밀로 지켜진다는 확신을 하지 못하는 것 같았다. 금고는 면적이 16-20m² 정도인 10여개의 칸으로 구분되어 있었다. 그리고 지폐 마대는 천장까지 쌓여져 있었고 지폐별로 분류되어 있었다. 마대의 색은 다양했는데 급작스러운 수요에 충당하느라 침대보, 두꺼운 커튼, 옷감 등 다양한 재료로 만들어진 마대가 사용되었다"(Keuper and Puchta, 2010, p. 112).

와 500M화를 포함하여 약 1,000억M 정도였다. 통장, 수표 등도 같이 폐기되었는데, 총 3,000톤 규모의 폐기대상 지폐 등이 군부대 호송하에 동독국립은행에서 폐기장소로 이송되었다.[307]

폐기장소는 동독 지역의 소도시 할버슈타트Halberstadt에 있는 300m 길이 사암砂岩 지질의 동굴 2곳으로 과거 전쟁장비와 무기들을 보호하기 위한 벙커시설로 사용되던 곳이었다. 은행권은 2m 두께의 콘크리트 벽과 육중한 철문을 통해 절도로부터 보호되었으며 비용 절감차원에서 습기에 의해 자연 부패되도록 자갈로 덮은 후 방치되었다. 그러나 예상과 달리 부패가 지연되고 2001년에는 폐기 화폐 절도사건[308]이 발생하는 등 문제점이 발생하여 2002년 4~6월에 소각이 이루어졌다.[309] 이는 지폐의 환수, 보관과 폐기의 중요성, 왜 7월 6일까지라는 단기간만 동독 마르크화 입금을 허용했고, 계좌를 통해서만 교환하는 방식을 택했는지를 뒷받침하는 사례라고 할 수 있다.

---

307 당시 총리였던 드메지에르는 "이 지폐들은 납득이 잘 안 되는 이유로 쓰레기 소각장에서 폐기하는 대신 동굴에 묻고 봉쇄했다. 그런데 슈타지(독일 비밀경찰)가 밤중에 불법으로 공공연하게 돈을 수송해 아마도 DM으로 교환하려 한다는 소식이 들어왔다"는 일화를 소개했다. 이를 목격하고 신고한 사람은 지폐의 폐기를 위탁받은 사람으로 언급되었으나 이후의 결과는 나와 있지 않다(de Maizière, 2010, p. 256).
308 2001년 7월에 2명이 동굴에 침입하여 상당량의 은행권을 유출시킨 사건이 발생했다. 동 사건을 계기로 미 유통 200M 및 500M 지폐와 미발행 동독화폐가 화폐 수집가들 사이에 유통되게 되었다(Spiegel, 2010c). 이 고액권은 당시 동독의 급여수준을 고려할 때 액면이 너무 커서 유통에는 적절치 않았다고 할 수 있다(DW, 2014).
309 소각은 1994년 동독국립은행의 후신인 베를린국립은행을 합병한 KfW가 결정했다. KfW는 최대한 회수해서 소각했으나 최근까지도 수집상들 사이에서 유통되고 있다고 한다(DIW, 2014.).

편법·부정행위와 대응:
복잡하면 틈이 생긴다

대응책의 마련

통화통합 협상 과정에서 양독 협상대표들 간에는 교환 시의 편법, 악용을 최대한 방지하자는 공감대가 있었다. 이에 따라 교환규정의 악용이나 편법교환을 막을 장치를 마련하고 위규에 대해 처벌 장치를 마련한다는 것이 합의되고 이는 통합조약에 삽입되고 법규도 마련되었다.[310] 현금교환은 불허하고 예금계좌를 통한 전환만 허용하는 한편, 전환 기일을 엄격히 적용하며 전환신청서상에 예금액이 자신이 형성한 것임을 확인토록[311] 하는 등 전환과정에서의 편법, 탈법을 막기 위한 여러 조치들이 취해졌다. 그러나 개인·법인, 연령별, 거주자·비거주자 등 예금주의 성격에 따라 상이한 전환비율의 적용되고 그에 따른 DM 전환금액에 큰 차이가 나는 데다, 전환일인 7월 1일보다 상당기간 전인 5월에 이미 전환비율이 결정되면서 어느 정도의 편법, 탈법이 있으리라는 것은 이미 예견되었다.[312]

전환시의 악용을 막기 위한 방안의 논의과정에서 화폐교환을 담당하는 연방은행이나 금융기관들에 회수의무 등을 부과하는 것은 이들에게 과중한 업무 부담이 된다는 점 등을 고려해 동서독 재무부 및 법

---

[310] Tietmeyer(1994), p. 92; 김영찬(2017), pp. 34–35.
[311] 전환신청서에는 '본인은 전환 신청한 예금액이 동독의 외환관리법에 저촉된 방식으로 취득한 것이 아님을 확인함. 본인은 본인계좌상의 예금액이 법적 및 경제적으로 예금주에게 속함을 확인함'이라는 확인서에 서명하게 되어 있었다(Bundesbank, 1990b, p. 48).
[312] Renken and Jenke(2001), p. 24.

무부가 협의해 대응책을 만드는 것으로 하였다.[313] 이에 따라 화폐교환 직전인 1990년 6월 29일에 동독 정부가 화폐교환과 관련된 위법행위에 관한 법을 도입하였다.[314] 동 법에서는 '통화전환담당 감사국 Prüfbehörde Währungsumstellung'을 설치하고 이 기관이 동독 마르크화를 DM으로 교환하는 과정에서 불법행위 여부를 검사하는 것으로 하였다. 이를 위해 금융기관들은 동독 내에 거주지 혹은 지사를 가지고 있는 자연인 또는 법인들에 대해, 계좌전환 마감일인 7월 6일까지의 예금잔액이 10만 동독 마르크 이상인 자연인의 계좌를 확인 통보하고, 특정 계좌에서 일정 기간 중 계좌 잔액이 5만 동독 마르크 이상 증가한 경우에도 검사관청에 통보하도록 하는 등의 사항을 규정했다. 동 법은 통일조약을 통해 통일 독일의 법으로 효력이 지속되었고 위의 감사국은 통일과 함께 연방재무부에 귀속되었다.

전환과정에서 다양한 편법, 탈법전환사례가 알려졌는데 개인보다는 거래단위가 큰 기업에서 많은 규모의 사례가 발생한 것으로 추정되었다. 이러한 불법전환에 대응하여 1993년에 「동독 마르크를 서독 DM으로 전환함에 있어서 위법행위에 대한 대응법」이 제정되었다.[315] 동 법에서는 환수된 위법해당액과 범칙이자를 평형기금으로 귀속하는 것 등을 규정하고 있다.

---

313 Tietmeyer(1994), p. 92.
314 주독 한국대사관 편(1993), pp. 212-214.
315 통일부(2015), p. 267. 법 원문은 동 책자의 첨부 CD 문서번호 89.

편법·부정 사례

개인의 편법, 탈법사례는 우대한도를 최대한 활용하거나 거주자의 지위를 이용하는 등으로 다음의 경우를 들 수 있으며 실제 우대한도액은 거의 소진된 것으로 알려졌다.[316]

① 모든 금융자산의 활용: 최대한의 DM을 확보하기 위해 통화통합 전 수십만 명의 동독 주민들이 생명보험을 해약해 예금계좌로 이체한 것으로 파악되었다. 생명보험은 1:1로 전환이 되지 않는 데다 가능한 빨리 DM으로 현금화하려는 동기가 작용한 것으로 보인다.[317]

② 가족 내 예금의 분배: 가족들의 예금을 1:1 우대전환 금액 한도에 따라 분산 예치하였다. 7,500마르크의 예금을 보유한 할아버지가 6,000마르크의 초과분 1,500마르크를 손자의 계좌에 예금한 경우 등이다.

③ 친지 예금계좌의 차용: 자금에 여유가 있는 개인이 우대전환 한도를 채우지 못한 친지의 예금계좌에 한도액까지 자신의 돈을 예금하였다. 이의 극단적인 경우로 한 양로원 원장이 모든 입원자의 이름을 빌어 전환한도액까지 예금한 경우가 드러나기도 했다.

④ 비거주자의 거주자 예금계좌 차용: 비거주자의 경우 전환비율이 3:1이나 동독에 있는 친척이나 친지의 계좌를 이용하면 우대전환비율 혹은 초과되는 부분은 2:1로 전환 가능하였기 때문이다.

---

316 Die Zeit(1995); DPA(2010); Renken and Jenke(2001)를 참조하여 정리.
317 DPA(2010).

⑤ 불법 취득 동독 마르크의 예치: 암시장에서 동독 마르크화의 값어치가 적었을 때 구입한 마르크화를 예치하는 경우 등을 말한다.

기업의 경우, 서독 기업의 예금은 비거주자 예금으로 간주되어 동독 기업보다 불리한 3:1로 전환되었으므로 서독 기업으로서는 전환비율 차이를 이용할 충분할 유인이 있었다. 기업의 탈법 사례가 개인의 경우보다 대규모인 것으로 파악되었다.

① 판매대금 회수 이연: 동독 지역 거래처에 대한 매출대금 및 대출채권의 회수를 통화통합일 이후로 이연시킴으로써 전환비율 차이의 이익을 취득한 경우가 많은 것으로 보인다. 예를 들어 통화통합일 전에 서독 기업이 동독의 거래기업에 3만 동독 마르크의 제품을 판매했을 때 대금을 통합일 전에 회수해 예금으로 가지고 있으면 10,000DM으로 전환하게 되지만 대금회수를 통화통합일 이후로 설정하게 되면 납부할 대금을 예금으로 가지고 있던 동독 기업은 채무와 예금이 2:1로 전환되면서 15,000DM을 전환 후에 서독 기업에 지급하게 되는 것이다.

② 대출 제공: 비거주자기업이 동독 측 법인에 형식적으로 대출을 해준 후 통화전환일 이후 상환 받은 경우를 말한다.[318]

---

[318] 이러한 사례의 구체적인 예로, ① 동독 BIEG사는 1990년 2월초 서독에서 컴퓨터 부품을 외상구입한 후 대금 지급을 화폐교환 이후로 연기, ② 동독 FORUM사는 1990년 2/4분기까지 9,742만DM의 외환추징금을 서독 세무서에 납부해야 했지만 고의적으로 납부를 연기한 후 그 자금을 일시적으로 동독 마르크로 보유하다가 화폐교환 이후 세금을 납부함으로써 거액의 차액을 남김. ③ 다량의 동독 마르크를 보유한 서방 기업이 동독 기업에게 이를 잠시 보관하게 하고 허위 채권·채무관계를 형성한 후 동독 기업가는 이를 교환함으로써 차익을 획득한 경우 등을 들 수 있다. 이 과정에서 동독 기업인은 외국인으로부터 일정액의 커미션을 수수했다. 국가안전기획부(1997), pp. 231-235(한국은행, 1998a, p. 40에서 재인용).

[표11] 통화통합 관련 상세 일지

날 짜	내용
1989. 11. 09	– 베를린 장벽 붕괴
1989. 11. 13	– 동독, 모드로 총리 취임, 양독 간의 조약공동체(Vertragsgemeinschaft) 제의
1989. 11. 28	– 콜 총리, 독일 분단의 극복을 위한 10개항 프로그램 발표
1989. 12. 19	– 서독의 콜 총리와 동독의 모드로 총리, 양독간 조약공동체 추진키로 합의(드레스덴)
1989. 12. 20	– 티트마이어, 재무부 차관 이임
1990. 01. 01	– 티트마이어, 독일연방은행 이사로 취임
1990. 01. 15	– 서독 재무부, 동독에서의 가격개혁과 통화량공급 통제를 전제로 한 양독 마르크화 간 고정환율제 검토 – 양독 간 통화통합을 향한 10개항 계획, 즉 단계적 통합안 마련
1990. 01. 19	– 야당인 사민당(SPD) 원내 부총무 Matthäus-Maier, 양독 간 공동경제-통화지역 창설 제안(Die Zeit지 기고)
1990. 01. 25	– 바이겔 재무장관, 급속한 통화통합 추진에 경고, 단계적 개혁과정을 거친 후 동독 마르크화의 태환화, 고정환율을 거쳐 통화통합 가능
1990. 01. 29	– 서독 재무부, 단계적 통합안의 정치적, 경제적 관철가능성에 비판적 견해를 담은 초안 작성 – 대안으로 동독에서의 개혁과 동시에 DM을 도입하는 방안 제안
1990. 01. 30	– 서독 재무차관, 국장 연석회의. 공동경제·통화지역 도입 시의 상황 논의
1990. 02. 01	– 동독 모드로 총리, 중립적인 단일 독일을 위한 계획을 제안하고 그 일환으로 경제·통화·교통동맹 조약을 제시
1990. 02. 02	– 통일방식에 있어서 서독기본법(헌법) 23조와 146조 방식의 논의 – 23조(동독의 편입)에 의한 방식 선호. 1개월 후 총리실에서 열린 관련학자 회의에서 어느 방식을 택하건 결과는 동일하다고 결론 – 바이겔 장관, "동독 지역의 공식통화로 DM을 바로 도입하는 것이 필요할 수 있다"며 통화통합 가능성을 더 이상 배제하지 않음
1990. 02. 05	– 바이겔 재무장관과 푈 독일연방은행 총재, Bonn에서 회동
1990. 02. 06	– 바이겔 재무장관, 동독에 대한 통화통합 제안을 상정(연정 수뇌 회담). * 바이겔은 재무부 장관이자 기사당(CSU)당수 – 콜 총리, 동독에 DM 통화지역을 공개적으로 제안 – 푈 독일연방은행 총재, 베를린에서 카민스키 동독국립은행 총재와 회동에서 "통화통합은 너무 이르며", "환상적인 아이디어"라고 언급 – 동독 지역 시위에서 "DM이 오지 않으면 우리가 간다"라는 구호 등장

날짜	내용
1990. 02. 07	- 정부내각, 경제개혁을 동반한 통화통합 협상에 즉각 나설 것을 결의. - 콜 총리, 통화통합 제안(독일연방은행 푈 총재도 참석) - 서독 정부, 정부 내에 콜 총리를 위원장으로 통독 대비 6개 워킹그룹 구성. 재무부 장관이 실무 책임 - 동독 측에 공동 전문가위원회 구성 제안
1990. 02. 09	- 푈 총재, 기자회견에서 조기 통화통합에 비판적인 입장을 견지하면서도 정부의 '정치적 결정'을 받아들이며 정부의 통화통합을 지원할 것이라고 언급. 다만 DM도입 전에 서독에 근접한 경제·법적 제도 도입이 선행되어야 한다고 강조 - '경제자문위', 콜 총리에게 급속한 통화통합에 반대하는 서신 전달
1990. 02. 10	- 콜 총리, 모스크바에서 고르바쵸프와 회담. 고르바쵸프는 독일통일 문제는 독일인 스스로 해결해야 한다는 데 처음으로 동의
1990. 02. 13-14	- 콜 총리, 동독 모드로 총리와의 회담에서 통화·경제공동체 창설에 관한 제안을 확인 - 동서독, '전문가위원회'의 구성에 합의: 서독 측 대표는 재무차관 퀼러, 동독 측은 재무장관 롬베르크, 통화, 경제, 재무, 사회보장 부문별로 분과위원회가 구성되었으며 같은 날 '통화'그룹 1차 회동. - 통화부문 분과위원회는 독일연방은행 슐레징어 부총재와 동독국립은행 카민스키 총재가 대표
1990. 02. 20	- 통화·경제통합(동맹)을 위한 동서독 전문가위원회 발족(제1차 전체 회의, 전체회의 총 3회 개최)
1990. 02. 24-25	- 콜 총리, Camp David에서 부시대통령과 회담
1990. 02. 26	- 푈 총재, Spiegel지와의 인터뷰에서 조기통합 재차 비판
1990. 02. 28	- 재무부, 경제-통화동맹 형성의 개념에 대한 초안 작성, 전환비율 대안들의 효과 검토
1990. 03. 01	- 재무부, 경제-통화동맹을 위한 최초 모델 제출
1990. 03. 05	- 경제-통화통합 준비를 위한 2차 전문가위원회 회담 개최 - 비공식 '동독과의 통화동맹, 경제공동체 형성을 위한 전제, 조건 및 조치에 관한 개념' 전달
1990. 03. 06-08	- 재무부와 연방은행, 통화통합에 관한 추가 사항 검토를 위한 회의 개최
1990. 03. 12	- DIW 경제연구소, 동독 주민들의 낮은 저축을 고려해 소득과 저축에 대해 1:1 전환비율을 제안
1990. 03. 13	- 제3차 전문가위원회 개최(동베를린); 전문가위원회 중간보고서 조인 및 제출(위원회 활동 종료) - 서독 경제부장관, 동독 주민들의 저축액 1:1 전환 지지 확인 - Deutsche Bank, 통화통합에 위험요소가 있으나 불가피하며 1:1 전환은 너무 높은 위험은 아니라고 평가
1990. 03. 14	- 동독 라이프치히(Leipzig) 선거 유세에 콜 총리 참석
1990. 03. 18	- 동독 최초 자유 총선, 서독 집권당이 지원한 '독일동맹' 승리
1990. 03. 20	- 서독 연정 및 내각, 동독과의 통화·경제·사회통합을 1990년 여름휴가 전까지 달성하기로 합의

1990. 03. 22	- 콜 총리, 연방장관, 독일연방은행(총재 및 부총재) 참석 하에 통화전환비율 등에 관한 토론회 개최 - 전환비율에 대한 추가적인 검토 요청
1990. 03. 24	- 총리실에서 통화통합을 7.1일 이전에 달성하기로 했다는 언론 보도
1990. 03. 26	- 바이겔 재무장관, 티트마이어 독일연방은행 이사에게 통화통합 협상 대표직 부탁 며칠 후 연방은행 중앙은행위원회 동의. - 4월 초에 콜 총리의 정식 위촉장 전달
1990. 03. 28	- 내각, '독일통일' 위원회 회의
1990. 03. 29	- 독일연방은행 중앙은행위원회, 통화전환비율 제안 결정(바이겔 장관 참석). 3. 22일 콜 총리 주재 회의시 요청에 따른 검토 - 동 회의에서는 2,000 마르크까지의 예금은 1:1로 전환하고 여타 잔액 및 임금, 연금 등 플로에 대해서는 2:1로 전환하되 보조금, 임금조정이 먼저 전제되어야 함을 강조 - 재무부, 통화동맹과 경제공동체 창설을 위한 최초의 구체안 마련
1990. 03. 31 - 04. 05	- 재무부, 위 안에 대한 구체화 작업 진행 - 부서 간 논의를 통해 동 안의 내용을 발전시켜 나감
1990. 04. 02	- 연방은행, 통화통합 시 적용될 전환비율 제안 공표(정부에는 3. 30일자로 송부)
1990. 04월 초	- 동독 지역에서 2:1 전환비율에 대한 반대, 1:1 전환을 요구하는 시위
1990. 04. 06	- 독일-프랑스 재무-경제협의회 개최
1990. 04. 09	- 티트마이어 대표, 루데비히 총리실 국장, 브뤼셀 들로(Delors) EU집행위원장을 방문하여 협상의 개념과 협상전략에 대해 설명
1990. 04. 11	- 티트마이어 대표, 동독 총리 내정자 드메지에르와 의견 교환
1990. 04. 12	- 드메지에르, 동독 총리로 선출
1990. 04. 14	- 티트마이어, 루데비히, 드메지에르 방문 - 이어서 차후 협상대표가 될 크라우제 및 Klaus Reichenbach(총리실장)와 첫 대면
1990. 04. 19	- 서독 총리실장, 재무장관, 연방은행 통화통합관련 회의
1990. 04. 22	- 콜 총리, 재무장관 포함 연방장관, 연방은행 총재, 티트마이어 회의 * flow에 대한 1:1 전환 잠정 합의
1990. 04. 23	- 재무부, 통화통합* 및 국가조약에 관한 제안서 제출 - 동 제안의 기본적 입장에 대해 독일 정부와 연정 간에 합의, 연방은행도 참석 *임금 등은 1:1, 저축은 연령별로 차등하여 1:1 적용 - 쇼이블레 내무장관, 티트마이어 동베를린에서 드메지에르 총리 면담
1990. 04. 24	- 전날 서독 정부의 제안에 대한 협의차 양독 총리 Bonn에서 회담
1990. 04. 25	- 동베를린에서 통화·경제·사회통합 본협상 시작. 서독 대표는 티트마이어, 동독 대표는 총리실의 정무차관 크라우제(동베를린)
1990. 04. 26	- 자이터스(R. Seiters) 서독 총리실장과 드메지에르 동독 총리 간 회동
1990. 4월말	- 쉬러 보고서(1989년 10. 27일 작성) 공개됨
1990. 04. 27	- 양측 협상대표 티트마이어와 크라우제 간의 2차 회동(동베를린)

날짜	내용
1990. 04. 29	– 티트마이어의 초청에 의해 연방은행 부총재 슐레징어와 재무부, 경제부, 차관이 참석한 가운데 '전환비율'에 관해 논의
1990. 04. 30 – 05. 01	– 총리실에서 3차 본협상 개최(서독 본) – 협상단, 전환비율에 관한 기본방향에 합의. – 총리실에서 연정 내 야간 회의: 전환비율 결정. 동독 측의 플로 1:1, 저축 일정액 1:1 요구 수용
1990. 05. 03-04	– 제4차 협상(동베를린) – 국가조약에 담길 각 부서의 조항에 대한 검토 제출 요구 – 바이겔 장관과 동독의 롬베르크 장관 회동
1990. 05. 06	– 동독 지방선거(CDU 최다의석)
1990. 05. 11-13	– 5차 통화·경제·사회통합 협상. 최종 협상
1990. 05. 14	– 양독 재무장관, 동베를린에서 만나 동독의 재정상황, 서독의 지원 내용, 동독의 자체 개선방안 등에 대해 논의
1990. 05. 16	– 콜 총리, 주정부 총리들과의 회의에서 '독일통일기금' 설립 등에 합의
1990. 05. 17	– 양독 재무장관 회동. 「통화·경제·사회동맹」의 창설을 위한 국가조약 협상 최종 점검 – 자이터스(Seiters) 서독 총리실 장관과 드메지에르 동독 총리 저녁시간 통화(미해결 재산권 문제, 탈법적 통화교환에 대한 방지규정 논의)
1990. 05. 18	– 오전: 동서독 내각, 통화·경제·사회통합 조약 협상안에 동의 의결 – 오후: 양독 총리, 정치지도자들이 참석한 가운데 바이겔과 롬베르크 양독 재무장관은 Bonn의 서독 총리실에서 '통화·경제·사회동맹'의 창설을 위한 국가조약에 서명
1990. 05. 31	– 연방은행 중앙은행위원회(바이겔 장관 참석), 통화통합 실행방안 논의
1990. 06. 13	– 동독 롬베르크 재무장관, 연방은행 중앙위원회 회의 참석(푈 총재, 초청)
1990. 06. 21	– 동독의회 및 서독 하원 국가조약 비준
1990. 06. 22	– 서독 상원, 국가조약 비준
1990. 06. 27	– 바이겔 장관, 서독의 금융기관장들과 통화·경제통합에 관해 논의
1990. 07. 01	– '통화·경제·사회통합조약' 발효 – 바이겔 장관, 동베를린의 현금 교환소 방문
1990. 07. 12	– 연방은행 중앙은행위원회, 동베를린에서 개최
1990. 08. 23	– 동독 인민회의, 서독기본법 제23조에 의한 서독편입 결정
1990. 08. 31	– 동서독 통일조약 체결
1990. 09. 20	– 동서독 의회, 통일조약 비준
1990. 10. 03	– 독일 통일

주: 통화·경제·사회통합(동맹) 관련 내용을 협상진행과 관련된 사항을 포함해 가능한 상세히 소개했음.
자료: Waigel and Schell(1994), pp. 248-255; 손선홍(2016), pp. 336-340; Die Welt(2004), Ludewig(2015), pp. 264-274를 참조하여 작성.

PART 04

독일연방은행,
동독의
중앙은행이
되다

동독 지역 통화정책 권한의 확보

1990년 7월 1일자로 통화통합이 발효됨에 따라 독일연방은행의 통화정책권한은 전 통화지역으로 확대되었으며 통합조약 제10조 제1항, 연방은행은 '연방은행법 제12조에 따라 자신의 책임 하에, 양독 정부의 간섭을 받지 아니하고, 전 통화지역에서의 통화의 안정을 지키기 위해, 제 수단을 활용하여 통화의 유통과 신용공급을 규제하게 되었다 통합조약 제10조 제3항.[319]

통화통합의 제안이나 협상과정에서 서독 측의 일관된 입장은 동독에 DM이 도입되면 그에 상응하는 시장경제로의 경제개혁이 수반되어야 함은 물론 통화정책권한이 서독의 독일연방은행에 위양되어야 한다는 것이었다. 연방은행은 1990년 3월 30일, 전날 결정된 중앙은행위원회의 통화통합을 위한 전환비율 제안서를 콜 총리에 송부하는 서한에서 임시관리본부와 지점의 설치 필요성을 제기하고 가둠Gaddum 이

---
[319] 한국은행(1990), p. 72.

사를 관리본부 책임자로 내정하였음을 밝혔다.[320] 동독 측은 통화통합이 제안되었던 초기에는 동독 마르크화의 점진적인 태환화, 통화연맹과 정환율을 거친 통화동맹을 상정했다. 이 과정에서 동독으로서는 당연하게 국립은행이 중앙은행으로서 존속하는 것을 염두에 두고 있었다고 할 수 있다.

그러나 2월 초 통화통합 제안과 함께 서독 정부는 동독 지역에 대한 DM 도입 시 통합된 통화영역에서의 통화정책권한을 연방은행에 부여한다는 조건을 달았다. 이는 당시 모드로 정권으로서는 주권의 일부 포기라는 점에서 수용이 쉽지 않은 일이었다. 그런데 3월 총선 후 집권한 드메지에르 정부는 신속한 통화·경제·사회통합을 추진했기 때문에 이것이 근본적인 문제는 아니었다. 다만 연방은행이 통화정책을 관할할 때 동독국립은행이 동독 지역의 중개기관 혹은 집행기관으로서의 기능을 갖기를 원했다. 중개기관 혹은 집행기능의 의미가 설명되어 있지는 않으나 독일연방은행이 통화정책에 관한 결정을 내리면 동독 지역에서 이의 집행을 담당하는 것을 염두에 두었던 것으로 보인다.[321] 아울러 당시 연방은행의 최고 의사결정기구인 중앙은행위원회에 서독 각 주 주 중앙은행의 총재가 위원으로 참여하고 있던 점을 들어 5개 동독 지역 주에도 5개의 투표권이 주어질 것을 요구한다는 내용[322]을 자신들의 연

---

[320] 초기 재무부의 내부 검토 안에는 동독국립은행에 '주중앙은행'의 책무를 부여할 수도 있다는 내용이 있기는 했다. "통화통합과 함께 동독국립은행은 중앙은행으로서의 기능을 상실하고 모든 상업은행적 기능은 국립은행으로부터 분리된다. 국립은행은 주중앙은행의 과제와 권한을 가지고 존속 가능하며 처음에는 베를린 주중앙은행의 기술적 지원을 받는다(Sarrazin, 1994, p. 185).
[321] 중개기관: Zwischenschaltung(intermediate station(Tietmeyer, 1994, p. 68, p. 77, p. 87).
[322] 당시 서독의 각 주마다 주중앙은행이 있었으며 최고 의사결정기구인 중앙은행위원회에서 1표씩을 행사했다.

정협약에 명기했다.[323] 그러나 티트마이어는 본 협상전 드메지에를 방문한 자리에서 위 내용을 받아들일 수 없으며 DM 도입을 위해 동독 지역에 관리본부와 지점을 설치해야 함을 명확히 밝혔다.

통화통합 협상 과정에서도 동독 측은 동독국립은행에 대한 기능 부여를 요구했다. 크라우제는 연방은행에 통화정책 권한을 부여함에 있어서 동독국립은행도 동독 지역에 대한 집행권Executivfunktion 등을 통해 참여하게 해 줄 것을 언급했다. 그러나 연방은행은 중개기관이 개재할 경우 집행과정이 길어지며, 동독국립은행에 집행기능을 제공할 경우 그에 대한 지침이 제대로 시행되는 지 확인할 수 없다는 점, 그리고 중앙은행위원회 참여는 아직은 별개 국가인 동독 측이 서독 공공기구의 의사결정에 참여할 수 없다는 근거를 들어 거부했다. 결국 동독은 의견을 조율하는 사실상 마지막 협상이었던 5월초 회담에서 이를 받아들였다.[324] 동시에 동베를린에 연방은행의 임시관리본부를 설치하고 여타 지역에 15개 지점을 설치한다는 데에도 합의가 되었다.[325] 그리고 이러한 경과적인 구조는 정치적 통일이 완성될 때까지만 존속하고 이후에는 동독 지역에도 항구적인, 서독 주에 상응하는 연방은행 구조를 모색하기로 하였다.

연방은행은 전환비율에서는 입장을 충분히 관철하지 못했지만 통화정책권한의 확보에는 완벽하게 자신의 입장을 반영한 것이다.[326] 반면에

---

323 Tietmeyer(2000a).
324 이하 합의 내용은 별도의 주가 없는 한 Tietmeyer(2000b) ; Tietmeyer(1994), pp. 68-88 참조
325 1990.5. 18일 조인된 통화통합조약 부칙에서는 연방은행 임원이 총괄하는 동 기구의 설치를 명시하고 있다(한국은행, 1990, p. 107).
326 티트마이어는 전환비율 결정에서 동독의 입장이 상당 정도 반영된 것과 달리 동독 지역에서 연방은행의

동독에게 이는 커다란 주권 포기였다. 동독은 서독의 공공기관이 자신의 영토에 지점을 세우고 동독 측의 참여 없이 권한을 행사하게 된 것을 받아들여야 했던 것이다. 이 합의는 통일로 가는 중요한 단계였으며 시기, 기간상으로도 중요했다. 이 날 이후 비로소 연방은행은 통화전환 및 임시관리본부와 지점 설치에 관한 구체적인 기술적·조직적 준비를 시작할 수 있었기 때문이다. 건물은 동독국립은행의 건물을 사용하기로 했고 직원 채용권한도 확보했다. 이것은 서독의 대표단, 연방은행직원을 동독 지역에 파견할 수 있음을 의미했다. 동독국립은행은 가능한 동독 측 직원을 활용해 줄 것을 요구했고 연방은행은 이를 받아들였다. 이후 7월 1일 통화통합 발효일에 업무를 수행할 수 있도록, 매우 짧은 기간에 연방은행은 준비를 마무리했다.

동독 지역에서의 통합 준비 및 통화정책 수행을 위해 연방은행에는 상당한 권한이 부여되고 지원이 제공되었다.[327] 우선 통화지역에서 중앙은행으로서의 기능을 수행하기 위해 연방은행법을 적용받았으며 임시관리본부 및 15개 지점 설치권을 확보했다. 언급된 대로 동독 정부는 연방은행의 업무수행을 위한 건물제공 등 지원 제공 의무를 지게 되었고 연방은행은 업무수행을 위해 직원들을 동독에 파견할 권한을 보장받았

권한(responsibility) 및 설립에 관해서는 연방은행의 입장이 완전하게 관철되었다고 평했다(Tietmeyer, 2000b).

[327] 한국은행(1990), Anlage I, Bestimmungen über die Währungsunion und über die Währungsumstellung, pp.103-108(국문은 김영윤 외, 1994 참조); 양창석(2011) p. 116에서는 동독 재무장관 발언권, 중앙은행 총재의 국무회의 참석권, 재정관련 자문, 채권 발행 시 연방은행 이용 등을 예로 들고 있는데 이는 통합조약 부칙 I, 제12조 "연방은행이 통화지역에서 중앙은행으로서의 기능을 수행하기 위해 연방은행법에 따른다"에 의해 서독에서도 적용되던 법규가 동독에도 적용됨을 의미하는 것으로 해석할 수 있다. 동 연방은행법 조항은 한국은행(1993), pp. 23-28, 연방은행 부분 참조.

다. 현지 파견 직원들에게는 자료접근권, 공간이용권 등의 권한이 주어졌으며 사무공간, 문서송달, 업무목적의 왕래에 대한 확실한 보장, 동독 국가기관특히 경찰을 통한 업무공간의 보호, 업무수행을 위한 무기 휴대 허용, 현지고용 인력에 대한 독자적인 고용계약권[328]도 주어졌다.

---

328 서독이나 동독의 관련법 혹은 임금협약규정과 관계없이 동독의 특수성을 고려한 고용계약을 맺을 수 있다고 규정.

독일연방은행 동독에 들어가다

통화통합과 함께 동독에서 연방은행의 통화정책을 수행하기 위한 제도적인 조건은 연방은행 조직망을 구축하고 동독 금융제도를 시장경제에 걸맞은 금융제도로 전환하며 지급결제제도를 통합하는 것 등이라고 할 수 있다. 연방은행은 통화통합조약이 조인되면서 베를린에 「임시관리본부」[329]와 15개 지점을 설치하여 구 동독 지역에서의 중앙은행업무를 주관하게 하였다. 당시 연방은행이 각 주에 주중앙은행을 두고 있었던 맥락에서 임시관리본부는 동독 지역에서의 주중앙은행에 준하는 역할을 했다고 볼 수 있다.[330]

연방은행 본점에 구성되었던 임시관리본부 설치를 위한 팀은 동베를린의 공산당 중앙위원회구 제국은행 건물에 사무실 및 금고를 확보한 후 1990년 6월 18일에 이전하였다. 동독 정부는 연방은행에 지점설립에

---

[329] Deutsche Bundesbank Vorläufige Verwaltungsstelle Berlin. 영어로는 'Provisional Administrative Office' (Bundesbank, 1990d, Eng. trans. p. 25) 혹은 'Temporary Administrative Office' (Meinhardt et al., p. 74)로 번역된다.
[330] 별도의 주가 없는 한 Bundesbank(1990d), pp. 25-32를 정리한 김영찬(1995), p. 14; Bundesbank(1992b).

적합한 장소를 제공하도록 되어 있었으며 이에 따라 연방은행은 동독 국립은행의 지점, 그것이 불가능할 경우에는 다른 건물을 이용할 수 있었다. 그러나 인도받은 대부분의 건물이 낡고 사무자동화를 위한 기본 설비가 갖추어져 있지 않아 많은 어려움이 따랐다.

임시관리본부는 초기의 어려움에도 불구하고 통화통합일 전에 업무 태세를 갖추었다. 연방은행은 사무실 공간 및 기술적인 기초설비의 부족에도 불구하고 연방은행의 전반적인 서비스, 특히 리파이낸싱, 지로 계좌처리, 현금공급, 화폐정사·감사 및 비현금결제 제도의 도입을 지원한다는 목표 아래 이를 위해 필요한 기계설비 등의 설치작업과 아울러 은행감독 및 통계작성을 위해 필요한 준비 작업을 진행했다. 서독과의 전화·팩스 연결, 데이터 통신망도 통화통합일을 전후해 구축되었다.

당시 서독의 주중앙은행들은 동독 지역에 설치된 지점 1개 이상에 대한 설립준비 및 기술·조직·인사상의 자문·지원을 담당하였다.[331] 티트마이어는 주중앙은행의 도움이 없었으면 조기의 업무망 구축이 불가능했을 것이라고 강조했다.[332] 여기서 당시 주중앙은행은 상당 규모를 가진 독자적 성격의 기관으로 현재의 지역본부보다 많은 인적자원을 보유하고 있었음을 감안할 필요가 있다.

한편 약 250명의 연방은행 파견 직원만으로는 동독 지역 조직의 필요 인원을 충당할 수 없었고, 동독국립은행 직원에 대한 고용기회를 제

---

331 예를 들어 규모가 큰 Nordrhein-Westfalen주 중앙은행은 동베를린(Ostberlin), Frankfurt an der Oder(동독 지역에 있는 도시로 서독 지역의 우리가 일반적으로 알고 있는 라인강가의 프랑크푸르트 Frankfurt am Main과는 다른 도시), Cottbus와 Potsdam을, Bayern주 중앙은행은 Dresden와 Chemnitz를 담당했다.
332 Tietmeyer(2000b).

공하기 위해 통화통합일 기준으로 900명의 국립은행 직원을 우선 한시 계약으로 고용하였다. 베를린 임시관리본부와 15개 지점의 직원 수는 통화통합 당시 임시관리본부 27명, 지점 1,161명으로 전체 1,188명에서 해산 직전에는 각각 244명, 1,588명, 전체 1,832명으로 늘어났다.[333]

[표12] 동독 지역 임시관리본부 등의 연방은행 직원 수

	1990년7			1991년7			1992년9		
	구 동독	구 서독	소계	구 동독	구 서독	소계	구 동독	구 서독	소계
지점	887	274	1,161	1,443	143	1,586	1,466	122	1,588
임시관리본부	5	22	27	143	48	191	182	62	244
소계	892	296	1,188	1,586	191	1,777	1,648	184	1,832

자료: Bundesbank, (1992b), p. 33.

시간이 경과하면서 연방은행 본점과 주중앙은행 출신인 구 서독 출신 직원 수는 임시관리본부에서는 늘어나고 지점에서는 줄어들었다. 지점업무 지원, 교육 등을 위해 파견되었던 직원들이 감소한 때문으로 초기에는 지점 전체인원 중 동독 출신이 76% 정도였으나 관리본부가 해체된 1992년 9월에는 92%에 달했다. 이들은 동독국립은행으로부터 승계되었거나 베를린 고용시장에서 공모를 통해 충원되었다. 임시관리본부 설립 초기에 서독에서 한시적으로 파견된 직원들은 직원 채용, 교육과 아울러 일반 업무를 동시에 수행했다. 처음 파견되었던 많은 서독지역 소속 직원들은 일정기간 근무 후 원직으로 복귀했다.

---

[333] 이하 인력에 관한 내용은 Bundesbank(1992b), pp. 33-34 참조.

동독 금융제도의 개혁

시장경제로 전환되면 금융도 바뀌어야

통화통합 발효에 따라 연방은행은 '전 통화지역에서 통화가치의 안정safeguarding the currency'을 목적으로 화폐의 유통과 신용공급'을 규제하게 되었다.[334] 연방은행이 조약에서 명시한 책무를 동독 지역에서 효과적으로 수행할 수 있기 위해, 즉 통화정책의 제대로 된 작동을 위해서는 시장형 금융제도로의 전환이 필수적이었고 통화통합조약에서도 이를 규정했다.[335] 연방은행의 금리, 유동성 정책수단이 동독에서도 작동하기 위해서는 동독 지역에서 자유시장 원칙과 양립하는 독립적인 상업은행제도가 존재해야 한다는 것이다.

앞서 보았듯이 동독의 금융제도는 국립은행을 중심으로 하는 일원적 은행제도였고 은행들은 자유시장경제에서는 일상적인, 자체 책임하

---

334 통화통합조약 제10조 제3항
335 통화통합조약 제10조 제4항에서는 "통화정책의 전제조건으로 동독은 자유시장 신용제도를 구축해야 한다. 여기에는 민간부문원칙에 따라 작동하는 상업은행, 서로 경쟁하는 민간은행, 신용조합, 공법상의 은행, 자유로운 자금·자본시장, 금융시장에서 규제에 의하지 않는 금리 설정 등이 포함된다"라고 규정하고 있다(한국은행, 1990, p. 73).

의 거래 수행이라는 것이 허용되지 않았다. 대신 중앙계획경제 작동에 있어서 자원할당, 한도 통제, 청산제도의 한 부분을 구성하며 각 은행은 특정한 기능으로 분업화되어 있었다.[336] 동독에서 금융기관의 존재 목적은 국가가 설정한 계획 및 그 결과에 상응한 돈의 흐름을 통제한다는 데 있었고 이에 따라 모든 관련 결정은 국가재정 수행의 관점에서 국립은행에 의해 이루어졌다. 물론 국립은행 외에 독일무역은행 등 몇몇 특수은행과 저축은행, 신용협동조합 등의 일반인 상대 금융기관이 있었지만 이들은 국립은행의 직접적인 관할 하에 있었다. 개인의 거의 모든 금융자산, 예금은 저축은행과 신용조합에 집중되어 국립은행에 예치되었고 일부만이 개인에 대한 주택자금대출 등으로 사용되었다. 예치금 등을 재원으로 한 국내 기업에 대한 대출은 주로 국립은행이 담당했다.

통화통합을 전후해 이러한 동독의 금융제도는 이원적 은행제도로의 전환을 시작으로 근본적으로 개편되었다.

이원적 은행제도로의 전환

동독은 통화통합이 가시화되면서 금융조직을 과거 중앙통제적 조직으로부터 시장경제체제에 맞는 이원적 금융제도로 전환하기 시작하였다. 동독에서 금융제도의 전환은 통화통합 전과 통화통합 이후 기간으로 나누어볼 수 있다.

동독의회는 1990년 3월 6일 서독식 이원적 은행제도로의 이행을 내

---

[336] Bundesbank(1990c), p. 16.

용으로 하는 '동독국립은행법 개정법'[337]을 통과시킴으로써 첫 단계의 은행제도 전환을 시작하였다.[338] 이를 통해 4월 1일 국립은행에서 상업은행 기능이 분리되었다. 상업은행의 큰 부분은 독일신용은행,[339] 동베를린을 담당하던 작은 부분은 베를린시립은행 Berliner Stadtbank으로 분리되었다. 동 조치에 따라 기업 및 주택부문 관련 업무는 독일신용은행이 담당하고 국립은행은 중앙은행업무만 전담하게 되었다.

한편 동독 정부는 1990년 4월 1일부터 동독 지역의 금융시장을 개방함으로써 서독 및 외국은행이 진출할 수 있도록 허용하였으며 서독 금융기관들은 처음에는 사무소 그리고 이어서 동독 금융기관의 인수, 합작, 자회사 등의 방식으로 동독 지역에 진출했다. 통화통합 직전인 6월말에는 독일신용은행과 서독의 대형 은행인 도이치은행 Deutsche Bank, 드레스드너은행 Dresdner Bank 과의 합작은행인 도이치은행-신용은행 Deutsche Bank-Kreditbank AG 및 드레스드너은행-신용은행 Dresdner bank-Kreditbank AG가 설립되었다.

동독에 대한 초기 진출에는 당시 서독의 대형은행 중 자산기준 2위로, 1872년 동독 드레스덴에서 출범했던 드레스드너은행이 가장 적극성을 보였다. 이 은행은 장벽이 무너진 얼마 후인 1990년 1월 2일 서방의 금융기관으로서는 처음으로 드레스덴에 사무소를 설치하였다. 이어 1월중에 라이프치히, 동베를린 등 동독의 6개 주요 도시에 사무소망을

---

[337] Gesetz ber die nderung des Gesetzes ber die Staatsbank der DDR.
[338] 첫 단계의 전환은 McDonald(1990), pp. 151-152를 참조하여 작성.
[339] 독일신용은행(Deutsche Kreditbank)은 동독 지역의 기업 및 주택 부문에 대한 대출과 기업 및 보험산업의 예금을 국립은행으로부터 인수받아 이의 관리업무를 담당하였다.

구축하였으며 시장경제와 서방의 금융제도에 관한 자문 업무를 수행하기 시작하였다. 4월 1일에는 서독과 위성을 통해 온라인on-line으로 연결되는 첫 지점이 설치되었다. 이어 통화통합 발효직전인 6월 25일 독일신용은행과 합작으로「드레스드너 신용은행」을 베를린에 설치함으로써 독일신용은행의 기존시설·인원을 이용할 수 있게 되었고 통화통합발효 시에는 이미 107개 지점을 통해 영업을 개시하였다.[340]

[그림12] 동독 금융기관 간의 상호관계

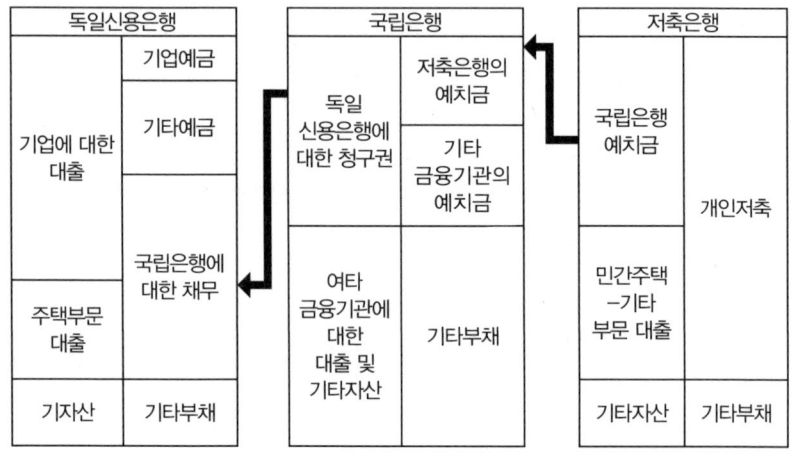

자료: Bundesbank(1990c), p. 18의 요약

〈그림12〉는 통화통합 당시 동독 금융기관의 상호관계를 아주 단순화하여 나타낸 것이다. 여기서 중앙은행인 국립은행에서 독일신용은행

---

340 Priewasser(1992), pp. 388-396; Priewe and Hickel(1991), pp. 105-107(김영찬, 1995, pp. 35-36에서 재인용). 그러나 드레스드너은행은 2009년 독일의 다른 대형 상업은행인 코메르츠은행(Commerzbank)과 합병하면서 사라졌다.

이 분리되기는 하였지만 과거 국립은행의 기업에 대한 여수신 업무가 그대로 이관되어 시장경제에서의 금융기관과는 다른 행태를 보이고 있음을 알 수 있다. 저축은행에 대한 개인의 예금은 대부분 국립은행으로 재 예치되고 이것이 다시 독일신용은행을 거쳐 기업에 대한 대출금으로 제공되는 경로를 밟고 있는 것이다. 즉 저축은행의 자산운용에서 개인이나 기업에 대한 대출은 미미하며 독일신용은행도 수신기반이 거의 없어 국립은행이 이를 매개하는 역할을 수행했다. 때문에 연방은행은 이를 당시 국립은행이 자금시장은행 money market bank 역할을 수행했다고 평가했다.[341]

서독 제도로의 통합

본격적인 금융개혁은 7월 1일 통화통합이 발효되면서 추진되었다. 은행감독제도 등 서독의 금융관련 각종 법규가 동독 지역에까지 확대 적용되었고, 서독의 상업은행과 외국은행들도 동독 지역에 지점을 개설할 수 있게 되었다.[342] 동독국립은행은 연방은행으로 중앙은행업무가 이관되면서 '베를린국립은행 Staatsbank Berlin'으로 전환되어 동독 지역의 채무청산작업 및 구 동독 지역 지원을 담당하다가 1994년 10월 서독의 개발금융기구인 KfW에 흡수 통합되었다.

이미 사무소 또는 합작은행의 인가를 받아 업무를 개시하였던 서독 은행들은 통화통합 후에는 기존은행을 흡수하거나 새로운 지점

---

[341] Bundesbank(1990c), p. 16.
[342] 박석삼 · 랄프 뮐러(2001), p. 6.

을 설치하는 방법으로 업무를 확대하였다. 서베를린의 베를린은행 Berlin Bank 은 동베를린의 베를린 시립은행 Berliner Stadtbank 을 인수하였으며, 서독의 베스트 도이체 주립은행 Westdeutsche Landesbank 는 동독의 독일대외무역은행 DABA 과 합작하여 200개의 지점망을 가진 독일산업무역은행 DIHB 을 설립하였다. 이밖에 서독의 베를린무역-프랑크푸르트은행 Berliner Handels-und Frankfurter Bank 는 동독의 독일무역은행 Deutsche Handelsbank 주식의 64%를 인수하였으며 구 동독 농업식품 산업은행 BLN 의 중앙기구는 베를린 협동조합은행 Genossenschaftsbank Berlin der DDR 으로 변신하였다가 서독의 협동조합은행 Deutsche Genossenschaftsbank 에 합병되었다. 결국 동독의 중앙은행에서 분화한 은행들은 주립은행, 대형상업은행, KfW 등 서독의 은행시스템으로 통합되었고 저축은행, 협동조합은행 등도 복구되어 해당 부문의 서독연합회와 통합되었다.[343] 복잡해 보이는 이러한 동독 은행제도의 전환은 결론적으로는 서독식 은행제도로의 통합이라고 말할 수가 있다.[344] 이러한 통합과 함께 동독의 예금은 서독의 기존 예금보험제도로 편입되었다.

제대로 된 금융망의 작동을 위해서는 중앙은행과 함께 상업은행망의 신속한 발전이 필요했으며 동독 금융망의 복구에는 서독계 은행들의 인적, 물적, 기술적 지원이 큰 역할을 했다.[345] 통화통합 첫날부터 지급결제 운용, 중앙은행으로부터의 리파이낸싱 참여, 독자적인 결정에

---

[343] Streit(1999), 669-671.
[344] 윤덕룡 외(2002)도 "동독 지역에서 이루어진 금융개혁의 내용은 사실상 동서독 간 금융통합이었다"라고 설명하고 있다(p. 149).
[345] Tietmeyer, 2000b, pp. 78-80.

[그림13] 동독 금융기관 재편도

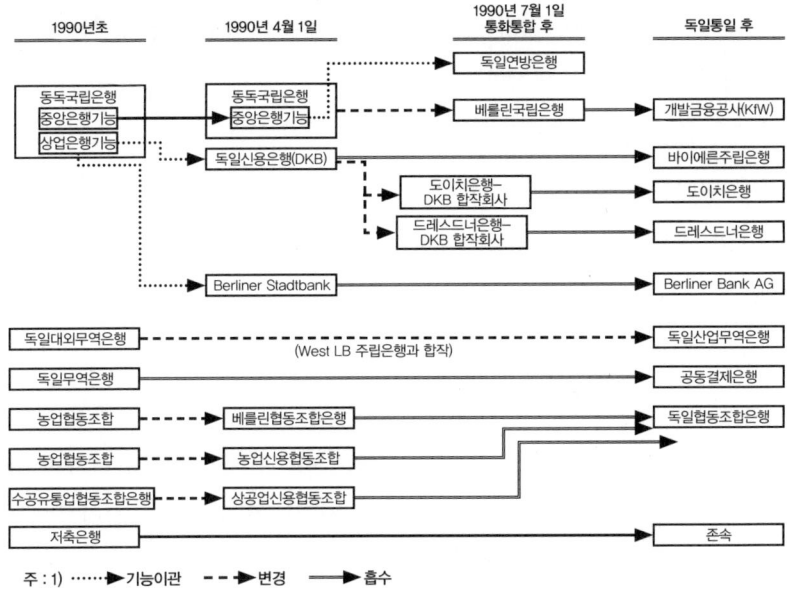

자료:Streit(op. ci)t, p. 670.

의한 대출이나 여타 금융활동을 수행해야 했기 때문이다. 그러나 동독에는 이를 위해 필요한 전문능력을 가진 인력이나 기술적 설비가 없었고 5월 18일 조약 체결이 되자 거의 모든 서독 민간은행들이 몇 주내에 동독 지역에 지점을 설립해 인적, 물적 자원을 투입했다. 그리고 서독의 저축은행과 협동조합은행들은 동독 지역 파트너들을 지원했다. 서독 은행들은 동독 금융기관의 건물 및 기자재 등 물적 자본에 대한 투자뿐만 아니라 동독 지역 지점에 고용된 직원에 대한 연수 등 인적 자본에도 많은 투자를 하였다. 이를 통해 통일 이후 동독 지역에는 건

전하고 경쟁력 있는 금융제도가 단기간 내에 구축될 수 있었다.[346]

티트마이어가 동독 지역 상업은행망의 빠르고 광범위한 개혁은 놀라운 성공작이라고 평한 것처럼[347] 시장경제 금융제도로의 이행 과정은 성공적이었다는 것이 일반적인 평가이다. 이러한 역동적인 금융개혁 과정이 별다른 문제없이 이루어진 데에는 정부보증[348]을 통한 부실채권 문제의 해소와 서독 은행들의 동독 지역에 대한 적극적인 투자가 기여했다.[349]

동독 지역에서는 초기 시장점유율을 높이려는 시도에서 서독 지역에서보다 심한 경쟁이 있었고 그 결과로 은행부문은 동독 지역에서 가장 먼저 전환기의 어려움에서 벗어날 수 있었다. 다만 제도적 장치의 미비로 대출관련 안전장치를 위한 수단들이 성숙되지 못했었고 신뢰할만한 위험예상 기준이 없었다. 은행과 기업 간의 관계망이 형성되고 안정되기까지에는 많은 시간이 소요되기 때문이다. 한편 고객들의 경험 부족으로 상담창구는 항상 만원이었다. 그리고 경우에 따라 문제도 있었지만 전반적으로 보아서 은행들의 자본공여업무는 잘 수행된 것으로 평가되었다. 거의 마찰 없이 수행된 지원자금의 제공 등으로 동독 지역에서 실질적으로 자본조달에 애로사항은 없었던 것으로 나타났다.[350]

이는 같은 시기에 시장경제로의 전환을 겪은 동구권 국가들에 비해

---

[346] 박석삼·랄프 뮐러(2001), pp. 5-6.
[347] Tietmeyer(2000b), p. 80.
[348] 예를 들면, 구 동독의 국영기업 사유화를 추진하기 위하여 1990년부터 1994년까지 신탁관리청(Treuhandanstalt)을 설립하여 운용하였는데, 신탁관리청은 12,000개 이상의 구 동독 국유기업의 자산과 부채를 인수하였다.
[349] 박석삼·랄프 뮐러(2001), pp. 5-6.
[350] Müller-Kästner(1994), p. 9.

상대적으로 원활하고 신속한 진행이라고 할 수 있다. Wagner는 동독이 이 부분에 있어서 역사적으로 독특한 이점을 누렸다고 평하고 있다. 즉 서독으로부터의 기술적·재정적 제도와 자원의 이전으로 금융시스템에 안정적이고 비교적 위험 없는 여건이 형성되었다는 것이다. 이중 가장 중요한 것은 안정적인 법률제도, 연방은행이라는 존재에 기반을 둔 안정적인 통화, 서독의 직접투자 등을 통해 제공된 효율적인 노동력과 설비 등이라고 평가했다.[351]

---

351 Wagner(1993), p. 1010.

지급결제제도의 통합

경제주체들이 지급수단을 이용하여 각종 경제활동에 따라 발생하는 거래당사자 간의 채권·채무관계를 해소하는 행위를 지급결제 payment and settlement 라고 한다. 지급수단에는 여러 가지가 있는데 그 근간을 이루고 있는 것은 현금이다. 현금을 지급하면 더 이상의 결제과정을 거칠 필요가 없이 지급결제가 마무리되며 이를 현금지급결제라고 한다. 그러나 소액의 일반 상거래를 제외한 대부분의 거래에는 현금 대신 계좌이체, 지급카드, 어음·수표 등의 지급수단이 사용된다. 이러한 비현금 지급결제에서는 지급인의 금융기관 예금계좌에서 해당 금액을 인출하여 수취인의 예금계좌로 입금하여 주는 금융기관 간의 자금이체 절차를 거쳐야 한다. 이를 위해 필요한 것이 지급결제시스템이며 금융시스템의 안정을 위해서는 지급결제제도의 효율적이고 안전한 운용이 필수적이다.[352]

동서독 통화·금융통합과 관련하여 독일 전체를 대상으로 한 원활한

---

[352] 한국은행(2014b), pp. 5-6 참조.

자금결제를 위해서는 지급결제시스템의 통합이 핵심적인 과제중의 하나였다. 이중 현금지급결제는 동독 지역에서도 DM이 법정통화로 통용되는 것에 맞추어 DM이 공급됨으로써 별다른 문제없이 해결되었다.

그러나 서독식 비현금지급결제시스템의 도입은 양측의 시스템 차이로 인해 어려움이 적지 않았다. 동독에서 비현금지급결제는 동독국립은행이 관리하고 운영하는 시스템에 의해 처리되었다. 이 시스템에서 저축은행, 신협은행 및 기타 회원 기관들은 단일한 데이터처리 시스템과 단일 계좌번호 체계, 일련의 동일한 서비스를 제공했으며 ESER[353]라고 불렸다. 모든 고객들의 계좌와 은행의 청산계좌가 이 폐쇄적 시스템 self-contained system에서 움직였기 때문에 예금의 이체, 부채의 상환 등 모든 종류의 비현금지급결제가 이를 통해 처리되었다. 따라서 은행 간에 전표payment voucher를 처리할 일이 없었다. 고객들로부터 받은 증서 기반 지급요구서는 이를 수령한 은행에 의해 회계처리 목적으로만 기록되고 처리되었다.[354]

이 ESER시스템은 서독의 지급결제시스템과 호환되지 않아 단계적으로 서독식으로 전환되어야 했다. ESER시스템의 종료시한은 통화통합 1년 반 뒤인 1991년 말로 정해졌으며 ESER-금융기관들은 자체적으로 전환시점을 선택할 수 있었다. 전환은 점차적으로 이루어져 신협부문이 상대적으로 빨리 서독 기준을 도입했고 저축은행부문은 최종시점에서 전환했다. 연방은행은 이러한 과정을 베를린 주중앙은행 전산센

---

[353] Einheitliches System der Elektronischen Rechentechnik (Standard System of Electronic Data Processing: 영문은 Bundesbank(1990d), p. 26에 따름)의 약자.
[354] Bundesbank(1990d), p. 26.

터를 중심으로 하는 자체 지로망에서의 특별조치를 통해 지원했다.[355]

시스템의 전환이 원활하지만은 않아서 통화통합 초기에는 시스템 간 비현금 지급결제 급증으로 증빙서류의 우송시간 지연이나 작업지체 등 예기치 않은 상황이 발생하면서 동서독 간 지급결제 처리시간이 길어지기도 했다. 그러나 연방은행이 택배서비스를 통해 베를린 전산센터 착·발 증빙서류를 배송하고 어음교환소청산소를 설립하는 등의 조치를 취하면서 연방은행 지로망에서 동독 지역과의 비현금지급결제 소요시간은 1992년 말에는 서독과 거의 같은 수준으로 빠르게 개선되었다.

지급결제의 구조는 원거리 지급결제와 역내결제로 구분된다. 원거리의 경우 통화통합 후 동독에서는 증서Beleg 가 지배적인 지급수단이었다. 지급행위의 상당 부분은 연방은행 지점 간에 증서를 수반하여 이루어졌다. 따라서 추심의뢰의 절반 이상이 처음에는 전통적인 방식으로 연방은행망에서 청산되었다. 이러한 높은 비율은 자동화가 불가능한 동독 수표 때문으로 이는 1991년 3월말에야 사용이 중단되었다. 이밖에 종종 기술적 혹은 인력상 애로에 따른 시간상 문제로 지급결제의 지연을 막기 위해 증서가 코드화되지 않고 전통적인 방식으로 처리되었다. 부분적으로는 이미 ESER시스템 종료 전에 서독식으로의 전환이 진행되었고 1991년 2/4분기부터는 지급절차가 한층 자동화되어 점진적으로 증서 없는 지급결제방식전자방식으로 전환되었다. 서독의 대형은행들은 동독 지역에서의 지급결제를 비증서, 데이터전송방식으로 구축했다. 이는 지급결제를 소수 장소에 집중시켜 원거리지급결제에서 증서

---

355 이하는 Bundesbank(1992b), pp. 29-31 참조.

방식을 축소하는 기능을 한다.

역내이체 및 지급[356]은 임시관리본부 산하지점의 관할 지역이 서독 지역에 비해 넓기 때문에 처음부터 서독 지역에 비해 처리량이 상당히 많았다. 증서방식은 노동집약적이지만 당일 청산이 가능했기 때문에 금융기관들은 이 방식을 적극 활용했다. 한편 어음교환과 관련하여 서독 지역에는 주중앙은행의 거의 모든 지점마다 어음교환소가 있던 반면 임시관리본부 산하 15개 지점 중에는 10개만이 설치되었다. 이는 주로 앞에서 언급한 대형은행의 영업 전략과 관련된 것으로 이들 은행은 증서교환 수반방식 청산을 그들이 비전산자료 교환을 위해 설립한 처리중심점에서만 행했기 때문이다.

서독 지역 수준의 서비스를 초기부터 제공하기 위해 임시관리본부 산하지점에도 일찍이 고성능 데이터처리장치 및 텔레커뮤니케이션 인프라가 구축되었다. 각 지점에는 필수적인 데이터처리 장비 외에 안정적으로 원활히 작동할 수 있는 지점 간 전화, 팩스, 데이터네트워크가 가설되었다. 이를 통해 서독 지역 연방은행 모든 지점과의 직접적인 커뮤니케이션이 가능해졌으며 아주 초기부터 신속결제를 포함한 전반적인 자동결제 서비스가 제공될 수 있었다. 그러나 전용이체망은 구 동독의 낡은 케이블과 기술적인 문제로 인해 종종 고장을 일으켰다. 이러한 고장의 빈도와 지속시간은 1992년 들어 독일 체신부의 통신망 교체로 인해 현격히 줄어들었고 데이터전송의 질도 서독 수준으로 개선되었다.

---

356 연방은행의 동독 지역 지점망을 이용한 지급결제

동독 지역 금융기관에 대한 자금공급 [357]

초기
여건
⋮

통합조약 발효로 독일마르크화 사용지역이 동독으로도 확대되면서 연방은행은 연방은행법에 규정된 임무에 의거해 이 지역에 대한 통화공급 업무를 담당하게 되었다. 동독 소재 금융기관들에게 서독에서와 같은 방식으로 연방은행 자금을 공급하기 위해서는 제반 전제조건들이 조성되어야 했다. 통합조약 발효로 독일마르크화 사용지역이 동독으로도 확대되면서 독일연방은행법의 규정에 의해 동독 금융기관들도 연방은행으로부터 자금을 조달refinancing할 수 있는 길이 열렸다. 그러나 동독 소재 금융기관들에게 서독에서와 같은 방식으로 연방은행 자금을 공급하기 위해서는 제반 전제조건들이 조성되어야 했다. 동독

---

357 김영찬(1995), pp. 34-35; Bundesbank(1990c), pp. 14-29; 한국은행(1993); Bundesbank(1992b), pp. 5-11를 참조하여 작성.

의 금융시스템이 전환되기는 했지만 초기에 이들 금융기관은 연방은행으로부터 신용을 제공받을 수 있는 자산, 즉 상업어음이나 채권 등을 실질적으로 보유하지 못했다.

연방은행은 구 동독 지역의 상업은행제도 확립을 위해 우선 「DM표시 개시대차대조표 및 자본금 정산법」을 제정하여 은행이 새로 대차대조표를 작성하도록 하였다. 이때 각 자산 및 부채에 적용되는 전환비율의 차이로 발생되는 손실은 연방정부가 평형청구권을 발행하여 보전하는 것으로 결정되었다.

이 평형청구권은 앞의 〈표11〉에 제시된 것과 같이 예금과 대출금에 적용되는 전환비율에 따른 차이와 은행들이 보유하고 있던 대출채권 중 부실화된 채권에 대한 보상으로 제공된 것이다. 정부가 지급을 보증하며 시장금리를 제공하고 대부분이 '소지인부 채권債券'으로 전환해 자본시장에서 유동화가 가능하도록 했다.[358] 따라서 이는 초기에 시중 은행들이 연방은행으로부터 자금을 공급받는 데 있어 중요한 자산 역할을 하였고, 연방은행으로서도 통화정책을 수행하는 데 있어서 담보로 제공받거나 공개시장운영에 활용할 수 있는 수단이 되었다.

다만 부실채권에 대한 평형청구권 제공으로 은행의 위험을 제거해준 것에 비하면 동독 은행들의 서독 은행들에 대한 매각 대금이 너무 적다는 비판이 제기되기도 했다. Giacché는 국가에 의해 대출채권이 보증된 것을 고려하면 동독 은행 매입자들이 지불한 가격과 은행들이 제

---

[358] Inhaber-Schuldverschreibungen: 무기명채권으로서 만기 시 소지인에게 원금이 지급된다. 평형청구권은 Bundesbank(1996a)에서 상세히 다루고 있다.

공한 신용의 가치 간에 터무니없는 불일치가 있다고 주장했다. 동독국립은행에서 분리된 베를린 시립은행 Berliner Stadtbank 은 115억 DM에 해당하는 대출자산으로 가지고 있었음에도 서독의 Berliner Bank에 4,900만DM에, 토지농업은행 BLN 은 155억 DM의 신용자산에도 DG독일신협중앙회에 1,200만 달러에 매각되었고 West LB는 독일대외무역은행 DAB 을 4,300만 DM에 인수하고 70억 DM의 신용자산을 취득했다고 지적했다는 것이다.[359]

이 비판은 동 매각대금을 적시한 독일감사원의 국회 앞 대외비 보고서를 인용한 것이다. 당시 언론 보도를 보면 감사원은 '헐값 매각' 혹은 보증과 함께 은행에 매각하는 대신 정부가 동 채권을 직접 인수했다면 정부부담이 줄어들었을 것이라고 보고서에서 지적한 것으로 보인다.[360] 서독계 은행들이 직원훈련, 건물 및 설비에 많은 투자를 했던 것은 인정되지만 동독 은행들을 헐값에 인수함으로써 상당액의 이익을 얻었다는 것이다. 시내 중심가에 위치한 건물, 영업망의 인수는 후일 시장점유율 등을 고려할 때 커다란 영업권으로 볼 수 있었다는 것이다.[361]

한편 연방은행은 통화통합과 함께 동독의 은행들을 연방은행의 금리·유동성 정책권으로 흡수해야 했다. 이에 따라 통화통합 후 한 달의 유예기간을 둔 후인 1990년 8월 1일부터 구 동독 지역 은행에도 지불준비금 의무가 시행되었다.

---

359 Giacché(2014), 67-74.
360 Spiegel(1995), pp. 126-127.
361 그러나 매각대금 산정 시 부채로 인수한 예금 및 여타 부채 규모가 얼마였는지는 보도되지 않아 동 매각대금의 적절성을 판단하기는 어렵다. 보다 정확한 자료가 입수되면 상세히 분석할 필요가 있다고 생각한다. 은행의 부당이익에 관한 좀 더 포괄적인 논란은 김호균(2016), pp. 78-91을 참조할 수 있다.

초기 자금공급

재할인

연방은행은 동독 금융기관에 대해 초기 자금부족을 지원하기 위해 1990년 7월 1일부터 한시적으로, 상대적으로 많은 250억DM의 리파이낸싱 쿼터를 배정하였다. 상업어음 외에 은행의 자체 어음도 재할대상 어음에 포함시켰는데[362] 이는 구 동독은행의 재할적격어음 보유가 많지 않아 재할인제도를 이용하기 어려운 점을 감안한 것으로 구 동독 지역에 대한 '초기자금' 제공의 의미가 있었다. 연방은행은 당시 초기 여건상 '비전통적 방식'을 채택할 수밖에 없었다고 밝히고 있다.[363] 다만 자체어음 할인한도는 각 은행이 보유한 평형청구권 금액 이내로 제한하여[364] 여타 적격어음에 제공되는 제3자 보증을 면제하는 대신 평형청구권으로 지급을 보증토록 하였다.

연방은행은 이러한 잠정조치를 점차 정상화하여 1991년 1월 2일에는 은행자체어음의 재할 한도를 리파이낸싱 쿼터의 2/3이내로, 1992년 1월 2일부터는 25%로 축소하였다. 한편 이 기간 중 동독 기업에 대한 어음대출을 상대적으로 용이하게 하기 위해 리파이낸싱 쿼터의 일정부분이 어음대출용으로 유보되었다. 어음대출용 리파이낸싱 적격대상 어

---

362 Bundesbank, Annual Report 1990, p. 123; "이와 같은 규정은 1957년에 이루어진 중앙은행위원회의 결정에 어긋나기 때문에 1990년 5월 17일 새롭게 이를 예외규정으로 결정하였다"(신동진, 2002, pp. 209-210).
363 Bundesbank(1991), p. 20.
364 이 규모는 전환비율에 따른 평형청구권 제공액에 상응한다(Bundesbank, Annual Report 1990, p. 123).

음은 동독 기업들이 발행하거나 배서한 경우로 제한되었다. 동독 지역 은행들은 이를 통해 기업고객과의 어음할인 업무를 유지할 수 있었다. 리파이낸싱을 계속 정상화해가는 과정에서 이와 같이 '동독 어음'을 위해 유보되었던 부분은 폐기되었다. 정상화의 마지막 단계는 동독 금융기관들이 1992년 11월 2일부터 확정된 재할쿼터를 연방은행법 19조 1항에 해당되는 상업어음, 즉 일반적으로 지불능력이 있는 3인이 책임을 지는 상업어음을 통해서만 배정받을 수 있게 된 것이다. 여타 기업의 서명이나 배서가 없는 자체 융통어음은 더 이상 재할인대상 적격어음으로 제시할 수 없게 되었다.

어음활용을 확대하려는 노력에도 불구하고 동독 지역에서 이 자금조달수단의 활용규모는 기대에 미치지 못하였다. 사업에 필요한 자금을 어음을 통해 조달할 것인가의 여부는 한편으로는 어음의 장점을 점진적으로 인식하기 시작한 기업에, 그리고 다른 한편으로는 금융기관에 달려 있는데 금융기관의 경우 어음대출이나 통화정책의 목표에 대한 직원들의 인식이나 경험이 매우 중요하다고 할 수 있다. 하지만 리파이낸싱쿼터는 거의 소진되었는데 이는 서독 은행들이 쿼터거래를 통해 인수할 수 있었기 때문이다.

롬바르트 대출

리파이낸싱 쿼터를 초과하는 유동성수요를 위해 합작은행을 제외한 순수 동독 금융기관에 대해 처음부터 연방은행의 단기 롬바르트 대출[365]

---

[365] 롬바르트 대출은 재할인과 함께 연방은행의 중요한 자금공급 수단의 하나였다. 연방은행은 일반 금리보다 높

이 제공되었다. 이들 은행이 처음에는 적합한 롬바르트 담보증권을 거의 보유하지 못했기 때문에 통화통합 발표 시 롬바르트 대출에는 제3자가 이서하지 않은 자체어음이 담보로 제공되었다. 그리고 이들 은행자체어음은 리파이낸싱 업무에서 요구하는 엄격한 요건을 갖추지 못했기 때문에 평형기금에 대한 향후의 청구권을 연방은행에 담보로 제공했다.

한편 1990년 여름에 이미 동독 지역 금융기관들이 롬바르트 대출에 적합한 증권을 충분히 확보하는 대로 은행자체어음을 롬바르트 담보증권에서 제외한다는 결정이 내려졌었다. 상황이 예상대로 전개됨에 따라 은행자체어음이 점진적으로 정상적인 롬바르트 담보증권으로 대체되었다. 이는 특히 평형청구권의 배분 이후 진전되었는데 그 대부분이 증권거래소에 상장되는 무기명 소지인부채권으로 전환될 수 있었기 때문이다. 자체발행어음을 통한 롬바르트 대출은 앞서 언급한 대로 연방은행법의 특별조항이 1992년 말 효력이 소멸되면서 1993년부터 중지되었다.

공개시장운영

초기에 동독 금융기관들은 연방은행이 제공하는 자금조달방식 중 재할인과 롬바르트 대출만을 이용할 수 있었다. 즉 RP방식 공개시장운영[366]에는 이용가능한 채권의 부재로 참여할 수가 없었다. 이러한 불리

은 롬바르트 금리를 적용해 금융기관에 3개월까지 대출을 해주었다. 롬바르트 금리는 익일물금리(overnight rate)의 상한 역할을 했다. 롬바르트 대출은 ECB 출범과 함께 중단되었으며 ECB는 이에 상응하는 대기성 여신제도 혹은 한계대출(marginal lending facility)을 운용하고 있다(www.bundesbank.de/glossary). 롬바르트형 대출제도에 관해서는 한국은행(2012b), p. 110 참조.

366 한국은행은 그간 사용되어 오던 '공개시장조작 open market operation'을 2016년 1월 28일부터 '공개시장운영'으로 변경

점을 상쇄하기 위해 앞에서 언급한 대로 이들에게는 상대적으로 많은 리파이낸싱 쿼터가 배정되었다.

리파이낸싱 구조

중앙은행 자금의 지속적인 이용은 재할인과 공개시장운영을 통해 가능하다. 롬바르트 대출은 단기 유동성 위기 시에 의지한다는 보루로서의 의미는 있으나 이를 통한 리파이낸싱의 비중은 미미하다. 1990년 하반기에 동독 지역 금융기관들은 우선적으로 재할인을 통해서만 중앙은행자금을 조달할 수 있었는데 이후 공개시장운영을 통한 조달비중이 점차 높아졌다. 동 비중은 공개시장운영 참여가 허용된 첫 달에 16%에서 1991년 말에는 30%로 상승했으며 1992년 8월에는 공개시장운영의 비중이 70%로 완전히 역전이 되었다.

금융감독의 탄력적 적용[367]

통화통합으로 서독의 금융감독이 동독 지역으로도 확대되었다. 이에 따라 동독 지역 금융기관들은 서독은행법의 규정을 적용받고 서독 감독당국의 감독을 받게 되었다. 당시 독일에서 은행감독은 연방 은행

---

[367] Bundesbank(1992b), pp. 5-11.

감독청과 연방은행이 공동으로 담당하였다.[368]

베를린 임시관리본부는 산하지점들과 함께 처음부터 동독 지역에서의 은행감독업무를 담당했다. 임시관리본부는 서독 지역 주중앙은행들의 지원을 받았으며 인력이 확보되면서 단계적으로 기능을 물려받았다. 초기 단계에서 은행감독에는 많은 어려움이 따랐다. 동독 지역 금융기관 임직원들이 시장경제 은행 업무에 대해 이론적이나 실무적 지식이 매우 얕았던 데다 은행법 규정에 익숙하지 않았기 때문이다. 아울러 동독 지역 금융기관들은 짧은 시간 내에 회계제도를 서독식으로 정비해야 했다. 그 후에야 임시관리본부는 업무상 위험을 적절히 관찰하고 의미 있는 금융감독 보고를 할 수 있었다.

통화전환과 조직개편으로 어려움을 겪는 동독 금융기관들의 초기 부담을 덜어주기 위해 은행감독청은 한시적으로 일부 보고의무를 면제해 주었다. 최초 몇 개월간 은행감독청이 은행영업에 관해 구할 수 있는 최신 정보는 '월말 대차대조표' 뿐이었다. 이후 동독 지역 금융기관에 대한 보고경감 조치는 점차적으로 축소되었다. 한편 오랜 지연 끝에 검사협회와 회계사가 작성한 1990년 및 1991년 연차감사보고서를 통해 추가적인 주요 정보들을 얻을 수 있었다.

---

368 통독 당시의 은행감독제도는 현재와 차이가 있으며 다음은 당시 제도의 설명이다. "독일 은행법 제6조에서는 은행감독권한을 연방은행감독청(Bundesaufsichtsamt für das Kreditwesen: BAK)에 부여하고 있다. 따라서 동 기관이 은행감독의 중심기관이라 할 수 있다. 그러나 BAK의 업무와 통화신용정책 업무를 수행하고 있는 연방은행의 업무는 상호 불가분의 관계에 있을 뿐 아니라 행정상 BAK는 전국적인 조직을 갖고 있지 않으므로 은행감독 업무 수행에 필요한 대부분의 자료와 정보를 주중앙은행과 180개 이상의 지점을 가진 연방은행에 의존할 수밖에 없게 되었다. 이에 따라 은행법 제7조에서는 BAK와 연방은행이 서로 협력할 것을 규정하고 있다. 이와 같이 은행감독의 고유권한은 BAK가 보유하나 사실상 은행감독 업무 수행에 있어서는 대부분 연방은행의 관여 하에 이루어지고 있다"(한국은행, 1993, pp. 129-130).

통화통합 및 금융시장의 개방과 함께 동독 금융기관들은 서독 금융기관 지점들과의 경쟁에서 기존의 시장을 지켜내야 하는 한편 특히 여신업무에서 감독규정 등에 적응해야 했다. 이 과정에서 서독 지역 파트너 금융기관 및 협회의 참여와 서독 지역 임직원의 파견은 동독 지역 금융기관의 노하우 개선에 크게 기여했다. 또한 연방은행의 각 지점은 다양한 연수프로그램을 통해 동독 지역 금융기관 임직원들의 은행감독, 지급준비금, 금융·국제수지 통계에 대한 지식 함양에 노력했다.

PART 05

통일,
그 후

통독 초기의 통화정책을 둘러싼 논란

통화통합과 함께 독일연방은행은 동독을 포함한 독일 전체의 통화정책을 관할하게 되었다. 그리고 3개월 후인 1990년 10월 3일 정치적 통일이 이루어지면서 독일연방은행은 통일독일의 중앙은행이 되었다.

통일 후 얼마 지나지 않아 재개된 연방은행의 금리 인상은 독일 내의 물가상승 압력 증가에 대응한 것이었지만 독일 경제 및 유럽통화제도에 부정적 영향을 미쳤다는 비판과 함께 적잖이 논란이 된 부분이다. 이 논란을 이해하는 데는 1980년대 말 서독의 경기 호조, 여타 선진국의 경기흐름과 동조화되지 않은 통독 직후의 경제 붐, 통화통합 이후 이어진 높은 임금상승과 확장적 재정 운용, 물가안정을 최우선 과제로 하는 연방은행의 통화정책, 독일의 경상수지 적자 전환, 동독 지역에 대한 이전지출 등을 반영한 독일의 막대한 자금수요, 유럽통화제도의 환율메카니즘ERM에서 차지하는 독일의 위상, EMU 출범 일정 결정 등 복합적인 요인에 대한 이해가 필요하다.

초기 여건과
금리 인상

연방은행은 1988-89년간 성장률이 높은 수준을 기록한 가운데 이전 수년간의 높은 통화량 증가율, 1989년 3/4분기까지의 DM화 약세 등으로 물가불안 위험이 증가함에 따라 1989년 중 금리를 수차례 인상했다. 이에 따라 재할인율은 1988년 말의 3.5%에서 1989년 10월에는 6%로 2.5%p나 높아졌다.[369] 1990년 들어서는 인상이 없었으나 롬바르트 금리만 11월에 인상 1991년 중반부터 소비자물가상승률이 독일 기준으로는 상당히 높은 4%를 상회하기도 하자 금리인상을 재개했다. 1992년 7월에는 재할인금리가 8.75%로 최고수준에 달했다〈표13〉〈그림14〉. 금리 인상에는 통독 직후의 일시적 호경기와 함께 나타난 높은 물가상승, 동독 지역에 대한 이전지출을 주로 채무증가로 조달한 정부의 팽창적인 재정정책,[370] 동독 지역의 급격한 임금인상에 따른 임금-물가상승의 악순환 우려가 요인으로 작용했다.

한편 당시 언론과 연방은행 내부에서는 통일로 불확실성이 지대해진 상황에서 통화량 목표 monetary target 정책이 유지되어야 하는가 혹은 유지될 수 있는가 하는 논란이 일었다. 다수의 연방은행 비판론자들은 전환기에는 명시적인 통화량목표 없이 실용적으로 임기응변적인 대응을 하자는 주장을 폈다. 그러나 중앙은행위원회는 연방은행이 계속

---

[369] Bundesbank, Annual Report 1989, pp. 31-ff.
[370] 동독 지역으로의 이전지출, 이른바 통일비용 조달방안으로는 세금인상, 재정건전화, 차입 등의 방안이 있었으나 '상당 부분'은 채무증가를 통해 조달된 것으로 평가되며 이는 통화량 증발 요인으로 작용.

[표13] 독일연방은행 재할인율, 롬바르트 금리 추이(%)

시행일자	재할인율	롬바르트 금리	시행일자	재할인율	롬바르트 금리
1989. 01. 20	4.0	6.0	1993. 02. 05	8.0	9.0
04. 21	4.5	6.5	03. 19	7.5	9.0
06. 03	5.0	7.0	04. 23	7.25	8.5
10. 06	6.0	8.0	07. 02	6.75	8.25
1990. 11. 02	6.0	8.5	07. 30	6.75	7.75
1991. 02. 01	6.5	9.0	09. 10	6.25	7.25
08. 16	7.5	9.25	10. 22	5.75	6.75
12. 20	8.0	9.75	1994. 02. 18	5.25	6.75
1992. 07. 17	8.75	9.75	04. 15	5.0	6.5
09. 15	8.25	9.5	05. 13	4.5	6.0

자료: Bundesbank.

[그림14] 통독 전후 독일 소비자물가 상승률(전년동월비, %)

자료: OECD.StatExtracts, Consumer price indices.

해서 물가안정을 강조하고 있음을 국내외 경제주체들에게 보여줄 필요가 있다는 점에서 이의 유지를 결정했다. 연방은행은 당시 상황에서 적절한 통화량목표를 세우는 것이 어렵다는 것을 잘 알고 있었지만 통화량목표 공표를 주저하면 그동안 추구했던 안정지향적 정책을 포기하거나, 실행의지의 약화로 해석될 수 있음을 우려했다. 또한 동독의 경제규모가 상대적으로 작아서 교란의 크기도 제한적일 것이라고 보았다. 당시 안정 시그널로서 통화량목표의 작동은 그리 나쁘지는 않았던 것으로 평가되었다.[371]

임금과 관련해서는 앞서 1990년 3월말 정부에 보낸 전환비율 제안서에서 임금-물가상승 악순환이 우려될 경우 금리인상으로 대응할 것임을 예고한 바 있다. 즉 "전환 후에 동독의 기업과 지자체는 근로자 및 그 대표자와 새로운 임금협약에 관해 협상해야 한다. 그러나 임금이 1:1로 전환되고, 비현실적인 가격구조가 통화통합 후에야 시정된다면, 가격이 급등하게 되고 이는 물가-임금상승의 악순환을 야기할 위험이 있다. 연방은행은 이 위험에 대해 통화가치의 안정이라는 기본적 책임을 다하기 위해 처음부터 주의를 기울이고 이를 방지해야 한다"고 강조했다.[372] 이는 물가상승, 임금인상의 악순환이 우려될 경우 금리를 인상할 수밖에 없다는 것으로 해석할 수 있다. 통독 후의 금리인상과 관련해 Czada가 "연방은행은 금리인하의 전제조건으로 재정건실화와 임금협약 당사자들의 임금인상 요구 자제를 거론했다"고 지적한 것도 이

---

[371] Baltenspreger(1999), pp. 482–483.
[372] Bundesbank(1990a), pp. 1–2.

러한 맥락에서 이해할 수 있다.[373]

티트마이어 총재는 앞서 언급한 대로 1:1로 임금이 전환될 경우 더 많은 초기 임금을 노리고 동독 지역에서 임금이 오를 것을 우려해 1990년 1월 기준으로 기산일을 정하자는 방안을 제시하기도 했었다.

결국 통화통합 이후 동독 지역의 임금은 급격하게 오르기 시작했다. 통독이 이루어진 1990년 3분기를 기준으로 1991년 2분기까지 임금이 32%나 상승했다〈표10〉. 더욱이 대부분 산업부문에서 1994년까지 서독 수준으로 임금을 끌어올린다는 합의가 있었다. 이러한 임금인상을 반영하여 통독 초기 동독 지역의 단위노동비용은 〈그림11〉에서 보았듯이 서독 지역을 상당 폭 상회했다. 특히 1992년 제조업의 단위노동비용이 서독을 42.9%나 상회하는 등 가격경쟁력이 심각하게 훼손되었음을 알 수 있다.

〈표14〉를 보면 1991~92년 중 동독 지역의 임금상승률은 무려 30% 내외에 달했고, 서독 지역도 이전의 상승률을 상당 폭 상회했다. 연방은행으로서는 물가상승압력을 제어할 필요성을 느낄 수밖에 없는 상황이었고 재정정책 및 단체임금협약 당사자들의 책임을 지적했다.[374] 푈 총재의 후임으로 1991년 8월 취임해 금리인상기에 총재를 역임한 슐레징어는 "안정적인 통화는 정부와 중앙은행의 안정지향적 정책만을 필요로 하는 것은 아니며 이에 상응하는 경제, 임금협상 당사자, 소비자들의 행동도 필요로 한다"고 강조했다.[375]

---

[373] Czada(1995), pp. 19-21.
[374] Baltensperger(1999), p. 484; Bundesbank(1993), Annual Report 1992, p. 8.
[375] Bundesbank, Zitate von Prof. Dr. Helmut Schlesinger.

[표14] 통일 전후 독일의 임금·급여 상승 추이(%)

	근로자1인당 임금 급여		임금단위비용	
	서독지역	동독지역	서독지역	동독지역
1980~89	4.4	–	2.5	–
1988	3.9	–	−0.3	–
1989	3.3	–	0.2	–
1990	4.9	–	2.0	–
1991	5.9	28.9	4.0	47.2
1992	6.1	37.4	6.1	8.8
1993	2.9	13.8	3.5	1.7
1994	1.8	7.6	.	.

자료: OECD.StatExtracts, Consumer price indices.
Institut der deutschen Wirtschaft Köln, (1994), table 9, p. 70.

재정건실화 혹은 지출절약은 1993년부터 본격화되었다. 이는 정부예산 중 이자부담이 급격히 증가한데다[376] 1992년 조인된 마스트리히트 조약에서 도입한 「안정·성장협약Stability and Growth Pact」에서 재정수지 적자 및 정부부채를 GDP대비 각각 3%와 60% 이내로 유지해야 한다는 의무조항을 규정했기 때문이다. 아울러 임금상승률도 1994년부터 빠르게 낮아졌다.

한편 이러한 금리인상으로 독일과 여타 EMS 회원국 간의 단기금리 차는 크게 좁혀졌다. ERM 내에서 독일과 여타 회원국 간의 일일물 금리 차는 〈그림15〉에서와 같이 기존의 4%p 정도에서 급격히 축소되었다.[377]

---

[376] 연방정부의 경우 전체 예산 중 이자지급 비중이 1989년 11%에서 1996년에는 16.5%로 증가하였다(Bundesbank, 1997, p. 26).
[377] Sinn(1996), p. 11.

[그림15] 독일과 독일 이외 EMS 회원국의 단기 금리 추이(%)

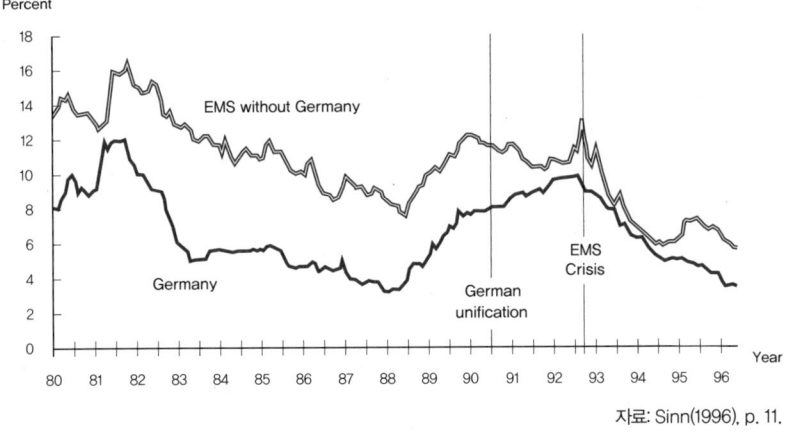

자료: Sinn(1996), p. 11.

　미국과의 관계에 있어서도 미국이 1989년 4월부터 기준금리를 인하함에 따라 단기금리차가 좁혀지고 1991년 2월에는 독일의 재할인율이 미국의 기준금리를 상회하기 시작했다. 이 역전 현상은 1994년 9월에야 다시 원상으로 돌아갔다〈그림16〉. 자본시장에서의 채권수익률은 기존에는 기준금리와 마찬가지로 독일 국채의 채권수익률이 미국 국채 수익률을 하회했었다. 그러나 동독에서의 사태 전개와 2월초 서독의 통화통합 제안을 반영하여 서독의 채권수익률이 상승하기 시작했다. 이후 동독의 수요 확대 등을 반영한 독일의 경상수지 적자 전환, 동독 지역에 대한 이전지출 충당을 위한 정부의 차입 증가 등에 따른 자본수요를 반영하여 서독의 국채수익률은 1994년 초까지 미국을 상회했다. 그러나 금리 흐름 자체로 보면 1992년 중반 긴축정책의 완화와 함께

[그림16] 독일·미국의 기준금리 및 정부채(10년물) 수익률(%)

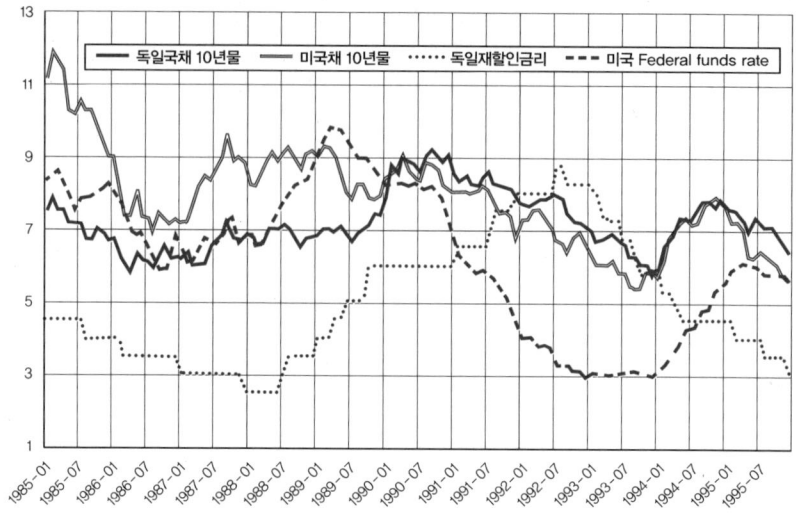

자료: Bundesbank, Federal Reserve

수익률은 큰 폭으로 떨어져 1993년 말에는 1980년대 중반의 5%대로 하락했었다.

연방은행의 금리인상, 자본시장에서의 수익률 상승과 미 국채금리와의 수익률 역전은 DM의 매력을 높여 절상압력으로 작용했다. DM은 미 달러화에 대해 혹은 실효환율 기준으로 통독 후 수년간 강세를 보였다〈그림17〉.

[그림17] DM의 대미달러 환율(지수), 실효환율[1]

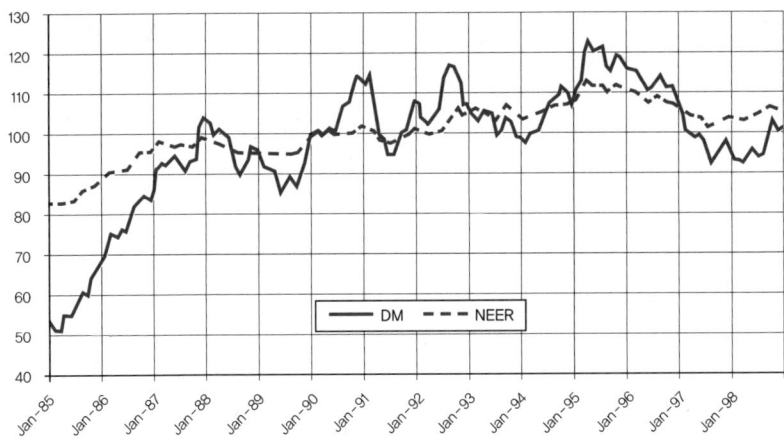

주: 1 USD/DM 환율을 1990년 1월=100으로 하여 지수화. 실효환율도 1990=100. 상승은 DM의 절상을 의미
자료: BIS, Bundesbank

금리인상의 여파와 평가

독일 국내적인 요인만으로 본다면 물가상승압력이 확대되는 상황에서 금리인상은 연방은행의 당연한 선택이었다. 그러나 통독에 따른 특수경기로 독일이 금리를 올린 시점은 여타 선진국의 경기가 하강국면에 들어갈 때였고, 독일마르크화가 유럽통화제도의 환율조정제도에서 닻anchor 역할을 하는 상황에서 독일 금리 상승, DM의 절상은 상당한 문제를 야기했다. 연방은행은 이처럼 대내외적으로 모순되는 상황에서 DM의 안정을 지키기 위해 많은 고민 끝에 통화정책을 결정했음을

밝히고 있다.[378]

연방은행의 금리인상은 국내적으로는 국채 발행금리 상승으로 재정부담을 확대시키고 경기를 둔화시켰다는 비판을 받았다. 해외수요 둔화 등 여러 요인이 복합적으로 작용했지만[379] 여하튼 1993년 독일 경제는 1982년 이래 처음으로 마이너스 성장을 기록했다. 연방은행은 통독 과정에서의 변화하는 경제여건을 충분히 고려함이 없이 인플레 위험을 과도하게 평가함으로써 동독경제의 재건, 경기하락·실업증가의 방지라는 과제를 외면했다는 비판을 받기도 하였다.[380] 그러나 물가안정을 항상 최우선 목표로 두어 온 연방은행의 입장에 대한 이해가 있어서 국내에서의 비판은 제한적이었다고 할 수 있다.[381]

금리인상에 대한 비판은 주로 ERM체제의 동요와 관련해 제기되었다. 〈그림 18〉을 보면 1990년 들어 미국과 영국 등의 성장률은 낮아지면서 통화정책을 완화할 필요성이 발생하던 시점이었다. 그러나 독일은 호조세가 이어지고 물가상승률이 높아지면서 금리를 인상하게 되었다. 팽창적인 재정정책과 빠른 정부채무 증가, 임금-물가 악순환을 수반한 인플레이션 위험에 대응해 연방은행은 1991년 중 금리 인상을 지속했다. 첫 인상은 2월이었는데 이에 대해 미국과 나머지 유럽 국가들로부터 'DM 이기주의', '통화동맹 EMU에 대한 일격'[382]이라는 등의 표현으

---

378 Bundesbank, Annual Report 1990, 1991, 1992, foreword 참조.
379 Bundesbank, Annual Report 1993, p.19.
380 Hickel and Priewe(1994), p. 218.
381 "독일의 재정상태가 그 토대로부터 급격히 흔들리고 인플레 압력도 가중되고 있어 독일연방은행으로서는 1991-92년에 걸쳐 신용대출을 억제하는 외에는 다른 방도가 없었다"(신상갑 역, 1993, p. 299).
382 당시는 EMU 출범을 위한 마스트리히트 조약이 조인된 직후였다.

[그림18] 독일 · 미국 · 영국의 국별 GDP 성장률(%)

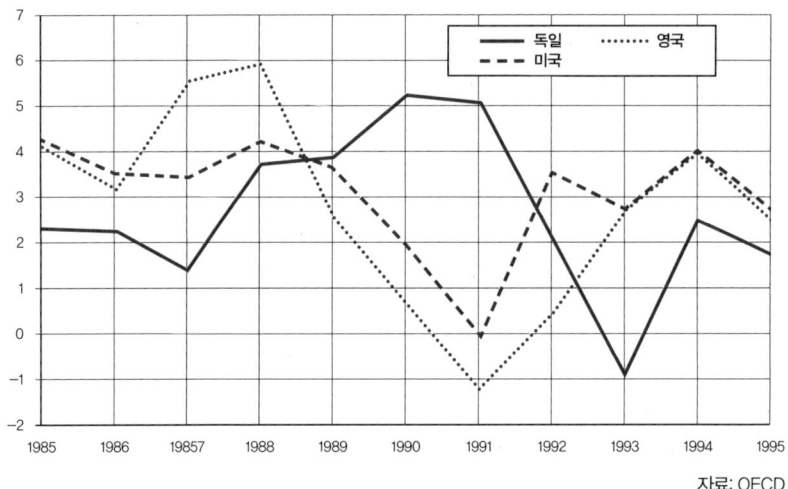

자료: OECD

로 비판이 잇따랐다. 독일 국내에서도 콜 총리를 비롯해 불만의 목소리가 나왔다. 이에 대해 연방은행은 안정지향적 정책은 DM이 닻의 역할을 하고 있는 ERM체제에서 여타 회원국의 이익에도 부합되는 것이라며 금리정책이 독일만의 이익을 위한 것은 아니라고 주장했다.[383]

연방은행의 금리인상은 ERM체제 하에서 다른 회원국들에 금리인상 압력으로 작용했다. 영국은 자국 내 경제 상황 때문에 파운드화의 평가절하 압력이 발생했으나 금리인상에 동조하지 않고 연방은행의 ERM내 환율재조정 제안도 받아들이지 않았다.[384] 연방은행은 당시

---

[383] Bundesbank, Annual Report 1992, pp. 8-9; Baltensperger는 연방은행의 이 주장은 EMS의 닻으로서, 그리고 동 제도의 안정과 활력에 대한 보증자로서 이 정책은 유럽과 국제적인 이해에 부합한다고 평가했다(pp. 483-484).

[384] Sinn(1996), pp. 11-12.

ERM 체제에서 통화 간 불균형이 확대되었는데 이런 상황에서 환율유지를 위해 의무개입을 하게 되면 DM의 막대한 증발로 연방은행이 통화량의 통제권을 상실할 것으로 우려했다. 연방은행은 환율재조정을 제안하면서 이는 EMU에 역행하는 것이 아니라 향후 통화통합의 지속가능한 기초를 담보하는 것이라고 주장했다.[385] 결국 영란은행은 대규모 외환시장개입280억 파운드과 단기금리 인상1992년 9월 16일, 10→12%, 15%로 추가인상 예정발표을 통해 환율방어에 나섰으나 실패하고 1992년 9월 17일 ERM을 탈퇴했다. 1990년 10월 ERM에 가입한지 2년이 채 지나지 않아서였다.[386]

이탈리아도 ERM을 탈퇴하였으며 스웨덴 크로나화는 ECU와의 연동을 잠정적으로 포기하기도 했다. 프랑스는 방어에 성공하기는 했지만 큰 어려움을 겪었다. 이를 계기로 ERM체제에서 DM, 네덜란드 길더화를 제외한 환율 변동 폭은 15%로 확대되었다[387]〈그림19〉. 연방은행, 특히 당시 총재를 맡고 있던 슐레징어에 대한 비판이 영국 쪽에서 컸던 것은 당연한 것일 수도 있었다.[388]

Marsh는 연방은행의 금리인상은 ① 동서독 간 경제의 수렴을 더욱 어렵게 만들었다. 물론 통독 후 경제정책 오류는 연방은행이 아닌 정부의 책임이다. ② 유럽의 성장에 전반적으로 부정적인 영향을 미침으로

---

385 Bundesbank, Annual Report 1992, pp.8-9.
386 영국은 1980년대 경제호황기를 거치면서 연간 5-6%에 이르는 높은 경제성장률을 기록한 바 있으나, 경기과열현상은 1980년대 후반부터 10%에 이르는 높은 물가상승률로 나타나기 시작했다. 영국 정부는 물가상승률을 낮추기 위해 1990년 10월에 ERM에 가입했다(김흥종 외, 2010., p. 46).
387 James(2012), Ch. 9. The EMS Crisis; Flassbeck and Lapavistas(2013); BBC(1992) 등 참조.
388 Institutional Investor지는 슐레징어와의 인터뷰 제목을 'The Periles of Helmut Schlesinger'(1992, pp. 54-62)로 달기도 했다.

[그림19] EMS 위기 전후 주요 EU회원국 통화/DM 환율

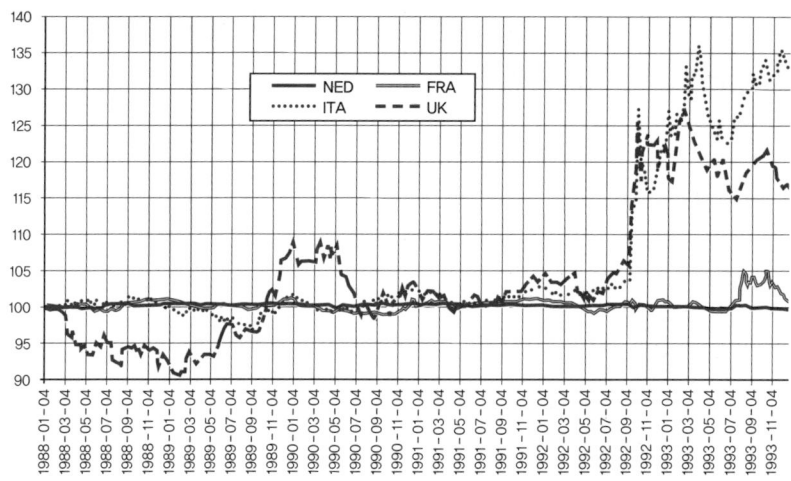

주: 1988. 1.1일 = 100으로 각국통화/DM의 환율을 지수화. 상승은 해당통화의 절하를 의미.
자료: Deutsche Bundesbank.

써 마스트리히트 조약이 지향했던 정치적 통합 계획을 저해했다. ③ 미국의 클린턴 새 행정부가 미국 및 세계경기를 활성화시키려는 데 장애가 되었다고 지적했다.[389] 그리고 그는 금리인상에 따른 ERM의 동요는 연방은행의 위상이 점차 약화되어가는 계기가 되었다고 평가했다. 이처럼 자국사정을 중시한 연방은행의 금리정책이 한편으로는 연방은행의 힘을 과시하는 방편이 되기도 했지만 주변국들의 반감을 불러와 결국은 힘을 잃는 계기로 작용했다는 것이다.[390]

반면 독일 뮌헨 ifo경제연구소장을 지낸 Sinn은 이에 대한 반론을

---

[389] Marsh(1992b), p. x.
[390] Marsh(2012), 48-53.

제기했다. 금리인상에 대한 비판의 골자는 연방은행이 EMS의 존속보다 자국의 물가안정을 우선시했으며, 통화공급을 줄이고 독일의 금리를 상승시킴으로써 DM에 대한 수요를 인위적으로 창출했다는 것이다. 이 주장은 자국에서의 자본유출에 직면한 중앙은행들의 분노를 반영하는 것이지만 연방은행은 모순된 정책을 시행하지 않았다고 옹호했다. 즉 연방은행은 독일의 금리를 낮추기 위해 독일 은행시스템에 유동성을 공급하고자 노력했다는 것이다. 1991년 말부터 위기기간을 통해 실제 M3 증가율은 연방은행이 천명했던 증가율을 4%p이상 상회했으며 위기가 끝난 1993년 봄에야 연방은행은 과다한 통화량 증가를 교정하려 시도했다는 것이다.[391]

이러한 논란의 배경은 연방은행과 DM의 국제적 위상이 높고, 통독 후 서독 지역으로 유입된 자금규모가 막대하다는 데 있었다.[392] 독일 국내적으로는 물가상승 억제라는 면에서 큰 비판의 대상이 되지는 않았으며 의도했건 아니건 통일비용 재원의 원활한 조달에도 기여했다. 독일의 고금리정책에 대한 비판이 어떤 맥락에서 이루어졌는지에 대한 이해를 바탕으로 우리나라에서의 통합 시 통화정책 시행에는 물가, 경기, 자금유출입, 경제규모, 통화의 국제적 위상 등이 다각도로 고려되어야 할 것이다.

---

[391] Sinn(1996), p. 16.
[392] 당시 독일의 자금수요는 레이건 정부 시절 미국의 조세개혁으로 야기된 자금 유입규모와 별 차이가 없을 정도였다(Sinn, 1996, pp. 9-10).

통일비용
재원조달과의 관계

재원조달 방식

통독 후 동독 지역으로의 대규모 공공이전지출, 이른바 통일비용이 현실화되면서 그 재원조달 방안으로 채무증가, 세금·사회보장분담금 인상, 기존 지출의 축소·항목 간 조정 등이 복합적으로 활용되었다.

각 조달방안의 비중을 정확히 추정하는 것은 현실적으로 어려운 일이지만 정부, 연방은행 및 학자들에 의하면 가장 큰 비중을 차지한 것은 채무증가에 의한 조달로 판단된다. 연방정부는 "지출절약, 세금·사회보장분담금 인상에도 불구하고 1990년 이후 상당액의 기채가 불가피했다"고 밝히고,[393] 독일연방은행은 "동독의 통합에 따른 지출의 일부가 세금·사회보장분담금의 인상, 지출절약으로 조달되었지만 특히 연방정부의 경우에는 상당 부분을 채무에 의해 조달해야 했다"고 설명하고 있다.[394]

이밖에 독일 학자들의 견해도 마찬가지였다. 즉, 세금인상이나 지출축소는 정치적 갈등을 불러오기 때문에 그렇지 않은 사회보장분담금 인상이나 공공채무의 증가가 빠르게, 그리고 가장 많이 활용되었다.[395] 통독 당시 세금인상에 의한 재원조달은 없을 것이라던 콜 총리의 공언

---

[393] BMWi(1997), p. 47.
[394] Bundesbank(1997), p. 17.
[395] Czada(1995), p. 15.

으로 인해 대부분이 차입에 의해 조달되었다.[396] 동독 지역에 대한 이전 지출은 주로 차입을 통해, 나머지의 상당부분은 사회보장분담금의 인상을 통해 이루어졌다[397] 등이 그것이다. 김유찬도 2009년까지의 순재정이전 중 약 64.5%는 부채를 통해, 나머지 35.5% 정도는 증세, 지출삭감, 조세지원 삭감 등을 통하여 조달한 것으로 추정하였다.[398]

이러한 맥락에서 당시 독일의 재정상황을 보면 1989년에 균형수준으로 개선되었던 재정수지가 통독 직후 다시 적자로 반전되고 채무도 빠르게 늘어나기 시작했다. 통일에 따른 세금부담은 없을 것이라던 콜 총리의 공언, 통일비용에 대한 낙관적인 기대로 통독 당시에 세금 인상은 진지하게 고려되지 않았던 것으로 보인다. 그러다 통일 후 거의 1년이 지나면서 1991년 1차 걸프전 분담금과 연계하여 세금 신설 및 인상, 사회보장분담금의 인상이 시작되었다. 이때 연대부가세(이른바 통일세가 일단 1년간 한시적으로 도입되었고 부가가치세, 휘발유세, 보험세, 담배세 등과 실업·연금보험료율도 인상되었다. 지출절약 혹은 재정건실화는 1993년 '절약, 건실화, 성장프로그램'의 도입으로 본격화되기 시작하여 1995년의 경우 재정지출규모가 전년보다 1.4% 축소되었다. 이러한 지출 절약의 본격화는 이자부담의 급격한 증가와 1992년 조인된 마스트리히트조약에서 도입한 「안정·성장협약Stability and Growth Pact」에서 규정한 재정수지 적자 및 정부부채를 GDP대비 각각 3%, 60% 이내로 유지해야 한다는 의무 준수를 반영한 것이다. 그럼에도 이러한 세금인

---

[396] Sinn(1996), p. 5.
[397] Siebert(2005), pp. 42-43.
[398] 김유찬(2014), p. 58.

상과 지출절약만으로는 충분치가 않아 채무증가가 수반될 수밖에 없었다. 정부채무/GDP 비율은 1991년 40%에서 1997년에는 60% 수준으로 급증하였다.〈그림8〉,〈그림9〉참조 연방은행은 이러한 확장적 재정운용이 인플레이션에 부정적 영향을 미치는 것을 우려해 비판적 입장을 취했다.

재원조달 여건

연방은행은 통일비용 재원의 상당부분이 정부의 채무증가에 의해 조달되었음에도, 외국인 투자가들의 적극적인 독일 자본시장 참여로 대규모 차입이 별다른 어려움 없이 이루어졌다고 평가했다. 1989년 말 기준으로 독일 정부채권의 외국인 보유비중은 20%를 약간 상회하는 수준이었는데 1990~96년에는 연도별 차이는 있지만 순차입액의 약 40%가 외국인에 의해 소화되었다.[399]

이러한 외국인 투자의 증가는 앞서 본 대로 1990년 이후 수년간 독일 정부채 수익률이 과거와는 달리 미국 정부채 수익률을 상회하고 독일마르크화 환율에 대한 긍정적 전망이 지배적이었기 때문이다.[400] 독일인들이 절세 목적으로 해외펀드에 투자한 자금이 '외국인' 매입 형태로 독일에 투자된 것도 한 요인이라고 연방은행은 분석했다. 독일 국채의 수익률이 미국의 국채 수익률을 넘어선 것은 앞서 본대로 연방은행

---

[399] 물론 가장 중요한 투자가는 여전히 국내은행부문으로 1990-96년간 50%를 약간 밑도는 비중을 차지했다(Bundesbank, 1997, pp. 28-29).

[400] Bundesbank(1997), p. 28; Blum은 "동독에 대한 이전지출로 인해 독일은 자본수입국으로 전환되었다. 초과수요에 따른 인플레이션 압력에 대응하여 연방은행은 금리를 인상했고 이는 DM의 평가절상으로 이어졌다"고 설명하고 있다(2013, p. 35).

의 금리 인상, 독일의 막대한 자금 수요에 기인하며 환율은 상대적으로 높은 금리와 독일 경제에 대한 신뢰를 반영했다고 볼 수 있다. 독일 경제는 통독 후 경상수지가 적자로 전환되기는 했지만 1980년대 후반에는 GDP의 4%에 달할 정도로 막대한 흑자를 기록했었고, 순대외투자 포지션NIIP도 통독 전에는 GDP의 20%에 달했었다.[401] DM화는 전 세계 외환보유액의 2위를 차지하는 국제통화로서의 위상을 차지하고 있었다. 이러한 경제체력을 기반으로 독일 경제는 통독 후 침체를 겪는 가운데서도 국가신용등급이 최고 수준을 유지했다. 앞의 〈표3〉 참조

독일연방은행이 통일재원 조달을 위해 금리를 인상했다는 견해도 있으나 연방은행은 물가안정을 최우선적인 의사결정 기준으로 하며 통일 전인 1989년부터 금리를 인상했고, 이때는 안정적이던 국채수익률이 연방은행의 금리인상이 없던 1990년 전반에는 크게 상승한 것을 보면 자본시장 수익률은 국채에 대한 수요·공급에 의해 움직였다고 판단할 수 있다. 따라서 연방은행이 '통일재원 조달을 주된 목적으로' 금리를 인상했다는 평가에는 신중을 요한다. 다만 연방은행으로서는 물가상승, 임금인상 억제 외에 통독 전 큰 규모로 유출된 자본을 유입으로 바꾸기 위해서도 고금리정책이 필요했다는 Czada 등의 분석도 염두에 둘 필요는 있을 것이다.[402]

한편 국채수익률이 크게 오른 1990년 말 슐레징어 부총재는 "1990년에는 연방은행의 금리인상이 없는 상황이었으나 독일의 자본수요가 확

---

[401] 순대외투자 포지션은 통독 후의 경상수지의 적자 지속으로 2000년 전후에 0 수준까지 낮아졌다가 2000년대 들어 경상수지 흑자 폭이 확대되면서 2014년에는 GDP대비 42%로 급증했다(앞의 〈그림 9〉).
[402] Czada(1995), p. 20.

대되면서 외부로 유출되던 자금, 이미 나갔던 자금이 독일로 유입되면서 국채수익률이 상승했다. 여기에는 DM에 대한 신뢰가 물론 기본이 되며 이는 DM의 절상으로 나타났다. 1991년에도 DM에 대한 신뢰가 지속된다면 자본시장의 수익률은 종전 수준으로 유지될 수 있을 것이다. 그럴 리는 없지만, 만약 DM에 대한 신뢰가 상실된다면 자본투자가들에 유인을 제공하기 위해 수익률은 높아져야 할 것이다. 이를 방지하기 위해 연방은행도 DM의 신뢰 유지를 위해 노력하겠지만 재정정책에서도 더 이상 적자가 확대되지 않도록 해야 한다"고 지적했다. 연방은행으로서는 차입 확대가 DM에 대한 신뢰 상실환율 절하이나 차입금리 상승으로 이어지는 것을 우려했음을 알 수 있다.[403]

여하튼 어느 정도의 금리 인상으로 환율의 불안 없이 막대한 자금을 조달할 수 있었다는 것은 독일 경제, 독일마르크화가 가진 큰 강점이었다고 할 수 있다.

---

403 Deutschlandfunk (1990), pp. 5-6.

DM 사라지고 연방은행 개편되다

DM의 종언:
유로화 도입은 통일의 대가였나
⋮

　독일마르크화는 유럽경제통화동맹EMU의 출범에 따른 유로화 도입과 함께 역사 속으로 사라졌다. 1999년 1월, EMU 출범 후에도 독일마르크화는 3년간 통용이 되었지만 2002년 1월 1일 유로화 지폐와 주화가 도입되면서 지난 날의 통화가 되었다. 유로화 도입 후 한동안 들려오던, DM 시절이 더 좋았다는 이야기도 사그라든 것 같다. 물론 아직도, 그리고 앞으로도 영원히 DM을 독일연방은행 지점에 가지고 가면 유로화로 교환해준다.

　Heisenberg는 유럽 통화협력의 역사를 추적하다 보면, 독일은 일반 국민들이 DM을 원하는데도 '왜 유럽의 통화통합EMU에 동의했는가?' 하는 수수께끼에 맞닥뜨리게 된다며 독일이 동의한 이유를 다음 다섯 가지로 추정했다.[404] ① 독일의 정책담당자들은 단일 통화가 독일

---

404 Heisenberg(1999).

이 다른 국가의 경제를 보다 효과적으로 활용할 수 있는 수단이 될 것으로 기대했다. ② 독일은 다자적인 해결을 선호했으며 이런 면에서 본의 아니게 지배적인 입장에 있는 EMS에 대한 대안으로 EMU를 생각했다. ③ 전후 초기에 정치권에 들어온 콜 총리와 겐셔 외무장관은 독일을 가능한 한 많이 유럽에 통합시킨다는 데에 중점을 두었다. ④ 정치적 거래의 결과라는 견해로, 독일이 파트너 국가들로부터 통일의 조건으로 EMU를 수용하도록 압박을 받았는데 통화정책에 대한 통제권이 없는 콜 총리로서는 쉬운 선택일 수도 있었다. ⑤ 국내정치적인 맥락에서의 해석으로 국내·국제적으로 독일연방은행의 영향력이 증대되었기 때문에 콜 총리가 경쟁 조직의 기능을 '초국가화'하는 가장 편법적인 방식으로 제거하기로 했다는 등이다.

이중 독일 통일과 관련되어 논란이 된 것은 ④에서 독일이 DM을 포기하는 대가로 주변국으로부터 통일에 대한 동의를 얻었는가 하는 점이다. 독일의 슈피겔Der Spiegel 지는 2010년 통독 20주년을 앞두고 "통일의 대가: DM은 통일을 위해 희생되었나?"라는 제목의 특집기사를 실었다.[405] 프랑스는 독일이 DM을 포기하고 EU의 단일통화[406]를 받아들이지 않으면 통독에 동의할 수 없다는 입장이었고 독일이 이를 받아들임으로써 EMU가 당초 기대보다 빠르게 진행되었다는 것이다.

독일의 통일 당시 주역들은 이에 대해 부인하거나, 유로화의 도입이 중요성을 갖는 전제조건은 아니었다고 주장하고 있다. 다만 독일 통일이

---

405 Spiegel(2010).
406 당시는 아직 '유로'라는 이름이 정해지기 전으로 일반적으로 single currency로 표현.

EMU를 촉진했다는 개연성은 어느 정도 있는 것으로 보인다. 주변국들은 통일로 강해진 독일이 유럽공동체의 일원으로 통제권에 놓여 있기를 바랐고 독일은 가시적인 형태로 그러한 우려를 불식시킬 필요를 느꼈기 때문이다. 콜 총리는 1990년 10월 3일 독일 통일의 날 연설에서 "독일 통일은 유럽과 뗄 수 없이 연결되어 있다. 우리는 독일 통일을 위해 쏟은 만큼의 노력을 유럽의 통일을 위해 쏟을 것이다"라고 말했다.[407]

사실 1989년에 EU 집행위원장 들로가 위원장을 맡은 들로위원회[408]의 경제·통화통합에 관한 보고서가 제출되었을 때만 해도 그 실현시기에 대해서는 확신이 없었다. 들로보고서에서 1단계는 경제·통화정책의 조정 강화를 통한 경제성과의 보다 심화된 수렴을 목적으로 하였다. 2단계와 3단계는 각각 공동통화정책기구의 창설, 환율의 비가역적 고정이었는데 다소 모호한 형태로 제시되었고 EU당시 EC조약의 개정을 전제로 추진하는 것으로 하였다. 2단계 이후의 일정이 EU조약의 변경을 요하는 것이라 당초에는 추진에 어려움이 있을 것으로 예상되었다. 그러나 1989년 11월 베를린장벽 붕괴 후 독일의 통일 추진과정에서 이 보고서는 탄력을 받았다.

독일의 통일 노정이 빠르게 진행되면서 1990년 초 독일연방은행의 유

---

407 Die Bundesregierung(2015), p. 15.
408 Delors Committe for the Study of Economic and Monetary Union, 1989, Report on Economic and Monetary Union in the European Community, April 17. 들로위원회는 들로 당시 EC집행위원장과 각 회원국 중앙은행 총재 및 3인의 집행위원으로 구성되었다. 독일연방은행의 필(Karl Otto Pöhl) 총재는 장래에 대한 불확실성, 연방은행의 권한 약화 등을 우려해 동 위원회에 회의적이었으나 참여 후에는 ECB를 연방은행적인 모델로 만들고 수렴조건을 삽입하는 데 기여한 것으로 알려졌다(James, 2012, Ch. 7). 동 위원회의 집행위원 중 한 명으로 당시 국제결제은행 BIS 사무총장이었던 A. Lamfalussy는 후에 ECB의 전신인 유럽통화기구(EMI)의 초대 총재가 되었고, 네덜란드중앙은행 총재였던 W. Duisenberg는 EMI의 제2대 총재를 거쳐 1998년 6월 1일 ECB의 초대 총재로 부임했다.

보적인 입장에도 불구하고 독일과 프랑스 간에 단일통화 도입, 즉 유럽 경제·통화동맹EMU에 대한 논의가 급물살을 탄 것으로 알려졌다. 프랑스-독일 양국의 주창에 의해 유럽의 보다 심화된 통합이 논의되고 이것이 1992년 초 마스트리히트 조약의 조인으로 이어지게 되었다는 것이다.[409] 독일의 유수 경제연구소 Ifo의 소장을 지냈고 대중적 지명도가 높은 Sinn은 "독일의 통일은 마스트리히트 조약에도 매우 직접적으로 영향을 미쳤다. 1990년 초 콜 총리와 프랑스의 미테랑 대통령이 마스트리히트에서 정부간 컨퍼런스를 공표했을 때 미테랑은 독일 통일에 대한 지원을 약속했다. 1989년 미테랑이 통독을 극력 저지하려 했던 것을 생각하면 놀랄만한 일이었다. 그는 동독 정권을 안정시키기 위해 많은 노력을 기울였고 고르바초프에게 통독을 거부하라고 설득했으나 실패했다. 독일이 DM을 희생함으로써 프랑스의 동의를 샀다는 것은 공공연한 비밀이다"라고 말했다.[410]

반면 Gros and Thygesen은 1988년 이후 마스트리히트 조약에 이르기까지 EMU에 대한 논의가 급물살을 탄 데 대해, 물가안정을 최우선으로 하는 독일 측과 유럽에서의 통화주권 참여를 원했던 프랑스, 이탈리아 간에 물가안정의 중요성과 이를 담보할 제도적 장치로 EMU에 대해 타협점이 찾아졌고, 단일시장 추진이 1980년대의 우호적인 경제상황에 어느 정도 기여한 것으로 평가받았기 때문이라고 분석했다.

---

[409] Zelikow and Rice(1995), pp. 234-235. Rice는 부시행정부에서 국무장관(2005. 1 - 2009. 1)을 지냈으며 베를린장벽 붕괴와 독일 통일이 이루어지던 1989 - 1991. 3월에는 미국 국가안보리의 소련 및 동구담당 책임자를 역임했다.

[410] Sinn(1996), p. 2.

이러한 건설적 타협의 여지가 있었음을 인식한다면 EMU가 단지 프랑스가 독일의 통일을 받아들인 대가quid pro quo 라고 단순화할 필요는 없다고 지적했다.[411] 이에 대해 James는 이러한 단순화를 배격하는 것은 합당하지만, 이해관계 협상이 정책의 형성에 반영된다는 측면에서는 어느 정도 설득력을 갖는 것도 사실이라고 평했다.[412]

Marsh는 "콜 총리가 미테랑 프랑스대통령에게 지속적으로 단일통화의 도입을 확인해줌으로써 독일의 확대되는 영향력에 대한 프랑스의 의구심을 완화시켰다. 독일이 통일의 대가로 DM을 포기한다는 공식적 협상은 없었다. 미테랑은 1989년 가을에 독일 통일은 멈출 수가 없다는 것을 알았고 이를 막기보다는 관리하는 데 목표를 두었다. 그러나 독일 통일과 단일통화의 탄생은 밀접하게 연결되어 있다. 만약 통독이 없었다면 프랑스가 콜 총리로 하여금 DM을 포기하고 유로를 받아들이라고 설득하기는 매우 어려웠을 것이다"라고 지적했다.

이처럼 DM은 독일 내적으로는 동독 주민들의 갈구를 통해 통일의 동력이 되었고 국제적으로도 통일을 가능케 한 연결고리가 된 것이다. 그러나 독일인들은 이 안정된 통화를 왜 자발적으로 포기해야 하는지 이해할 수 없었다.[413] Issing은 독일에서 EMU에 대한 저항이 가장 심했다는 것은 의심의 여지가 없다. DM을 포기하는 결정은 커다란 정치적 용기를 요하는 일이었다라고 회고했다.[414]

---

411 Gros and Thygesen(1998), p. 411.
412 James(2012), p. 214.
413 Weske(2011), p. 124.
414 Issing(2008), p. 21.

자신의 의지와는 관계없었지만 일단 공동통화와 공동중앙은행의 도입이 합의되자 독일연방은행은 신설되는 중앙은행이 연방은행의 모델을 따라 안정지향적인 중앙은행이 되도록 하는데 설계 단계부터 많은 노력을 기울였다. 그 결과 EMU의 제도적 틀에는 연방은행의 주장이 많이 반영되었다. ECB는 독일연방은행을 모델로 하여 물가안정을 최우선으로 하는 독립된 중앙은행으로 설립되며, EMU 가입의 수렴조건으로 각국의 중앙은행이 독립성을 가질 것과 재정준칙을 기반으로 회원국들의 경제정책 수렴이 필요하다는 내용들이 삽입되었다.[415]

이러한 원칙은 1992년 2월 조인1993년 1월 발효된 마스트리히트조약에 의해 명문화되었고 유로화 출범은 1999년 1월에 ECB는 연방은행이 있는 독일 프랑크푸르트에 위치하는 것으로 결정되었다. 한편 슐레징어 전 연방은행 총재는 EMU 출범일을 미리 확정짓지 말자는 독일의 의견이 받아들여지지 않은 것은 독일의 패배였다고 아쉬워했다.[416]

ECB가 연방은행의 모델을 따르고 소재지를 독일로 하는 데에 프랑스 측은 불만이 있었으나[417] 독일은 연방은행 및 국민 설득을 이유로 이를 관철한 것으로 알려졌다. DM과 연방은행은 독일인들의 소중한 자산이었고 이를 포기하는 대신 무엇을 얻었는지를 자국민들에게 명확히 보여줄 필요가 있었기 때문이다. 콜 총리는 통일과정 중 부시 미 대통령과의 정상회담에서 "DM은 국가적 자부심의 일부이다"라고 말

---

[415] James(2012), Ch. 7; 김태훈 역(2011), p. 159; ECB(2011), p. 14.
[416] Bundesbank(2012).
[417] 당시 미테랑 대통령은 이는 잘못된 모델이라며 비판했다. "연방은행은 정부의 영향을 전혀 받지 않는다. 정치적 당국이 아닌 중앙은행이 주권을 행사하는 것은 위험하다고 나는 생각한다"(Marsh, 2012, p. 50).

했다. 그리고 프랑스 미테랑 대통령과의 회담에서는 "일반의 여론은 아직 DM을 포기할 준비가 되어있지 않다"고 말하는 등 독일에서 DM의 의미를 강조했다.[418] 그리고 DM을 포기하고 유로화를 도입하는 데 회의적이었던 독일 국민들을 설득하고 의회에서 마스트리히트조약의 통과를 위해 유로화가 DM 못지않은 안정된 통화가 될 것이라는 점이 강조되었다. 그 방안으로 ECB의 독립성, 정부 재정지원의 금지 등이 명시되었다. 마스트리히트조약은 1992년 12월 2일 독일의회에서 찬성 543, 반대 17의 압도적인 표차로 비준되었다. 당시 비준을 둘러싼 의회 논전에서 콜 총리는 "엄격한 요건을 충족한 나라만이 EMU에 가입할 수 있도록 하는 독일의 의사가 관철되었으며, ECB가 통화가치의 안정을 책무로 부여받았고 정치로부터 독립이 보장되었다"고 강조했다. 콜 총리는 "유로화 도입 찬반을 묻는 국민투표를 했다면 3:7로 졌을 것이다"라고 후에 술회했다.[419]

독일연방은행, ECB의 일원이 되다[420]

독일연방은행은 프랑크푸르트 본점[421] 외에 서독의 각주 및 자치도

---

418 Spiegel(2010).
419 Paul(2010), p. 286.
420 ECB 출범에 따른 조직 재편 전까지는 김영찬(1995), pp. 36-37에서 재인용(원자료: Bundesbank, 1992a, pp. 48-54; Jochimsen et al., 1991, pp. 554-559).
421 프랑크푸르트에는 독일연방은행이, 각 주에는 주중앙은행이 있었으므로 정확한 의미에서 '본점'이라는 표현은

시마다 주중앙은행Landeszentralbank을 두고 있었고 동독 지역에는 임시 관리사무소 및 15개 지점을 설치, 연방은행 업무를 수행하였다. 그러나 이는 한시적인 조치였고 통일조약에서는 통일 후 12개월 내에 동독 지역의 편입에 상응하는 새로운 연방은행법을 제정하도록 규정하고 있었다. 그러나 통독 후 여러 정치적인 과제의 처리 및 새로이 설립될 주중앙은행의 수에 대한 연방정부와 주정부간의 이해관계 상충으로 입법과정에 오랜 시간이 걸려 통일조약에 규정된 기간 내에 법 개정을 할 수가 없었다. 결국 1년여가 늦은 1992년 11월 1일자로 새로운 환경에 적응한 연방은행조직이 발효되었다.

앞서 보았듯이 기존의 연방은행조직은 의사결정기관인 「중앙은행위원회Zentralbankrat: 임원회 및 주중앙은행 총재로 구성」, 10명까지 둘 수 있는 임원회Direktorium 와 11개의 주중앙은행[422]으로 구성되어 있었다. 기존 체계로는 동독 지역 5개주의 신규 편입으로 중앙은행위원회의 수가 크게 늘어나는 것이 불가피하게 되어 조직개편 문제가 제기된 것이다.

당시 두 가지 방안이 제시되었다. 하나는 종전대로 각 주정부마다 주중앙은행을 존속시키고 동독 지역 5개주에도 이를 설립하는 것으로 주정부나 주중앙은행이 이를 주장하였다. 다른 안은 연방재무부가 주장한 것으로 임원회 및 주중앙은행의 수를 줄여 조직을 단순화하고 의사결정을 능률적으로 하자는 것이었다. 물론 주마다 주중앙은행을 두자는 의견은 연방국가라는 독일의 체제에 비추어 타당성이 있었으나 동

맞지 않으나 관행, 이해의 편의상 본점으로 표기했다.
422 바이에른 주 등 8개 주와 베를린, 함부르크, 브레멘 등 3개 자치도시.

독 주 편입으로 주중앙은행이 16개로 늘어나고 임원회 인원 10명이 규정대로 채워진다면 중앙은행위원회가 26명으로 구성되어 의사결정에 많은 문제점이 생길 것이 예상되었다. 아울러 미국이 50개주로 이루어져 있음에도 12개의 연방준비은행으로 연준이사회가 구성되고, 설립예정으로 있던 유럽중앙은행도 12개 회원국에 의사결정은 18명의 정책위원회governing council에서 이루어지도록 되어 있다는 점이 첫째 안에 대한 반론의 근거로 제기되었다.

이에 따라 새로운 법에서는 연방재무부의 의견이 많이 반영되어 경제력의 비중, 인구수 등을 감안해[423] 주중앙은행을 9개로 축소하고[424] 프랑크푸르트 본점의 임원 정원을 10명에서 8명으로 축소하는 것으로 하였다. 따라서 임원회와 주중앙은행 총재로 이루어지는 중앙은행위원회는 과거 최대인원 21명[425]에서 17명$_{8+9}$으로 축소되었다. 이러한 조직개편 외에 그간의 금융시장 변화에 부응하고 통화통합 및 통일로 인해 불필요하게 된 조항들이 개정·삭제되었으나 통화정책의 독립성 보장 등은 그대로 유지되었다.

연방은행의 구조는 유럽중앙은행 출범과 함께 다시 한 번 개편되었다. 독일을 포함한 유로지역의 통화정책을 결정하는 권한이 ECB의 정책위원회[426]로 이관됨에 따라 독일연방은행은 총재가 동 이사회에서 의

---

[423] 예를 들어 과거에는 인구 1,700만이 넘는 노트라인-베스트팔렌 주나 인구 70만이 채 안 되는 브레멘이 동일한 자격으로 의사결정에 참여했었다.
[424] 기존 서독 주중앙은행 간 및 동독 주와의 영역통합으로 서독 지역에서 3개가 축소되고, 동독 지역에 1개가 신설되었다. 이중 임시관리본부는 1992년 11월부터 동독지역의 작센주 와 튀링엔 주 주중앙은행으로 전환되었다.
[425] 실제로 이 이원이 채워진 적은 없었다.
[426] 유로존 회원국 중앙은행 총재와 ECB집행위원회(Executive Board) 위원으로 구성된다.

결권을 행사하는 형태로 통화정책의 결정과정에 참여하게 되었다. 따라서 연방은행 중앙은행위원회에서 독일의 통화정책 결정에 참여하던 기존 주중앙은행 총재의 역할은 축소될 수밖에 없었다. 2년 반에 걸친 논란[427] 끝에 2002년 4월 30일 새 법이 발효되어 연방제적인 구조가 종료되었다. 주중앙은행은 독자적인 위상을 상실하고 지역본부regional office로 개편되었으며 본점의 의사결정구조도 이사회Vorstand: Executive board로 일원화되었다.[428] 이후 지역본부 산하의 지점과 함께 연방은행의 전체 인원도 상당수 축소되었다.[429]

ECB 출범 후 연방은행의 대외적 위상도 많이 낮아졌다. ECB의 최고 의사결정기구인 정책위원회는 ECB의 총재, 부총재 등 집행위원 6명과 유로화를 사용하는 19개 회원국 중앙은행 총재 등 25명으로 구성되어 있다. 독일은 ECB 자본금 중 가장 큰 지분27%을 가지고 있지만 통화정책 결정에서 연방은행 총재는 몰타 혹은 슬로베니아 등 작은 나라의 총재와 마찬가지로 한 표만을 행사한다.

그러나 독일연방은행은 자신을 모델로 만들어진 ECB가 연방은행의 전통적 가치를 지키도록 하는데 노력을 기울이고 있다. 유로지역 재정 위기 국면에서 ECB의 국채매입을 둘러싼 논란의 과정에서 연방은행의 베버Axel Weber 총재와 연방은행 부총재 출신으로 ECB 집행위원이었던 슈타크Jürgen Stark 이사가 임기 중 전격 사임한 것은 그러한 맥락에서

---
[427] 개편방안에 대한 논란은 한국은행(1999b), pp. 11-15 참조.
[428] Bundesbank(2006), p. 32.
[429] 연방은행 직원 수(상근직원 환산 기준)는 통독 직후인 1991년 16,500명에서 ECB가 출범한 후인 2001년에는 14,800명, 2014년에는 9,523명으로 축소되었다.(www.bundesbank.de)

이해될 수 있다.[430] 한편 현 바이트만 총재는, 연방은행이 동일하게 한 표를 갖는 유로시스템 17개 중앙은행의 하나이지만 '단지' 17개 중앙은행 중의 하나는 아니라고 생각하며 통화동맹의 미래에 대한 논의에서 가장 능동적인 역할을 하고 있고 다른 동료 중앙은행도 이를 기대하고 있다고 밝혔다.[431]

독일 데카방크Dekabank의 Kater 수석이코노미스트도, 연방은행이 비록 한 표를 행사하지만 연방은행이 DM시절 유럽의 통화정책에 미쳤던 영향력, 독일의 경제력 및 ECB에서의 지분, 평판과 능력으로 인해 매우 중요한 한 표를 행사하고 있다고 강조했다.[432]

---

[430] 2011년 2월, ECB 정책위원회 위원인 베버 연방은행 총재가 임기를 1년여 남긴 시점에서 전격적으로 사퇴를 발표했다. 국채 매입을 둘러싼 ECB 내에서의 갈등 때문이었다. 같은 해 9월, 같은 이유로 연방은행 부총재 출신인 ECB의 슈타크(Jürgen Stark) 집행이사도 임기를 3년이나 남겨놓은 상황에서 사퇴를 밝혔다. 슈타크는 전임 이싱 집행이사에 이어 ECB의 수석이코노미스트 역할을 맡으면서 ECB가 연방은행적인 전통을 잇도록 하는 데 많은 역할을 해왔었다. 독일 언론들은 연방은행을 모델로 한 ECB의 독립성 상실에 대한 우려와 함께 의사결정구조에 대한 비판을 강하게 제기했다. Handelsblatt지는 그의 사퇴를 다룬 '서서히 독립성과 작별하다'라는 제목의 특집기사(2011, Der langsamer Abschied von der Unabhängigkeit, Sep. 12)에서 베버와 슈타크의 사퇴로 이제 ECB에서 연방은행의 안정지향적 문화는 관철할 수 없음이 명확해졌으며 중앙은행이 점점 더 정치가들의 도구가 될 것이라고 우려했다(김영찬, 2013, p. 31).

[431] Bundesbank(2012). 유로화 사용국이 17개국이던 시기의 언급이며 2017년 현재는 19개국이 유로화를 사용하고 있다.

[432] Deutschlandfunk(2017).

PART 06

마무리하며

지금까지 내용의 요약

앞에서 독일의 통화·경제·사회통합, 그리고 통일로 이어지는 과정에서 독일마르크화와 독일연방은행의 역할에 대해 살펴보았다. 글을 마무리하면서 지금까지의 내용을 요약해보기로 한다.

전후 서독에서 통화개혁을 통해 탄생한 독일마르크화는 국내외적으로 높은 위상을 누렸다. 국내적으로는 물가안정과 번영의 상징으로 국가 정체성의 한 부분을 이루었고, 대외적으로는 유럽통화제도에서 기준통화 역할을 하고 세계 제2의 외환보유 통화가 되었다. 또한 동독 주민들에게는 그들이 향유하지 못한 자유와 번영을 상징했다. 독일연방은행은 DM의 이러한 위상을 가능케 한 관리자로서, 그리고 강한 독립성으로 국내는 물론 국제적으로 독특한 입지를 구축했다. 동독 주민들의 DM에 대한 갈구는 통화통합과 통일로 이어졌으며, 유로화와 유럽중앙은행을 도입하는 EMU를 수용하는 것이 주변국의 통독 동의조건이었는가 하는 논란도 있었다. 이처럼 DM과 독일연방은행은 독일 통일 과정에서 매우 중요한 역할을 했다. 반면 같은 시기에 도입된 동독 마르크화는 태환성이 없었고 가치도 지속적으로 하락했다. 동독의 금융제도는 중앙은행인 동독국립은행이 상업은행 기능을 병행하는 사회주의 계획경제의 전형적인 일원적 은행제도로 효율적인 자원배분의 문제를 안고 있었다.

통독 직전 동서독의 경제상황은 뚜렷한 대조를 보였다. 동독은 외면적인 평가와 달리 실제로는 설비낙후 등으로 성장이 정체되었다. 생산이 소비를 뒷받침하지 못하는 가운데 대외지불능력은 한계에 봉착해 있었다. 단순한 서독과의 경제력 격차 문제가 아니라 경제 자체가 붕괴위기에 있었다는 사실은 당시 동독의 고위당국자들의 증언으로 뒷받침되고 있다. 반면 서독 경제는 성장, 고용, 경상수지, 대외투자포지션, 재정 등 거의 모든 측면에서 양호한 상태를 보이고 있었다. 이는 통독과정에서 양독의 협상력에 영향을 미치고, 서독이 통일 후 대규모 부담을 감당할 수 있는 기초가 되었다고 할 수 있다.

동서독 간의 통화통합은 급진적인 방식으로 이루어졌다. 아직 주권국가였던 동독에서 DM이 유일한 법정통화로 유통되고 독일연방은행이 전적인 통화정책권한을 행사했다. 이는 정치적 통일을 되돌릴 수 없는 것으로 만들었다. 이런 면에서 점진적인 방식으로 추진되고, 새로운 공동 통화·중앙은행이 도입되었으나 재정·정치통합은 요원한 것으로 보이는 유럽의 경제통화동맹EMU과 대비된다.

유럽에서는 EMU로 이어지는 통합과정에서 통화통합이 어느 단계에서 이루어져야 하는가를 놓고 회원국들 간의 입장이 크게 대립했다. 통화통합을 초기에 시행해야 한다는 프랑스 등의 주장과 달리 독일 등의 입장은 통화통합은 경제적 통합 혹은 재정·정치통합도 이루어진 후에 마지막 단계로 와야 한다는 것이었고 독일연방은행이 대표적인 주창자로 알려졌다. 이러한 입장은 1989년 11월 9일 장벽붕괴 직후 통일과정 초기에도 일반론이었다. 그러나 동독 주민들의 서독으로의 대량 이주를 억제해야 할 필요성과 함께 당시의 여건을 통일의 기회로 포착한 서독의 콜 총리는 1990년 2월 6일 연방은행과 경제학계의 의견에 반하여 급작스럽게 통화통합을 제안했다. 당시 연방은행은 이 제안을 사전에 공식적으로 통보받지 못한 것으로 알려졌다. 제안 당일 동독국립은행 총재와 회동을 가지고 조기 통화통합에 대해 부정적인 의견을 피력한 푈 총재와 연방은행은 당혹스러운 입장에 처하기도 했다. 푈 총재는 정치적 결정을 존중한다고 표명하긴 했지만 견해 차이를 노정하며 조기 사임하였고 이후에도 통화통합 방식에 비판적인 입장을 견지했다.

협상 제안 얼마 후 2월 20일부터 통화통합 협상이 시작되어 예비협상전문가위원회 회의, 동독에서의 최초 자유총선에 이은 본 협상으로 나뉘어 진행되었다. 협상은 서독의 수도인 본Bonn과 동독의 베를린을 오가며 열렸는데 양측 정부 관련부서 및 중앙은행의 고위직 인사들이 협상단에 참여했다. 독일연방은행은 1990년 초 재무차관에서 연방은행 이사로 옮긴 티트마이어가 협상단 대표로, 슐레징어 부총재가 통화부문 분과위원회의 책임을 맡는 등 중요한 역할을 담당했다. 3월 18일 동독의 첫 자유총선을 앞두고 예비협상이 마무리되면서 3월 13일 발표된 중간보고서에서는 통화통합과 동독에서의 경제개혁을 동시에 실시하며 이는 통일의 첫 걸음임을 밝혔다. 동독에서 새 연정 정부가 출범한 후 4월 25일 본 협상이 개시되어 전환비율, 연방은행에 대한 전적인 통화정책 권한 부여, 서독식 사회보장제도의 도입 등 쟁점사안이 합의되었다. 5월 18일 양측 재무장관이 「통화·경제·사회동맹 창설을 위한 국가조약」에 서명함으로써 7월 1일 통화통합이 발효되었다.

동독 마르크화에 대한 시장에서의 제대로 된 환율이 존재하지 않았기 때문에 통화통합에서는 양독 통화간의 환율을 비가역적으로 결정하는 전환비율의 결정이 매우 중요했다. 이는 개인의 소득·금융자산, 기업의 경쟁력, 인플레이션, 정부의 재정부담 등 개별 경제주체나 정책당국에게 통합의 초기 조건을 규정하기 때문이다. 동독 시절에도 일반적인 시장환율과는 다르지만 공식환율과 환전상환율, UN 적용환율, 외환수익개념 등 여러 형태의 환율이 있었고 구매력 평가도 준거틀로 사용되었다. 그러나 이들을 실제 전환비율로 사용하는 데는 한계가 있었다. 전환비율은 다양한 모형에 의해 추정될 수가 있는데 요구되는 기초자료의 제약으로 정확한 추정에 제한이 있고 추정모형별로 상이한 비율이 나올 경우 정치적 선택문제에 봉착하게 된다. 서독 정부는 내부적으로 여러 모형에 의한 추정 결과 1:1 전환에 별 무리가 없다는 판단을 내렸던 것으로 보인다. 다만 동독의 빠른 임금상승 가능성, 외환수익개념상의 4.4:1 등이 충분히 고려되었는지는 불분명하며 추정 작업에서 연방은행과의 협의도 없었던 것으로 알려졌다.

동독 총선의 지원 유세에서 서독 정치인들은 1:1 전환을 암시했고 이것이 서독의 집권연정이 지원한 '독일을 위한 연대'가 승리하는 데 적지 않은 영향을 미쳤다고 할 수 있다. 독일연방은행의 공식적인 전환비율 제안은 동독 총선 후인 3월말에 정부에 제출되었다. 주 내용은 동독 기업의 경쟁력유지와 인플레이션 중립을 위해 2동독 마르크: 1DM 전환을 기본으로 하되 예금 중 일정액을 1:1로 우대 전환할 수 있다는 것이었다. 그러나 특히 임금의 2:1 전환은 동독 주민들의 강한 반대에 부딪혔고 서독 정치가들로부터도 동의를 얻지 못했다. 이 와중에서 사회적 측면을 고려해 명목상 소득이 줄어드는 부분을 국유재산의 사유화과정에서 지분참여 등으로 보상하자는 제안은 묻혀버리고 말았다.

동독의 신 정부가 연정협약을 통해 임금·연금의 1:1 전환을 협상 의제로 확정한 상태에서 통화통합 본 협상이 시작되었고 동독 측은 이것이 양보할 수 없는 사안임을 강조했다. 연방은행 측의 노력에도 불구하고 2:1을 기본으로 하는 안은 관철이 불가능했다. 결과적으로 임금은 1:1로 전환하되 전환기준일을 통화통합 발효 전인 5월 1일로 하고, 저축의 1:1 우대 전환금액을 연령별로 차등 적용하여 고령층을 우대하는 선에서 합의가 되었다. 비거주자의 예금 전환비율은 3:1, 부채는 모두 2:1로 전환되었다. 예금에 대한 우대 전환으로 금융기관의 자산과 부채가 상이한 비율로 전환됨에 따라 그 차이에 대해 평형청구권이 제공되었다. 이는 후에 연방은행이 동독 금융기관에 초기 자금을 공급하는데 담보증권 등으로 유용하게 활용되었다.

임금이 1:1로 전환된 데다 통화통합 직전·후 임금이 생산성을 상회하는 수준으로 급격히 상승하면서 동독 기업의 경쟁력은 결정적으로 상실되었다. 이는 통합 후 동독경제가 어려움을 겪은 주 요인의 하나로 비판을 받았다. 다만 임금·연금 혹은 저축 상당부분의 1:1 전환은 경제 논리로는 많은 비판을 받았으나 정치적으로는 통일로 이끈 실마리로 작용했다는 긍정적인 평가를 받기도 했다.

통화통합조약 조인으로 DM이 동독에서도 유일한 법정통화로 통용되게 됨에 따라 연방은행은 불과 6주라는 기간 내에 동독 전역의 주민들에게 DM화를 공급해야 했다. 지폐·주화의 수송, 보관, 교환으로 이어지는 로지스틱스는 아직 별개의 주권국가인 동독에서, 열악한 도로망과 금고상태 등을 극복하고 이루어진 걸출한 작업이라는 평을 받았다. 한편 전환비율이 플로·스톡, 개인연령별·기업, 거주자·비거주자 등으로 다양하게 적용됨에 특히 기업 쪽에서 적지 않은 편법·탈법 사례가 발생했고 이에 대응하는 법도 시행되었다.

전환비율 결정에 동독 측의 의사가 대부분 반영된 것과 달리 연방은행은 동독에서 독자적인 통화정책 권한의 확보를 관철했다. 동독 측은 동독국립은행이 어느 정도 중앙은행의 역할을 본존할 수 있기를 바랐지만 수용되지 않았다. 동독에서 유일한 법정통화와 통화정책기구로서 DM과 연방은행의 출범은 동독으로서는 커다란 주권 포기였고 이는 통일로 들어서는 길이 되었다.

통화통합에 따른 통화정책 수행을 위해서는 동독 지역에 연방은행의 조직망을 구축하고 동독의 금융제도를 시장경제에 걸맞은 금융제도로 전환하며 지급결제도 통합해야 했다. 연방은행은 통화통합 조인과 함께 주중앙은행들의 적극적인 지원 하에 동독에 베를린 임시관리본부와 15개 지점의 구축작업에 착수해 통화통합 발효에 따른 업무수행 준비를 마쳤다. 동독국립은행의 건물, 설비 및 인적자원을 활용할 수 있었고 상당한 정도로 활동의 자유를 보장받았다. 동독의 금융제도는 통화통합을 전후해 시장경제에 맞는 이원적 금융제도로 전환되었다. 동독국립은행에서 상업은행 기능이 분리되고 서독 및 외국은행들은 합작, 지점설치, 합병 등의 형태로 동독에 진출했다. 저축은행, 협동조합은행 등 기층 금융망은 복구되어 서독의 해당 협회로 통합되었다. 동독지역의 금융기관들이 초기부터 원활하게 작동한 데는 서독 금융기관들의 인적·물적 지원이 큰 역할을 담당했다.

연방은행은 통화정책권역으로 편입된 동독 지역 금융기관의 초기 자금부족을 보전하기 위해 자체어음의 적격증권 인정, 평형청구권의 활용 등과 함께 상대적으로 많은 리파이낸싱 쿼터를 배정하였다. 아울러 일부 보고의무의 한시적인 경감 등 금융감독 업무를 탄력적으로 적용해 금융기관들의 원활한 작동을 지원했다. 지급결제제도도 연방은행의 주도 하에 1년 반 만에 서독시스템으로 통합되었다.

독일연방은행은 통독 직후 통독 붐에 따른 물가 상승, 정부의 확장적 재정정책과 급격한 임금인상에 따른 인플레 압력에 대응해 금리를 수차례에 걸쳐 인상했다. 이는 안정지향이라는 연방은행의 기본 원칙에 따른 것이었지만 국내적으로는 경기둔화 초래, 대외적으로는 영국의 ERM 탈퇴 등 EMS의 동요를 야기했다는 비판을 받았다. 한편 자본시장 금리 상승과 DM의 강세는 주로 정부채 발행을 통해 이루어진 통일비용 재원의 원활한 조달에 기여했다는 평가도 받았다.

1999년 1월 1일 EMU의 출범과 함께 유로화가 도입되었고 독일연방은행은 유럽중앙은행의 일원이 되었다. 연방은행은 이제 집행위원회와 회원국 중앙은행총재로 이루어진 ECB 정책위원회의 통화정책 결정에서 다른 위원들과 마찬가지로 한 표만을 행사한다. 그러나 연방은행을 모델로 만들어진 ECB에서 연방은행은 기존 중앙은행의 가치를 구현하기 위해 여전히 노력하고 있다. 한편 EMU 출범 후에도 독일마르크화는 3년간 통용이 되었지만 2002년 1월 1일 유로화 지폐와 주화가 도입되면서 많은 독일인들의 아쉬움 속에 역사 속으로 사라졌다.

무엇을 얻을 것인가 : 기계적으로 해석하지 않기

　통화통합, 통일과정에서 독일마르크화와 독일연방은행의 역할을 구체적으로 들여다보면, 동서독의 제도나 상황에 대한 이해가 수반되어야 우리나라에 적용할 수 있는 제대로 된 시사점을 찾을 수 있음을 알 수 있다. 기계적인 해석만으로는 부족하다는 것이다. 물론 여기에 더해 남북한의 통화·금융 및 경제 상황과 우리나라의 통일·통합 시나리오에 대한 전반적인 이해도 전제되어야 한다.

　이 책에서는 독일의 사례에 초점을 맞추어 기술한다는 취지에서, 필자의 논문에서는 상당 정도 비중있게 다루어진 남북한 금융·경제상황과 통일 시나리오 부분은 생략했다. 북한의 경제, 통화·금융 현황과 통일·통합 시나리오에 관해서는 이 분야의 전문가들에 의해 깊이 있는 연구들이 축적되어 있으므로 이를 본서의 내용과 접목해 각자의 필요대로 활용할 수가 있을 것이다.[433]

　여기서는 필자가 생각하는 시사점을 제시하기 위해 북한 및 우리의

---

[433] 구체적인 내용은 김영찬(2016), 김영찬 외(2016)의 북한 부문 및 동 자료의 참고문헌, 김영희(2017)을 참조.

상황을 통합방식과 연계해 간단히만 소개하기로 한다. 북한의 금융제도[434]는 조선중앙은행 중심의 단일은행제도를 기본으로 하는데 그간의 경제난, 화폐개혁, 시장화의 확대 등으로 금융 본연의 기능이 제대로 작동하지 못하고 있다. 북한 원화에 대한 불신으로 달러와 위안화 등의 외화통용현상이 심화되고 공금융의 기능이 약화되면서 사금융이 확대되고 있다. 공식환율은 사실상 의미를 상실했으며 2009년 몰수적 화폐개혁을 계기로 암시장에서의 환율은 이보다 70배 정도 높은 선에서 움직이고 있다. 그리고 한국은행 통계에 따르면 북한의 경제력은 2016년 GNI 기준으로 남한의 45분의 1, 1인당 소득은 22분의 1에 불과하다. 근래의 성장률도 남한보다 높지 않아 추격성장의 기대도 어려운 상황이다.

한편 한국 경제는 경상수지 흑자 기조 및 이를 반영한 대외투자포지션의 플러스 확대, 자본시장 금리 및 환율의 안정 등은 긍정적이나 정부채무의 악화가 우려되고 성장 동력의 약화, 고령화, 양극화, 가계부채 등 적지 않은 과제가 가로놓여 있다. 남북한 간 격차, 경제체력과 부담능력이라는 측면에서 한국은 통독 직전의 서독보다 취약한 상황이다.

우리나라의 통일·통합 시나리오는 크게 점진형, 급진형으로 나뉘며 급진형 시나리오에서는 정치통합이 이루어지더라도 경제통합은 점진적으로 이루어지는 절충형 방식도 상정되고 있다. 절충형 통합은 특구식 혹은 한시적 분리방안으로도 불리는데 이는 급속한 통합이 가져온 독일 통일의 후유증, 남북한 경제격차, 남한의 부담능력 등 현실적인 측면

---

[434] 문성민(2000), 문성민(2005), 안예홍(2004), 민준규·정승호(2014) 등을 참조

을 고려한 것이다.

이러한 바탕 위에서 나름대로의 시사점을 제시해보려고 한다. 독일 연방은행의 경험은 급진적 통합에서의 사례로 기본적으로는 우리나라에 급속한 통합이 이루어질 경우에 대한 시사점을 제공한다. 그러나 독일의 사례를 구체적으로 이해하게 되면 가변적으로 움직이는 남북관계 상황에서 통일·통합이 점진적, 급진적 혹은 절충형한시적 분리의 어떤 방식으로 이루어지건간에 그에 맞춘 활용이 가능하다고 생각한다.

독일 사례가 우선적으로 시사해주는 것은 정책당국자 간의 긴밀한 협조의 필요성이다. 통합은 어느 한 부서의 역량만으로 접근할 사안이 아니기 때문이다. 초기 통화통합 제안과정, 정부의 전환비율 추정에서 연방은행과의 사전협력이 미진했던 부분은 많은 아쉬움이 남는 부분이다.

전환비율과 같이 독일에서 논란이 되었던 부분에 대한 대비뿐 아니라 지폐 및 주화의 공급, 금융망 구축, 초기 자금공급 등 독일에서 원활히 이루어진 부분들에도 많은 관심을 두어야 한다. 이 부분은 독일에서 차질 없이 진행되었기 때문에 오히려 관심이 덜했다고 할 수 있는데 많은 검토와 준비가 있어야 한다.

서독의 독일마르크화는 제2의 국제통화이자 동독주민들이 절대적으로 가지고 싶어하는 외화였다. 한국 원화의 국제적 위상이 DM에 못 미치는 것이 사실이고 북한에서 외화통용현상dollarization은 미 달러화와 중국 위안화를 중심으로 확산되고 있다. 원화의 위상과 북한 주민들의 수용성을 높여가는 노력이 필요하다. 그리고 DM은 티트마이어의 말대로 동독 주민들에게 자유와 번영의 상징이기도 했다. 화폐를 포함해 북한 주민들이 남한 사회를 동경하게 만들 가시적인 역할을 할 수 있는 대안들에 대해 고민하고 만들어가야 할 것이다.

  통합을 위한 협상과 관련해서는 그 과정, 협상단 구성, 쟁점이 될 사안, 합의안 작성 방식 등에 대한 이해를 크게 높이고 협상에 대한 대비를 해야 한다. 흡수통일이라는 표현으로 인해 이 부분에 대한 연구나 인식이 취약했다고 생각되기 때문이다. 본서에서 협상 관련 내용을 가능한 상세하게 다룬 것은 그런 이유에서이다.

  전환비율은 북한의 통계 미비로 인한 추정 자체의 어려움에다 북한의 상황으로 인해 독일에서와 그 의미가 다르거나 작을 수가 있다. 북한에서는 공식환율의 효용성이 사실상 상실되었고 최근 비교적 안정적인 움직임을 보이는 시장환율이 존재한다. 다양한 직간접 보조금의 존재를 감안해야 하기는 하지만 공식적인 급여수준이 비현실적으로 낮은데, 이는 시장에서의 수입 등 비공식소득이 상당 정도 존재한다는 의미이다. 따라서 전환비율로 환산된 임금이 곧 사실상의 전체소득이 되었던 동독에서보다 임금의 전환비율이 갖는 의미가 작을 수 있다는 것이다. 게다가 외화통용현상의 확대로 북한 원화의 가치저장수단이 상실되어 많은 저축을 외화로 보유하고 있다면 저축에 대한 전환비율의 의미도 반감된다. 오히려 외화에 접근하지 못한 층에 대한 배려가 중요해질 수 있는 것이다. 생계비, 생산성과 연동된 초기 임금수준 설정과 그 후의 전개, 초기 금융자산 제공에 더 많은 관심을 두어야 함을 뜻한다.

북한 지역에 대한 원화공급은 수송, 보관, 교환 등 로지스틱스 측면에서 독일의 경우보다 열악한 여건에서 이루어질 가능성이 높으므로 보다 면밀한 준비가 필요하다. 은행 이용도가 낮은 상황에서 예금계좌를 통해 북한 원화를 교환해줄 경우, 필요한 계좌의 개설에는 많은 시간과 어려움이 따를 수 있다. 원활한 여수신 등 금융기관의 작동도 신용기록·담보 등 기본 여건의 미비, 금융기관에 대한 불신, 사금융의 확산으로 더 큰 어려움이 예상된다. 적격증권의 부족 등을 고려해 금융기관에 대한 초기 자금공급방안도 미리 강구할 필요가 있다. 그리고 성장, 물가 및 외환·자본시장의 안정을 도모할 수 있는 통화정책의 모색이 중요하다. 독일이 누렸던 국제통화 발행국으로서의 이점을 누릴 수 없다는 데에도 유의해 외환시장 안정방안이 미리 모색되어야 한다.

통화통합과정에서 중앙은행이 할 일이 매우 다양하고 복잡하며 중요하다는 것, 그리고 관련 기관들의 많은 협력을 필요로 함도 보았다. 지금도 많은 준비가 이루어지고 있지만 무엇보다 염두에 두어야 할 것은 통합 국면이 닥쳐올 때 '나는, 그리고 내가 속한 팀과 부서는 무엇을 해야 하는가'에 대한 실무적인 고민을 구체적으로 해보는 것이라고 생각한다. 그리고 경제적, 제도적으로 가장 합리적인 방안을 강구하고 제안하되, 어떤 방식으로 통합, 통일이 이루어지더라도 그에 대처할 수 있는 준비를 해나가야 할 것이다. 이는 단지 중앙은행에만 해당되는 것이 아니라 모든 관련 기관에 해당되는 사항이기도 하다.

소회

　글머리와 첫 장에서 밝힌 대로 이 책을 만들면서 그간 국내에서 축적된 연구를 바탕으로 필자의 직장과 학교에서의 경험, 그리고 독일과의 오랜 인연에 따른 나름대로의 이해를 담아내려고 노력했다. 가능한 한 많은 독일 문헌을 활용하려고 노력했고 그를 통해 독일의 통화통합 연구에서 그간 소홀히 혹은 미진하게 다루어졌던 부분을 어느 정도 보완하는 데 기여했다고 자위하고자 한다.

　항상 그랬듯이 책을 마무리할 때 쯤이면 체제, 내용, 인용자료 등에서 아쉬움이 남는 것은 어쩔 수 없는 일인 것 같다. 먼저 체제 면에서 남북한의 상황, 통일 시나리오는 독일에 중점을 둔다는 책의 체제상 의도적으로 생략한 것임을 다시 말씀드린다. 그리고 전반적인 내용을 통화통합과 금융통합으로 나누어 기술할 수가 있겠으나 DM과 독일연방은행을 기준으로 기술한 관계로 금융통합 부분이 일반적인 금융통합에서의 논의보다는 축약되었다.

　내용 면에서 우선적으로 드는 아쉬운 생각은 통화통합 준비작업 혹은 초기 국면에 동독에 파견되었던 연방은행 직원들의 근무여건, 현장에서 부딪혔던 문제들을 본격적으로 담지 못했다는 점이다. 여러 일화를 듣긴 했으나 책에 공식적으로 실을 정도로 자료를 확보하지 못했기 때문이다. 그리고 통화정책의 시행과 관련하여 보다 현장감 있는 분석이 필요함을 느끼고 있다. 중앙은행이 금융기관에 자금을 공급하기는 하지만 기업, 개인에게 자금을 제공하는 것은 이들 금융기관이기 때문이다. 이들이 통합 초기에 접했던 현실적인 문제들은 앞으로 구체적으로 연구해 보려고 한다. 통합 협상과 관련해서는 책에 수록한 이상의 상세한 자료를 작성했지만 좀 더 다듬은 후에 공개할 생각이다. 또한 통합·통일 과정에서 합의되고 결정되어 시행된 사항만이 아닌, 그 과정에서 논의되었던 여러 대안들을 검토해보는 것도 필요하다. 급속한 통합을 할 수밖에 없는 환경에서 실행은 되지 않았지만 독일인들의 많은 고민, 아쉬움이 묻어있던 부분들이기 때문이다.

  자료 면에서는 입수에 최대한 노력을 기울이긴 했지만 더 많은 통합과정 참여 당사자들의 자료를 이용할 수 있었으면 하는 안타까움이 있다. 협상을 포함한 통합 과정에 참여했던 서독 재무부, 총리실 인사들 및 동독 총리를 지낸 드메지에르의 회고록은 출간되었고 관련된 공식 문헌들도 잘 제공되고 있다. 그러나 연방은행 인사들의 경우에는 티트마이어 전 총재의 회고록이나 연설문 외에는 활용이 쉽지 않았다. 물론 조사월보나 연차보고서, 보도자료 등을 통해 통합과정에서 연방은행의 객관적인 활동을 파악할 수 있고, 연방은행 인사들과의 면담, 워크숍 등을 통해 '현장 이야기'를 확보할 수 있었으나 한계가 있었다. 본점과 주중앙은행에서의 구체적인 준비과정, 애로사항, 그리고 협상 석상에서의 발언 등은 일부 책자를 통해 부분적으로 확인할 수가 있었는데 아마도 연방은행 서고나 연방정부 기록보관소의 협조를 얻어야 할 것 같다. 그리고 당시 활동했던 이들이 매우 연로해지고 있거나 세상을 떠나고 있는 것은 못내 아쉬운 부분이다.

  마무리를 하려니 홀가분함과 함께 새로이 궁금증이 쌓인 분야를 어떻게 연구할까에 대한 부담과 기대가 함께 한다. 아직도 공부할 분야가 그리고 호기심이 남아 있다는데 감사하며 이번 책은 여기서 맺기로 한다.

| 참고 문헌 |

〈한국어 문헌〉

· 김병연, 2012, "남·북한 화폐통합", 김병섭·임도빈 편, 『통일한국 정부론: 급변사태를 대비하며』, pp. 289-328. 2014, 금융체제 이행 및 통합사례: 남북한 금융통합에 대한 시사점, 『BOK 경제연구』 2014-32, 한국은행 경제연구원.
· 김영윤, 1999, 사회적 시장경제질서의 구동독지역 적용에 관한 연구, 『연구총서』 99-7, 통일연구원.
· 김영윤, 제성호, 박덕규, 박수혁, 이기수, 1994, 『화폐·경제·사회통합에 관한 조약(상)』, 민족통일연구원.
· 김영찬, 1995, 『통화통합, 통일과 독일경제: 통화통합, 그 후의 경제상황, 사유화, 통일관련 비용에 관한 연구』, 한국은행 해외학술연수 연구논문.
 2010, 『독일통일 20년: 경제적 관점의 평가와 교훈』, 국방대학교 안보과정 졸업논문.
 2013, 현장에서 본 유로지역 위기, 한국은행 내부보고서, 미간 원고.
 2014, 유로지역 위기대응에서 독일 방식의 배경: 질서자유주의, 사회적 시장경제, 공급측면의 중시, 한국은행 내부보고서, 미간 원고.
 2016, 『동서독 통화·금융통합 과정에서 독일연방은행의 역할 및 한국에의 시사점』, 한국외국어대학교 국제지역대학원 박사학위 논문.
· 김영찬, 김범환, 홍석기, 박현석, 2016, 『통일 후 남북한경제 한시분리운영방안: 통화·금융·재정 분야』, KIEP(대외경제정책연구원), 중장기통상전략연구 16-02.
· 김영희, 북한의 5대시장 형성과 작동 메커니즘을 통해 본 시장화 실태, KDB산업은행, 『KDB 북한개발』, 2017년 봄 호(통권 10호).
· 김유찬, 2014, 『독일통일 전후 재정운용의 특징과 시사점』, 국회예산정책처.
· 김주일 역, 1998, 『나는 조국의 통일을 원했다: 헬무트 콜 총리 회고록』, 해냄 (원저, Helmut Kohl, 1996, Ich wollte Deutschen Einheit, Propyläen Verlag.
· 김태훈 역, 2011, 『달러제국의 몰락』, 북하이브 (원저: Barry Eichengreen, 2010, Exorbitant Privilege: The Rise and Fall of the Dollar and the Future of the International Monetary System, Oxford, UK: Oxford Univ. Press).

- 김호균, 2016, 화폐통합의 영향화 정책적 시사점, 화폐통합 분야 관련 정책문서, 『독일통일 총서』 15, 통일부, pp. 9-106.
- 김흥종 · 강유덕 · 이철원 · 이현진 · 오태현, 2010, 유로존 10년의 평가와 향후 과제, 『연구보고서』 10-15, 대외경제정책연구원.
- 문성민, 2000, 북한의 금융제도, 『한은조사연구』 2000-3, 한국은행.
  2005, 북한금융의 최근 변화와 개혁과제, 『금융경제연구』 제236호, 한국은행 금융경제연구원.
- 문성민 · 문우식, 2009, 남북한 통화통합 방식에 관한 연구: 사례분석을 중심으로, 『경제논집』 제48권 제1호, pp. 21-51, 서울대학교 경제연구소.
- 문성민 · 민준규, 2016, 통일시나리오 논의의 틀: 북한경제의 이행 · 발전 방식 및 남북한의 국가결합 유형을 중심으로, 『통일과 법률』 제25호, 법무부 통일법무과.
- 민준규 · 정승호, 2014, 최근 북한의 경제정책 추진현황 및 평가: '우리식 경제관리방법'을 중심으로, 『BOK 이슈노트』 제3권 제4호, pp. 149-178, 한국은행.
- 박석삼 · 랄프 뮐러, 2001, 독일경험에 비추어 본 남북한 금융통합 방향, 한은조사연구 2001-5, 한국은행.
- 박응격 역, 2001, 『독일 통일 변호사』, 백산자료원 (원저: Lothar de Maizière, Anwalt der Einheit, 1996, Argon Verlag).
- 손선홍, 2016, 『독일 통일, 한국 통일: 독일 통일에서 찾는 한반도 통일의 길』, 푸른길.
- 슐레징거, 헬무트, 1990, 국제통화정책의 나아갈 방향, 한국은행창립 제40주년기념 심포지움 『금융자유화와 통화정책』 개최결과보고서 (원저: Helmut Schlesinger, Putting international monetary policy on track, Bank of Korea Symposium, Financial Liberalization and Monetary Policy, pp. 8-35).
- 신동진, 2002, 남북한 화폐통합을 위한 적정통화정책의 문제점과 정책대안: 독일연방은행의 경험을 중심으로, 『한국경제』 제29권, 성균관대학교 한국산업연구소, pp. 199-223.
  2003, 남북한 화폐통합의 가능성과 정책대안: 남북한 화폐통합 이전단계로서의 북한의 화폐개혁방안을 중심으로, 『경상논총』 제21권 제1호, pp. 165-190.
- 신상갑 역, 1993, 『독일연방은행(유럽을 지배하는 은행): 그 조직과 정치 · 경제적 파워의 실체』, 한국경제신문사 (원저: David Marsh, 1992, The Bundesbank: The Bank that Rules Europe, London: Heinemann).
- 안병억 역, 2000, 『통일을 이룬 독일 총리들』, 한울 (원저: Guido Knopp, 1999, Kanzler: Die Mächtigen der Republik, C. Bertelsmann).

- 안예홍, 2004, 북한의 금융현황과 최근의 변화, 『금융경제연구』 제174호, 한국은행 금융경제연구원.
- 안예홍·문성민, 2007, 통일이후 남북한 경제통합방식에 대한 연구, 『금융경제연구』 제291호, pp. 0-38, 한국은행 금융경제연구원.
- 양창석, 2008, 『독일의 통일과정에 관한 연구』, 단국대학교 대학원 정치외교학과 박사학위논문.
  2011, 『브란덴부르크 비망록: 독일통일 주역들의 증언』, 늘품플러스.
- 윤덕룡·정형곤·남영숙, 2002, 체제전환국 사례를 통해 본 북한의 금융개혁 시나리오, 『정책연구』 02-18, 대외경제정책연구원.
- 이은정·알렉산더 피셔, 2015, 정책문서를 통해 본 통일비용, 통일비용 분야 관련 정책문서, 『독일통일 총서』 10, 통일부.
- 이준서, 2006, 『'통일 이후 통일과정'으로서의 독일 통일영화』, 집문당.
- 임종현·신현기·백경학·배정한·최필준 역, 『독일통일백서』(Werner Weidenfeld and Karl-Rudolf Korte, Handbuch zur deutschen Einheit), 한겨레신문사
- 전홍택·이영섭, 2002, 남북한 화폐·금융통합에 관한 연구: 시나리오별 분석, 『연구보고서』 2002-04, 한국개발연구원.
- 정대화 역, 2007, 『독일마르크화: 탄생과 소멸의 역사』 (원저: Wolfram Bickerich, 1998, Die D-Mark: Eine Biographie, Rowohlt).
- 조영제, 2000, 『EU 통화제도론』, 삼지원.
- 주독 한국대사관 편, 1993, 『동서독 화폐통합』.
- 주섭일, 2014, 『2017 한반도 통일대박과 1990 독일통일』, 사회와 연대.
- 통일부, 2015, 통일비용 분야 관련 정책문서, 『독일통일 총서』 10(독일어 원문자료 CD 포함).
- 한국개발연구원(KDI), 2009, 2009년 북한 화폐개혁의 주요 내용 및 영향, 『북한경제리뷰』 2009년 12월호, pp. 29-37.
- 한국은행, 1990, 동서독 통화통합 관련자료집: 서독사무소 제공(I), 『업무참고자료』 90-9.
- ————, 1993, 독일의 금융제도, 『업무참고자료』 93-2, 프랑크푸르트사무소 제공.
- ————, 1996, 통일 이후 구동독지역의 경제재건, 『조사연구자료』 96-6.
- ————, 1998a, 독일의 경제통합정책, 『조사연구자료』 98-4.
- ———— 역, 1998b, 독일연방은행의 독립성: 헌법적, 행정법적 연구, 『업무참고자료』 90-07 (원저: Ortrun Lampe, 1971, Die Unabhängigkeit der Deutschen Bundesbank, München: C. H. Beck'sche Verlag).
- ————, 1999a, 유럽중앙은행제도 정관 및 회원국중앙은행법(1), 『업무참고자료』 1999-1.

- ──────, 1999b, 독일연방은행의 조직개편 방안, 『주간해외경제』 제99-37호, pp. 11-15.
- ──────, 2000, Prof. Dr. Hans Tietmeyer 초청세미나 관련보고서.
- ────── 프랑크푸르트사무소, 2001, 유로화 지폐 및 주화로의 전환 준비 상황, 『주간해외경제』 01-7, pp. 8-18.
- ──────, 2010, 『한국은행 60년사』.
- ──────, 2011, 『한국의 금융제도』.
- ──────, 2012a, 『우리나라의 외환제도와 외환시장』.
- ──────, 2012b, 『한국의 통화정책』.
- ──────, 2013, 주요국 중앙은행법, 『업무참고자료』(내부자료).
- ──────, 2014b, 『한국의 지급결제제도』.
- ──────, 2014c, 『독일통일시 독일연방은행의 업무수행 경험』 워크숍 개최 결과, 북한경제연구실 업무정보(내부자료), 2014. 12. 29.
- ──────, 2016, 한국은행 공개시장운영의 투명성 및 효율성 강화, 보도자료, 1월 28일.
- 황의각·장원태, 1997, 『남북한 경제·화폐통합론』, 법문사.
- 황준성, 2011, 『질서자유주의: 독일의 사회적 시장경제』, 숭실대학교 출판부.

〈외국어 문헌〉[1]

- Volbert, Alexander 1994, Die deutsche Vereinigung: Public-Choice-Aspekte, langfristige Perspektiven und Konsequenzen für die europäische Integration, *Dresdner Beiträge zur Volkswirtschaftslehre*, Nr.1.
- Baltensperger, Ernst, 1999, Monetary policy under conditions of increasing integration, in: Deutsche Bundesbank, ed., *Fifty Years of the Deutsche Mark: Central Bank and the Currency in Germany since 1948*, Oxford Univ. Press, pp. 439-523.
- Blum, Ulrich, 2013, *Vade Mecum for Korean Unification*, Konrad Adenauer Stiftung (한국어판, 울리히 블룸, 『한국통일의 필수 안내서』, 콘라드 아데나워재단 한국사무소).
- Bofinger, Peter, 1990, The German Monetary Unification (GMU): Converting Marks to D-Marks, *Federal Reserve Bank of St. Louis Review*, July/August 1990, pp. 17-36.

---

[1] 독일어 문헌 중 영역본이 있는 경우는 이를 병기하였음. 본문 각주에서 Bundesbank는 아래 참고문헌 중 Deutsche Bundesbank를 참조(각주상의 쪽 번호는 원칙적으로 영역본의 쪽 번호임).

- ─────, 2004, *Wir sind besser, als wir glauben: Wohlstand für alle*, Pearson Studium.
- ─────, 2012, *Zurück zur D—Mark: Deutschland braucht den Euro*, Droemer Verlag.
- Brunn, Gerhard, 2004, *Die Europäische Einigung von 1945 bis heute*, Bonn: Reclam Sachbuch.
- Buchheim, Christoph, 1999, The establishment of the Bank deutsche Länder and the West German currency reform, in: Deutsche Bundesbank, ed., *Fifty Years of the Deutsche Mark: Central Bank and the Currency in Germany since 1948*, Oxford Univ. Press, pp. 55–100.
- Bundesministerium des Innern unter Mitwirkung des Bundesarchivs, eds., 1998, *Deutsche Einheit: Sonderedition aus den Akten des Bundeskanzleramtes 1989/1990*, Dokumente zur Deutschlandpolitik, München, Oldenbourg.
- Bundeswirtschaftsministerium, 1990, Haussmanns Plan zur Wirtschafts— und Währungsunion mit der DDR, in: *BMWI—Tagesnachrichten*, Nr. 9507, Feb. 8.
- Czada, Roland, 1995, Der Kampf um die Finanzierung der deutschen Einheit, Max—Planck—Institut für Gesellschaftsforschung, *MPIFG Discussion Paper* 95/1, April.
- de Maizière, Lothar, 2010, *Ich will, dass meine Kinder nicht mehr lügen müssen: Meine Geschichte der deutschen Einheit*, Verlag Herder.
- Delors Committee for the Study of Economic and Monetary Union, 1989, *Report on Economic and Monetary Union in the European Community*, April 17.
- Der Beauftragte der Bundesregierung für die neuen Bundesländer, *Jahresbericht der Bundesregierung zum Stand der Deutschen Einheit* (각년도, 1997년도 이후 발간되었는데 초기 발간담당 부서는 수차례 변경).
- Der Bundespräsident, 2017, Bundespräsident Steinmeier gratuliert der Detuschen Bundesbank zum 60—jährigen Gruündungsjubiläum, July 2017.
- *Der Fischer Weltalmanach*, 1990, 1990년
- Deutsche Bundesbank, *Annual Report (Jahresbericht)*, 각년도호.
- ─────, 1990a, Vorschläge des Zentralbankrats zu einem Umstellungsgesetz, *Auszüge aus Presseartikeln*, Nr. 28, Apr. 2, pp. 1–2.
- ─────, 1990b, Modalitäten der Währungsumstellung in der Deutschen Demokratischen Republik zum 1. Juli 1990, *Monatsberichte*, Juni, pp. 42–47 (English transl.: Terms of the

currency conversion in the German Democratic Republic on July 1, 1990, *Monthly Report*, June, pp. 42–47).

————, 1990c, Die Währungsunion mit der Deutschen Demokratischen Republik, *Monatsberichte*, Juli, pp. 14–29 (English transl.: The monetary union with the German Democratic Republic, *Monthly Report*, July, pp. 13–28).

————, 1990d, Technische und organisatorische Aspekte der Währungsunion mit der Deutschen Demokratischen Republik, *Monatsberichte*, Okt., pp. 25–32 (English transl.: Technial and organisational aspects of the monetary union with the German Democratic Republic, 1990, *Monthly Report*, Oct. pp.25–32).

————, 1991, Ein Jahr deutsche Währungs–, Wirtschafts– und Sozialunion, *Monatsberichte*, Juli, pp. 18–30 (English transl.: One year of German Monetary, Economic and Social Union, 1991, *Monthly Report*, July, pp. 18–30).

————, 1992a, Die Neuordnung der Bundesbankstruktur, *Monatsberichte*, Aug., pp. 48–54.

————, 1992b, *Vorläufige Verwaltungsstelle Berlin, Abschluβbericht*, Oct. (한국은행 프랑크푸르트사무소 역, 2011, 『독일연방은행 베를린 임시관리본부 활동백서』, 내부자료).

————, 1996a, Fuktion und Bedeutung der ausgleichsforderungen für die ostdeutschen Banken und Uternehmen, *Monatsberichte*, pp. 35–54 (English transl.: Function and significance of the equalisation claims granted to East German banks and enterprises, *Monthly Report*, March, pp. 35–53).

————, 1996b, Zur Diskussion über die öffentlichen Transfers im Gefolge der Wiedervereinigung, *Monatsberichte*, Okt. pp. 17–32 (English transl.: The debate on public transfers in the wake of German reunification, *Monthly Report*, Oct., pp. 17–30).

————, 1996c, *Die Deutsche Bundesbank: Aufgbenfelder, Rechtlicher Rahmen, Geschichte*.

————, 1997, Die Entwicklung der Staatsverschuldung seit der deutschen Vereinigung, *Monatsberichte*, März, pp. 17–31 (Engslish Transl., 1997, Trends in public sector debt since German unification, *Monthly Report*, March, pp. 17–31).

————, ed., 1998, *Fünfzig Jahre Deutsche Mark: Notenbank und Währung in Deutschland seit 1948*, München: Verlag C. H. Beck.

- _____, ed., 1999a, *Fifty Years of the Deutsche Mark: Central Bank and the Currency in Germany since 1948*, Oxford Univ. Press(Bundesbank, ed., 1998의 영역본).
- _____, 1999b, *Die Zahlungsbilanz der ehemaligen DDR 1975 bis 1989*, August.
- _____, 2002, Siebentes Gesetz zur Änderung des Gesetzes über die Deutsche Bundesbank vom 23. März 2002, Organisationsstatut für die Deutsche Bundesbank, *Mitteilung*, 23. Mai 2002년
- _____, 2006, *Die Deutsche Bundesbank: Aufgabenfelder, Rechtlicher Rahmen, Geschichte*.
- _____, 2010, Executive Board of the Deutsche Bundesbank submits application for the dismissal of Dr. Thilo Sarrazin, *Press Release*, Sep. 2.
- _____, 2012a, 55 Jahre für Stabilität, Interview with Jens Weidmann and Helmut Schlesinger, *Bundesbank Magazin*, July.
- Deutsche Bundesbank, 2012b, Different Views on the Deutsche Bundesbank–Academic and Political Voices.,
- _____, 2015a, *25 Jahre: deutsch–deutsche Währungsunion*.
- _____, 2015b, Bundesbank celebrates 25th anniversary of German monetary union, July 1.
- _____, 2015c, Bundesbank gedenkt Karl Otto Pöhls, *press release*, Jan. 14.
- _____, 2015d, *Geld und Geldpolitik*.
- _____, 2016, *Die Deutsche Bundesbank: Notenbank für Deutschland*.
- _____, 2017, 60 Jahre Bundesbank: "Geldpolitische Grundüberzeugung hat sich nicht geändert" (60 years of the Bundesbank: "Monetary policy stance has not changed"), *Presseinformationen*, Aug. 1.
- Deutscher Bundestag, 2011, Vor 20 Jahren wurde der Grundstein zum Euro gelegt, *Textarchiv*, Dec. 8, 2011.
- Deutsches Institut für Wirtschaftsforschung (DIW), 1990, Reform der Wirtschaftsordnung in der DDR und die Aufgaben der Bundesrepublik: Stellungnahme einer deutsch–deutschen Arbeitsgruppe, *DIW Wochenbericht*, Nr. 6, pp. 65–71.
- _____, 1993, Langfristige Zinsen, Zinsstruktur und Staatsdefizite, *DIW Wochenbericht*, Nr. 32, pp. 429–433.

- Die Bundesregierung, 2015, 25 Jahre Freiheit und Einheit: Deutsche Einheit und europäische Einigung.
- Draghi,Mario, 2013, Stable Euro, Strong Europe, *Speech at the Wirtschaftstag 2013*, June 25.
- Ehrenberg, Herbert, 1991, *Abstieg vom Währungsolymp: Zur Zukunft der Deutschen Bundesbank*, FF/M: Fischer Taschenbuch Verlag.
- Eichengreen, Barry and Charles Wyplosz, 1993, The unstable EMS, *Brookings Papers on Economic Activity*, 1: 1993, pp. 51–143.
- European Central Bank (ECB), 2011, The Monetary Policy of the ECB.
- Flassbeck, Heiner and Costas Lapavistas, 2013, *The Systemic Crisis of the Euro: True Causes and Effective Therapies*, Rosa Luxemburg Stiftung.
- Franz, Wolfgang, 1991, Im Jahr danach: Die ostdeutsche Arbeitsmarktentwicklung, Wirtschaftsdienst 11, pp. 573–577, HWWA–Institut für Wirtschaftsforschung– Hamburg.
- Frenkel, Jacob A. and Morris Goldstein, 1999, The international role of the Deutsche Mark, in: Deutsche Bundesbank", ed., *Fifty Years of the Deutsche Mark: Central Bank and the Currency in Germany since 1948*, Oxford Univ. Press, pp. 685–730.
- Gaddum, Johann Wilhelm, 1995, Ökonomisch–monetäre Probleme der Wiedervereinigung Deutschlands, Vortrag anläßlich des International Press Institute's World Congress and 44th Annual General Assembly, Seoul, Korea, May 14–17.
- Geiger, Walter and Hans–Georg Günther, 1998, *Neugestaltung des ostdeutschen Sparkassenwesens 1990 bis 1995, Sparkassen in der Geschichte*, Stuttgart: Deutscher Sparkassen Verlag.
- Giacché, Vladimiro, 2014, *Anschluss: Die Deutsche Vereinigung und die Zukunft Europas*, Laika Verlag.
- Gillessen, Günther, 1991, *1990 Ein Jahres–Chronik*, Insel Verlag.
- Gleske, Leonhard, 1998, Bundesbank Independence, Organisation and Decision–Making, in: Stephen F. Frowen and Robert Pringle(eds.), *Inside the Bundesbank*, MacMillan Press Ltd, pp. 11–19.
- Grauwe, Paul De and Francesco Paolo Mongelli, 2005, Endogeneities of Optimum Currency Areas: What Brings a Single Currency Closer Together, European Central Bank, *Working Paper* Series No.468, April. 2––5.

- Gros, Daniel and Niels Thygesen, 1998, *European Monetary Integration*, 2nd ed., London: Longman.
- Grosser, Dieter, 1998, *Das Wagnis der Währungs—, Wirtscahfts— und Sozialunion: Politische Zwänge im Konflikt mit ökonomischen Regeln*, Geschichte der deutschen Einheit in Vier Bänden, Band 2.
- Habermas, Jürgen, 1990, Der DM-Nationalismus, *Die Zeit*, March 30 (영역본, Jürgen Habermas's critique of D-mark nationalism, in: Konrad H. Jarausch and Volker Gransow, 1994, Uniting Germany: Documents and Debates, 1944-1993, Berghahn Books: New York).
- Hankel, Wilhelm, 1993, *Die sieben Todsünden der Vereinigung: Wege aus dem Wirtschaftsdesaster*, Siedler Verlag.
- Hasse, Rolf, 1993, German-German monetary union: Main options, costs and repercussions, in: A. Ghanie Ghaussy and Wolf Schäfer, eds., *The Economics of German Unification*, London: Routledge, pp. 26-59.
- Heimpold, Gerhard, 2014, Zehn Fragen zur Deutschen Einheit, *IWH, Wirtschaft im Wandel*, Vol. 20, No. 3, pp. 50-53.
- Heisenberg, Dorothee, 1999, *The Mark of the Bundesbank: Germany's Role in European Monetary Cooperation*, Lynne Rienner Publishers.
- Herr, Hansjörg and Andreas Westphal, 1990, Konsequenzen ökonomischer Integration: Entwicklungsperspektiven der DDR als Region und als eigenständiger Staat, in: Michael Heine, Hansjörg Herr and Andreas Westphal, eds., *Die Zukunft der DDR-Wirtschaft*, Rowohlt Taschenbuch Verlag.
- Hertle, Hans-Hermann, 1992a, Das reale Bild war eben katastrophal!: Gespräch mit Gerhard Schürer, in: *Deutschland Archiv: Zeitschrift für das vereinigte Deutschland*, Okt., pp. 1031-1039.
- ———, 1992b, Gespräch mit Gerhard Schürer: Es wäre besser gewesen, wir wären früher pleite gegangen! in: *Deutschland Archiv: Zeitschrift für das vereinigte Deutschland*, Feb., pp. 132-142.
- Hickel, Rudolf and Jan Priewe, 1994, *Nach dem Fehlstart: Ökonomische Perspektiven der deutschen Einigung*, FF/M: S.Fischer Verlag.

- Huber, Peter, 2010, *Währungsunion: Das Ende der 'deutschen Atombombe'*, DiePresse. com, Nov. 30.
- IMF, 1996, *Annual Report 1996*.
- Institut der deutschen Wirtschaft Köln, 1994, *Zahlen 1994: zur wirtschaftlichenEntwicklung der Bundesrepublik Deutschland*.
- Issing, Otmar, 2008, *The Birth of the Euro*, Cambridge, UK: Cambridge University Press.
- Issing, Otmar and Volker Wieland, 2012, *Monetary Theory and Monetary Policy: Reflections on the Development over the last 105 Years*, Institute for Monetary and Financial Stability.
- James, Harold, 1999, The Reichsbank 1876–1945, in: Deutsche Bundesbank, ed., *Fifty Years of the Deutsche Mark: Central Bank and the Currency in Germany since 1948*, Oxford, UK: Oxford Univ. Press, pp. 3–53.
- ———, 2012, *Making the European Monetary Union*, Belknap Press.
- Jarausch, Konrad H. and Volker Gransow, 1994, *Uniting Germany: Documents and Debates, 1944–1993*, Berghahn Books: New York.
- Jochimsen, Reimut, Norbert Kloten, Hans–Jürgen Koebnick, Lothar Müller, Kurt Nemitz, Heinrich Schreiner, and Werner Schulz, 1991, Zur Anpassung des Bundesbankgesetzes gemäß Einigungsvertrag, *Wirtschaftsdienst: Zeitschrift für Wirtschaftspolitik*, Vol. 71, No. 11, pp. 554–559.
- Keuper, Frank and Dieter Puchta, eds., 2010, *Deutschland 20 Jahre nach dem Mauerfall: Rückblick und Ausblick*, Springer Gabler.
- Klemm, Peter, 1994, Die Verhandlungen über die deutsch–deutsche Währungsunion, in: Theo Waigel and Manfred Schell, *Tage, die Deutschland und die Welt veränderten: Vom Mauerfall zum Kaukasus, Die deutsche Währungsunion*, München: Bruckmann, pp. 135–148.
- Konrad–Adenauer–Stiftung, 1999, *Das Konzept der Sozialen Marktwirtschaft: Grundsätze, Erfahrungen und neue Aufgaben*.
- Köhler, Horst, 1994, Alle zogen mit, in: Theo Waigel and Manfred Schell, *Tage, die Deutschland und die Welt veränderten: Vom Mauerfall zum Kaukasus, Die deutsche Währungsunion*, München: Bruckmann, pp. 118–134.
- Küsters, Hanns Jürgen and Daniel Hofmann, 1998, *Dokumente zur Deutschlandpolitik:*

Deutsche Einheit, Sonderedition aus den Akten des Bundeskanzleramtes 1989/90, München: R. Oldenbourg Verlag.
- Lipschitz, Leslie, 1990, Introduction and overview, in: Leslie Lipschitz and Donagh McDonald, eds., *German Unification: Economic Issues*, IMF, pp. 1–16.
- Lipschitz, Leslie and Donagh McDonald, eds., 1990, *German Unification: Economic Issues*, IMF.
- McDonald, Donagh, 1990, Implication of unification for saving and investment in West Germany, in: Leslie Lipschitz and Donagh McDonald, eds., *German Unification: Economic Issuess*, IMF, pp. 144–154.
- Marsh, David, 1992a, *The Bundesbank: The Bank that Rules Europe*, London: William Heinemann.
- ———, 1992b, *The Most Powerful Bank: Inside Germany's Bundesbank*, New York: Times Books.
- ———, 2011, *The Euro: The Battle for the New Global Currency*, Yale Univ. Press.
- ———, 2012, Aufstieg, Fall und Wiederaufstieg der Bundesbank, *Handelsblatt*, Sep. 7–9, pp. 48–53.
- ———, 2013, *Europe's Deadlock: How the Euro Crisis Could Be Solved – and Why It Won't Happen*, Yale University Press.
- Mattäus-Maier, Ingrid, 1990, Signal zum Bleiben, *Die Zeit*, Jan. 19.
- Mayer, Thomas, 2012, *Europe's Unfinished Currency: The Political Economics of the Euro*, London: Anthem Press.
- Militärregierung-Deutschland, 1948, Erstes Gesetz zur Neuordnung des Geldwesens (First Law on Currency Reform), *Gesetz*, Nr. 61, June 20, 1948.
- Ministry of Finance, GDR, 1990, *Stand der Auslandsverschuldung in konvertierbaren Währungen per March 31*, 1990년(비공식 입수자료)
- Mittag, Günter, 2015, *Um Jeden Preis: Im Spannungsfeld zweier Systeme*, Berlin: Das Neue Berlin.
- Mongelli, Francesco Paolo, 2008, European monetary integration and the optimum currency area theory, *Economic Papers*, 302, European Commission.
- Most, Edgar, 2009, *Fünfzig Jahre im Auftrag des Kapitals: Gibt es einen dritten*

- Weg?(Rohnstock Biografien, aufgeschrieben von Katrin Rohnstock und Frank Nussbücker), Berlin: Das Neue Berlin.
- ———, 2010, Die Mauerfall und die Entwicklung des Bankensystems in Ostdeutschland, in: Frank Keuper and Dieter Puchta, eds., *Deutschland 20 Jahre nach dem Mauerfall: Rückblick und Ausblick*, Gabler, pp. 115–132.
- Müller-Kästner, Burkhard, 1994, Finanzierungsaspekte der wirtschaftlichen Entwicklung in den neuen Bundesländern, *Ifo-Schnelldienst*, Vol. 47, No. 20, pp. 8–16.
- Paul, Jens Peter, 2010, *Zwangsumtausch: Wie Kohl und Lafontaine die D-Mark abschafften*, Frankfurt: Peter Lang Verlag.
- Pöhl, Karl Otto, 1990, Erklärung von Bundesbankpräsident Karl Otto Pöhl vor der Bundespressekonferenz in Bonn, Feb. 9, *Auszüge aus Presseartikeln*, Feb. 12, Deutsche Bundesbank.
- ———, 1991a, *Speech at the European Parliament's Economic and Currency Union Committee*, March 20.
- ———, 1991b, Persönliche Erklärung von Bundesbankpräsident Karl Otto Pöhl, *Auszüge aus Presseartikeln*, May 16, Deutsche Bundesbank.
- Priewasser, Erich, 1992, *Bankbetriebslehre, 3. völlig überarbeitete Auflage*, Müchen/Wien: Oldenbourg Verlag.
- Priewe, Jan and Rudolf Hickel, 1991, *Der Preis der Einheit: Bilanz und Perspektiven der deutschen Vereinigung*, Fischer Taschenbuch Verlag.
- Ragnitz, Joachim., S. Scharfe and B. Schirwitz, 2009, Bestandaufnahme der wirtschaftlichen Fortschritte im Osten Deutschlands 1989 bis 2008, *ifo Dresden Studien* 51, ifo Institut für Wirtschaftsforschung.
- Renken, Kai and Werner Jenke, 2001, Wirtschaftskriminalität im Einigungsprozess, in: Klaus W. Wippermann, ed, *Wirtschaftskriminalität – Korruption, Aus Politik und Zeitgeschichte* (B 32–33), Bundeszentrale für Politische Bildung, pp. 23–29.
- Sarrazin, Thilo, 1994, Die Entstehung und Umsetzung des Konzepts der deutschen Wirtschafts- und Währungsunion, in: Theo Waigel and Manfred Schell, *Tage, die Deutschland und die Welt veränderten: Vom Mauerfall zum Kaukasus, Die deutsche Währungsunion*, Bruckmann, München: Bruckmann, pp. 160–225.

- _____, 2010, *Deutschland schafft sich ab: Wie wir unser Land aufs Spiel setzen*, DVA.
- _____, 2011, Die Vorbereitung der deutsch-deutschen Währungsunion 1989/90 oder: Mein Beitrag zur deutschen Einheit, *Vierteljahrshefte zur Wirtschaftsforschung*, Vol. 80, Politikberatung hinter den Kulissen der Macht, pp. 119-130.
- _____, 2012, *Europa braucht den Euro nicht: Wie uns politisches Wunschdenken in die Krise geführt hat*, DVA.
- Schäfers, Manfred, 2015, Gedruckte Freiheit, in: Reinhard Müller, ed., 2015, *Einigkeit und Recht und Freiheit?* Frankfurter Allgemeine Archiv, pp.136-142.
- Schell, Manfred, 1994, Zusammenbruch mit Perspektive, in: Theo Waigel and Manfred Schell, *Tage, die Deutschland und die Welt veränderten: Vom Mauerfall zum Kaukasus, Die deutsche Währungsunion*, München: Bruckmann, pp. 12-25.
- Schinasi, Garry J., Leslie Lipschitz and Donogh McDonald, 1990, Monetary and financial issues in German unification, in: Leslie Lipschitz and Donagh McDonald, eds., *German Unification: Economic Issues*, IMF, pp. 144-154.
- Schlesinger, Helmut, 1989, Prof. Schlesinger reflects on the economy and currency of the German Democratic Republic, as the country reaches an economic crossroads (English translation of excerpts from a speech in Basle on Dec. 11, 1989), *BIS Review*, No. 16, Jan. 23, 1990년
- Schrettl, Wolfram, 1991, Economic and monetary integration of the two Germanies, *Economic Systems*, Vol. 15, Issue 1, pp. 1-17.
- Schürer, Gerhard, 1989, Zur Zahlungsfähigkeit der DDR (Zusatzinformation zur GVS "Analyse der ökonomischen Lage der DDR mit Schlußfolgerungen"), *Geheime Kommandosache b 5-1156/89*, Okt. 27.
- _____, 1990, Die Bilanz war gelogen, *Wirtschaftswoche*, Nr. 30, pp. 14-15.
- _____, 2014, *Gewagt und Verloren: Eine deutsche Biographie*, Berlin: Edition ost.
- Schürer, Gerhard, Gerhard Beil, Alexander Schalck, Ernst Höfner and Arno Donda, 1989, Analyse der ökonomischen Lage der DDR mit Schlußfolgerungen (Schürer-Papier), Vorlage für das Politibüro des Zentralkomittes der SED, Oct. 30, in: Gerhard Schürer, 2014, *Gewagt und Verloren: Eine deutsche Biographie*, pp. 457-477.
- Seliger, Bernhard, 2008, The costs of German unification: A reconsideration after 20

- years, *Journal of Peace Studies, Vol. 9, No. 4*, pp. 177–202.
- Siebert, Horst, 1990, The economic integration of Germany, *Kieler Discussionsbeiträge 160*, May, Institut für Weltwirtschaft Kiel.
- ———, 2005, *The German Economy: Beyond the Social Market*, Princeton Univ. Press.
- Sinn, Hans-Werner, 1996, International Implications of German Unification, *Paper prepared for the 52nd IIPF Congress in Tel Aviv, Israel*, Aug. 26–29.
- ———, 2005, *Ist Deutschland noch zu retten?* Ullstein.
- Sinn, Gerlinde and Hans-Werner Sinn, 1993, *Kaltstart: Volkswirtschaftliche Aspekte der deutschen Vereinigung, 3. überarbeitete Auflage*, Beck-Wirtschaftsberater im dtv.
- Snower, Dennis J. and Chritian Merkl, 2006, The caring hand that cripples: The East German labor market after reunification, *American Economic Review, Vol. 96, No. 2*, pp. 375–382.
- Spaulding, Mark, 2000, Economic influences on constructions of German identity, in: Scott Denham, Irene Kacandes, and Jonathan Petropoulos, eds., *A User's Guide to German Cultural Studies*, Ann Arbor: Univ. of Michigan Press, pp. 287–295.
- Stark, Jürgen, 2003, Ten years of Maastricht: Currency union leading to political union? *Lecture at the 17th European Finance Convention*, London, Deutsche Bundesbank, Dec. 2.
- Streit, Manfred E., 1999, German Monetary Union, in: Deutsche Bundesbank, ed., *Fifty Years of the Deutsche Mark: Central Bank and the Currency in Germany since 1948*, Oxford, UK: Oxford Univ. Press, pp. 639–681.
- Stuhler, Ed, 2010, *Die letzten Monate der DDR: Die Regierung de Maizière und ihr Weg zur deutschen Einheit*, Ch. Links.
- Thieme, Hans Jörg, 1991, Währungsunion in Deutschland: Bedingungen, chancen und risiken, in: Alfred Schüller and Hannelore Hamel, eds., Zur Transformation von Wirtschafts- systemen: von der sozialistischen Planwirtschaft zur sozialen Marktwirtschaft, Hannelore Hamel zum 60. Geburtstag, *Arbeitsberichte zum Systemvergleich, Nr. 15*, Forschungsstelle zum Vergleich Wirtschaftlicher Lenkungssyteme, Marburg, pp. 103–114.
- ———, 1994, Währungsunion in Deutschland: Konsequenzen für die Geldpolitik, *Paper presented at the 27th Internationales Forschungsseminar Radein: Ökonomische Erfolge und Mißerfolge der deutschen Wiedervereinigung—Eine Zwischenbilanz*.

- ――――, 1999, The Central Bank and Money in the GDR, in: Deutsche Bundesbank, ed., *Fifty Years of the Deutsche Mark: Central Bank and the Currency in Germany since 1948*, Oxford, UK: Oxford Univ. Press, pp. 575-617.
- Tietmeyer, Hans, 1992, Die deutsche Vereinigung und die D-Mark, *Auszüge aus Presseartikeln*, Nr. 4, Jan. 14, pp. 1-7, Deutsche Bundesbank.
- ――――, 1994, Erinnerung an die Vertragsverhandlungen, in: Theo Waigel and Manfred Schell, *Tage, die Deutschland und die Welt veränderten: Vom Mauerfall zum Kaukasus, Die deutsche Währungsunion*, München: Bruckmann, *pp. 57-117*.(영어본은 1998b).
- ――――, 1997, Continuity and Change: European Monetary Policy on the Way to a Single Currency, 한국은행 방문 강연(9. 25).
- ――――, 1998a, The Bundesbank: Committed to Stability, in: Stephen F. Frowen and Robert Pringle(eds.), *Inside the Bundesbank*, MacMillan Press Ltd, pp. 1-10.
- ――――, 1998b, Recollections of the German Treaty Negotiations of 1990, in: Stephen F. Frowen and Robert Pringle(eds.), *Inside the Bundesbank*, MacMillan Press Ltd, pp. 68-107.
- ――――, 2000a, 1:1-Umstellung der Ost-Mark war problematisch, Speech at *Die deutsch-deutsche Währungsunion - Zehn Jahre danach*.
- ――――, 2000b, *The Role of the Financial Sector during German Reunification*, 한국은행 방문 강연(11. 7).
- Toteberg, Michael, ed., 2003, *Goodbye Lenin*, Schwarzkopf & Schwarzkopf Verlag.
- Vaubel, Roland, 1992, Eine Publich-Choice Analyse der Deutschen Bundesbank, *Diskussionspapier*, Universität Mannheim.
- Volze, Armin, 1996, Ein grosser Bluff? Die Westverschuldung der DDR, *Deutschlandarchiv*, No. 29, pp. 701-13.
- von Pergande, Frank, 2010, Ein politischer Umtausch: Wie die D-Mark zu den Ostdeutshen kam, in: Reinhard Müller, ed., 2015, *Einigkeit und Recht und Freihiet?* Frankfurter Allgemeine Archiv, pp. 146-150.
- von Rüden, Bodo, 1991, *Die Rolle der D-Mark in der DDR: von der Nebenwährung zur Währungsunion*, Baden-Baden.
- Wagner, Helmut, 1993, Reconstruction of the financial system in East Germany: Description

and comparison with Eastern Europe, *Journal of Banking & Finance*, Vol. 17, Issue 5, pp. 1001-1019.
- Wahlig, Bertold, 1998, Relations between the Bundesbank and the Federal Government,in: Stephen F. Frowen and Robert Pringle(eds.), *Inside the Bundesbank*, MacMillan Press Ltd, pp. 45-55
- Waigel, Theo, 2015, Der Vertrag über die Währungs-, Wirtschafts- und Sozialunion — Die Vorstufe zur Deutschen Einheit, *Rede beim Festakt "25 Jahre deutsch-deutsche Währungsunion"* in Leipzig, July. 1.
- Waigel, Theo and Manfred Schell, 1994, *Tage, die Deutschland und die Welt veränderten: Vom Mauerfall zum Kaukasus, Die deutsche Währungsunion*, München: Bruckmann.
- Wegen, Gerhard and Christopher L. Crosswhite, 1990, Federal Republic of Germany-German Democratic Republic: Treaty Establishing a Monetary, Economic and Social Union, in *International Legal Materials*, Vol. 29, No. 5(Sep. 1990), published by American Society of International Law.
- Weidmann, Jens and Helmut Schlesinger, 2012, 55 years for stability: Interview with Jens Weidmann and Helmut Schlesinger, *Staff Magazine of the Bundesbank*, July 27.
- _____, 2013, Bundesbank President: Reform efforts must not stop, Finland Helsingin Sanomat, Sweden *Dagens Nyheter*지와의 인터뷰, 21 Jan.(www.bundesbank.de)
- Weimar, Wolfram, 1998, *Deutsche Wirtschafts-Geschichte: Von der Währungsreform bis zum Euro*, Hoffmann und Campe: Hamburg.
- Wendt, Volker, 2002, *Die Schaffung der Europäischen Wirtscahfts- und Währungsunion: Spill-over und intentionale Entscheidung? Eine Analyse für Deutschland und Frankreich*, Dissertation Universität Passau.
- Weske, Simone, 2011, *Europapolitik im Widerspruch: Die Kluft zwischen Regierenden und Regierten*, VS Verlag.
- Zatlin, Jonathan R., 2009, *The Currency of Socialism: Money and Political Culture in East Germany*, German Historical Institute, Washington D.C. and Cambridge Univ. Press.
- Zelikow, Philip and Condoleezza Rice, 1995, *Germany Unified and Europe Transformed: A Study in Statecraft*, Harvard Univ. Press.

〈서한〉

- Kaminsky, Horst, 1990, Christa Luft 동독 경제부차관에 보낸 서한, Jan. 24.
- ──────, 1990, Hans Modrow 총리에 대한 서한, Feb. 6.
- Stoll, Wolfried, 1990, 1990년 1. 22 서베를린 서독의회 면담 후 보고서.

〈언론 기사〉

- 동아일보, 1990, 양독 통화통합 사령탑 슐레징어 서독연방은 부총재에게 듣는다: 동독근로자 서독서 흡수계획, 1990년 7. 6
- *BBC*, 1992, UK crashed out of ERM, On this Day, Sep. 16
- *Berliner Zeitung*, 2004, Ein Gewinner, der auch die Verlierer kennt, April 4
- *Bild*, 2011, Interview with Mr Jean-Claude Trichet, President of the European Central Bank, Jan. 15
- *Deutsche Presse-Agentur (DPA)*, 2010, Endlich Westgeld: Vor 20 Jahren kam die D-Mark in den Osten, Jul. 1
- *Deutsche Welle (DW)*, 2014, German reunification: East Germany's phantom banknotes, Nov. 3.
- *Deutschlandfunk*, 1990, Interview der Woche im Deutschlandfund, Dec. 30, pp. 5-6
- *Deutschlandfunk*, 2017, 60 Jahre Deutsche Bundesbank: Einst die mächtigste Notenbank Europas, 7. 26.
- *Deutschlandradio Kultur*, 2015a, Das führte dann zum wirklichen Untergang der DDR, Edgar Most 인터뷰, Feb. 6
- ──────, 2015b, Verhandlungen zur Wirtschafts- und Währungsunion: Extrem ambitioniert, enorm motiviert, Johannes Ludewig 인터뷰, April 27.
- *Die Welt*, 2004a, Die Wahrheit über die DDR-Währungsunion, Feb. 29.
- ──────, 2004b, Karl Otto Pöhl ist überzeugt: 'Der Kurs beim Umtausch war verhängnisvoll,' Aug. 9
- ──────, 2010, Währungsumstellung: Wie die D-Mark vor 20 Jahren in die DDR kam, June 30
- *Die Zeit*, 1990a, Das muss doch die DDR entscheiden: Ein ZEIT-Gespräch mit Karl Otto

Pöhl über eine deutsch-deutsche und die europäische Währungsunion, Jan. 26
- ———, 1990b, 2:1 — eine Illusion: ZEIT Gespräch mit dem Präsidenten des Deutschen Instituts für Wirtschaftsforschung, Lutz Hoffmann, April 6.
- ———, 1990c, Umtauschkurs: Die Bundesbank auf dem Holzweg. Niedrige Löhne sind nicht ausschlaggebend für den Wiederaufbau der DDR-Wirtschaft, April 13
- ———, 1995, Der Trick mit den Omas, Sep. No. 38/1995
- ———, 2010, Deutsche Einheit: 20 Dinge, die wir bei der nächsten Wiedervereinigung besser machen, No. 39/2010
- *Financial Times*, 1991, Fairwell, Mr Pöhl, May 17, in: Deutsche Bundesbank, Auszüge aus Presseartikeln, Nr. 37, Mai 21, p. 2.
- *Frankfurter Allgemeine Sonntagszeitung*, 2007, Bundesbank: Ein Mythos wird fünfzig, July 29
- *Frankfurter Allgemeine Zeitung (FAZ)*, 1994, Betrugsfälle bei der Währungumstellung gehen in die Milliarden, Jan. 19, 12면.
- *Guardian*, 2014, Karl Otto Pöhl obituary, Dec. 24
- hr-INFO, 2017, Das Interview Interview mit Jens Weidmann, Bundesbank-Chef: "Habe die Frankfurter Bankentürme immer im Blick", 7. 31.
- *Independent*, 1992, Schlesinger: a banker's guilt: The president of the Bundesbank has been woefully indiscreet. But the Chancellor, too, is a diminished figure, says Christopher Huhne, Oct. 2, 1992년
- *Institutional Investor*, 1992, The perils of Helmut Schlesinger, Interview in , Dec. 1992, pp. 54-62.
- *Spiegel*, 1990, Ohne 1:1 werden wir nicht eins, No. 15, April 9
- ———, 1991, Allein die Statistik im Griff (Günter Mittag과의 인터뷰 등 특집기사), No. 37, pp. 80-104
- ———, 1994, Geld auf Knopfdruck, May 16
- ———, 1995, Zweite Enteignung, pp. 126-127
- ———, 2004, Die neuen Ost-Zonen, Nr. 16
- ———, 2008, Währungsunion: Als die D-Mark in die DDR kam, Jan. 8
- ———, 2010a, Condoleezza Rice on German reunification: 'I preferred to see it as an acquisition', Sep. 29

- ―――, 2010b, The price of unity: Was the Deutsche Mark sacrificed for reunification?, Sep. 30
- ―――, 2010c, Vergessene Orte: Das Millardengrab, July 14
- ―――, 2010d, Währungsunion: Popstar D-Mark, July 1
- *Stern*, 2014, Karl Otto Pöhl: Mahner einer überhasteten Wiedervereinigung, Dec.
- *Süddeutsche Zeitung*, 2010, Gerlernt, mit dem Kapital zu tanzen, May 17
- *Welt am Sonntag*, 2011, Unser großes Glück – Europa ist ein Friedensland, Waigel 전장관 인터뷰, Dec. 25.
- *Wirtschaftswoche*, 1990, Währungsunion: Streit um den Umtauschkurs, April 6, Nr. 15, pp. 21-26.
- ―――, 1990, DDR-Verhandlungen: Wissen ist Macht, May 25, Nr. 22, p. 18.
- *ZDF heute*, 2015, Währungsunion vor 25 Jahren: Die D-Mark als Schritt zur Einheit, June 30

독일 통일과정에서
독일마르크화, 독일연방은행의 역할

김영찬 지음

1판 1쇄 인쇄 2017년 8월 10일
1판 1쇄 발행 2017년 8월 16일

발행처 새녘출판사
발행인 권희준
책임편집 조옥임
디자인 씨오디
인쇄 천일문화사

출판등록 2011년 10월 19일 (제313-2012-93호)
주소 경기도 파주시 미래로 562
전화 02-323-3630 **팩스** 02-6442-3634 **이메일** books@saenyok.com

ISBN 978-89-98153-38-0 93320

책값은 뒤표지에 있습니다. 잘못된 책은 구입하신 곳에서 바꾸어 드립니다.

이 도서의 국립중앙도서관 출판시도서목록(CIP)은 e-CIP 홈페이지
(http://www.nl.go.kr/cip.php)에서 이용하실 수 있습니다.
(CIP제어번호: CIP2017019845)